ARIADNE VON SCHIRACH
unterrichtet Philosophie und chinesisches Denken an verschiedenen Hochschulen und hält Vorträge im In- und Ausland. Zudem arbeitet sie als freie Journalistin und Kritikerin und wurde bekannt als Autorin der Sachbuch-Bestseller *Der Tanz um die Lust* und *Du sollst nicht funktionieren*. Abgeschlossen wurde diese Trilogie des modernen Lebens von *Die psychotische Gesellschaft*. 2021 erschien ihr neuestes Buch: *Glücksversuche. Von der Kunst, mit seiner Seele zu sprechen*.

Ariadne von Schirach

DIE PSYCHOTISCHE GESELLSCHAFT

Wie wir Angst und
Ohnmacht überwinden

TROPEN SACHBUCH

MIX
Papier aus verantwortungsvollen Quellen
FSC® C083411

Tropen
www.tropen.de
© 2021 by J. G. Cotta'sche Buchhandlung
Nachfolger GmbH, gegr. 1659, Stuttgart
Alle Rechte vorbehalten
Cover: Zero Media GmbH, München,
unter Verwendung eines Fotos von © Wolfgang Tillmans,
Silver 69, Courtesy of Galerie Buchholz, Berlin/Cologne
Foto von Ariadne von Schirach (S. 1) © Rahel Täubert
Gesetzt in den Tropen Studios, Leipzig
Gedruckt und gebunden von CPI – Clausen & Bosse, Leck
ISBN 978-3-608-50170-4
E-Book ISBN 978-3-608-11526-0

Bibliografische Information der Deutschen Nationalbibliothek
Die Deutsche Nationalbibliothek verzeichnet diese Publikation
in der Deutschen Nationalbibliografie; detaillierte bibliografische
Daten sind im Internet über http://dnb.d-nb.de abrufbar.

Für Iñaki

When I was young
it seemed that life was so wonderful.
Supertramp, The Logical Song

Love is not a victory march
it's a cold and it's a broken Hallelujah.
Leonard Cohen, Hallelujah

INHALT

EINLEITUNG … 11

I VOM UNBESTIMMTEN TIER … 23
Das westliche Haus … 23
Emma denkt nach … 39
Der blinde Fleck … 45
Das träumende Tier bestimmt sich selbst … 53
Und es stürzt … 64
Wie Ada verrückt wurde … 70

II DIE UNORDNUNG DER DINGE … 84
Die Normalität der Krise … 84
Ayn Rands Jurassic Park und der Geist
der Überlegenheit … 99
Jenseits von Raum und Zeit,
hinein in die Unendlichkeit … 115
Ohnmächtig am Abgrund … 133

III FIGUREN DES ÜBERGANGS … 143
Formen der Verzweiflung … 143
Das Mädchen mit den blauen Haaren … 147
Von coolen Kuratoren und sehnsüchtigen
Spirituellen … 157
Dido lässt los … 163
Die Fundamente des Fanatikers … 173
Wie Andreas nach Hause kam … 178

IV DIE WELT NEU ERZÄHLEN 189
Ins Freie treten 189
Eine andere Liebe 199
Die Rückkehr zum Leben als
poetische Praxis 210
Der Tränenkuchen 221
Träumen 234
Die unendliche Geschichte 244

DANKSAGUNG 253

LITERATUR 255

EINLEITUNG

Am 31. Dezember 2011 warteten wir darauf, dass die Welt untergeht, wie es eine alte Prophezeiung der Maya vorhergesagt hatte. Natürlich erwartete niemand, dass es wirklich passieren würde; einige von uns hatten auch schon den großen Computerabsturz vom 31. Dezember 1999 kommen und sang- und klanglos vorüberziehen sehen. Aber es lag so etwas in der Luft, und des Menschen Lust am Untergang vermischte sich mit dem Geruch der Böller und Raketen. Ich ging früh schlafen, und als ich am nächsten Morgen aufwachte, war die Welt noch da. In den Jahren, die seitdem vergangen sind, habe ich mich manchmal gefragt, ob das auch wirklich stimmt. Denn das, was vor unser aller Augen geschieht, hat wenig Ähnlichkeiten mit der Welt meiner Kindheit und Jugend im Süden Deutschlands und mehr mit den düsteren Science-Fiction-Büchern, die ich damals gerne gelesen habe.

Man weiß ja kaum, wo man anfangen soll. Beim Klimawandel, dem seltsamen Gefühl, dass das Wetter nicht mehr in die Landschaft passt? Bei den Geflüchteten, die zu uns kommen, bei denen, die irgendwo auf der Welt in Lagern festsitzen, bei all denen, die verfolgt werden wegen ihrer Religion, ihrer Sexualität oder ihrer Lebensweise? Oder bei Selbstmordattentätern, Amokläufern und Gotteskriegern, denen die ganze irdische Welt nur Durchgangsstation ist für ein ungewisses Paradies? Bei irren Präsidenten, schamlosen Konzernen, ungerechten Gesetzen zugunsten der Reichen? Beim Hochfrequenzhandel, Big Data, der allgegenwärtigen Überwachung?

Oder sollen wir doch bei den Tieren anfangen, ihrer fortgesetzten Mästung, Schlachtung und Verwertung? Oder bei den Wäldern und Bergen und Meeren, die verschmutzt und vernichtet werden für Konsum und Profit? Bei den Frauen, die plötzlich wieder für das Recht auf Abtreibung kämpfen müssen, wenn sie nicht schon müde geworden sind vom Kampf um Kinderbetreuung, gleiche Löhne und soziale Anerkennung? Bei den Homosexuellen, die bei uns zwar endlich heiraten dürfen, aber ein paar Länder weiter wieder in Umerziehungslager gesteckt und mit dem Tode bedroht werden?

Oder wir beginnen mit dem, was man nicht sieht, aber spürt: Unbehagen, Angst und Ohnmacht, begleitet von einem Gefühl der Dringlichkeit, Sorge und Verzweiflung. Manches zeigt sich aber auch schon ganz deutlich: das Erstarken nationalistischer Kräfte, die Verachtung für alle, die angeblich nicht dazugehören, die Suche nach Abgrenzung und eigener Identität. Wobei uns vor allem Letzteres daran erinnert, dass Menschen, die nicht mehr wissen, wer sie sind und wie sie zusammenleben können, dazu neigen, irgendwann nicht nur die Würde der Anderen, sondern auch ihre eigene aus den zu Augen verlieren.

Diese Welt verschlägt mir den Atem. Man kommt gar nicht mehr hinterher mit dem Mitdenken und Mitfühlen, und doch beginnt jede Veränderung mit dem Annehmen und Beschreiben dessen, was ist. Wir leben in einer Zeit innerer und äußerer Umbrüche. Der Verlust von alten Gewissheiten und sozialem Zusammenhalt trifft auf das immer lauter werdende Sprechen des Anderen, von unserer westlichen Kultur lange Verdrängten. Es melden sich die geplünderte Natur, entfremdete Gefühle und unsere erschöpften Körper, ebenso wie reale andere Menschen, die bei uns in Deutschland, in Europa oder – weiter gefasst – im Westen ein neues Leben anfangen wollen.

Auf vielen zunächst ganz unterschiedlich scheinenden Ebenen stellen sich dadurch Fragen danach, wer wir sind, wer wir sein wollen und wie wir gut miteinander und mit allem, was ebenfalls ist, zusammenleben können. Doch bis wir sie beantworten können, erinnert diese allgemeine Auflösung, die zugleich eine Auflösung des Allgemeinen ist, stark an das Krankheitsbild einer Psychose.

Eine Psychose ist eine Erkrankung des Geistes, ein innerer Ausnahmezustand, während dessen Dauer der Betroffene den Kontakt zur Realität verliert. Die Grenzen zwischen Ich und Welt verschwimmen und die eigene Identität wird dadurch ebenso instabil wie total. Ungefähr ein Prozent der Weltbevölkerung wird ein Mal im Leben psychotisch. Das sind allein in Deutschland rund 800 000 Menschen. Die Veranlagung zum psychotischen Erleben nennt man »Vulnerabilität«, also Verletzlichkeit. Viele Psychotiker sind sehr feinfühlig und empfindlich, einige sind kreativ begabt, originell, künstlerisch. Sonst hätte sich diese Verletzlichkeit evolutionär wohl nicht gehalten.

Häufen sich psychotische Episoden, spricht man in den meisten Fällen von Schizophrenie. Obwohl diese Störung oft diskontinuierlich verläuft, mit Verbesserungen und Verschlimmerungen, Momenten der Klarheit und völligem Selbstverlust, kann man sich eine diagnostizierte Schizophrenie in vielen Fällen wie die dauerhafte Anwesenheit einer sinnlosen anderen Welt vorstellen. Darin funken ständig falsche Sinneseindrücke, also Halluzinationen, falsche Verbindungen und Bezugnahmen, also Denkstörungen, und falsche Überzeugungen, also Wahnideen wie Verfolgungswahn, Kontakt mit Außerirdischen usw., dem normalen Erleben dazwischen. Und obwohl es schizophrene Künstler wie den Balletttänzer Vaslav Nijinsky, schizophrene Dichter wie Friedrich Hölderlin und mit Isaac Newton auch einen spätschizophrenen Naturforscher gab und gibt, gehört die Schizophrenie zu den schwersten und folgenreichsten psychischen Störungen. Und zu den unvermeidbarsten.

Die *Icahn School of Medicine at Mount Sinai* in New York hat herausgefunden, dass gewisse, nur dem Menschen vorbehaltene DNA-Abschnitte, die sogenannten HAR *(human accelerated regions)*, den präfrontalen Kortex, der hinter der Stirn sitzt, steuern – und fehlsteuern können. Genau diese dort verorteten höheren, sprich uns von den anderen Tieren unterscheidenden geistigen Funktionen wie das vorausschauende Denken, die Verhaltensplanung und die Impulskontrolle geraten bei einer Schizophrenie dauerhaft durcheinander. Eine einzelne Psychose hingegen kann man eher als eine kurze Systemstörung beschreiben, die sich wiederholen kann, aber nicht muss.

Obwohl diese erste Unterscheidung zwischen »Schizophrenie« und »Psychose« für den weiteren Verlauf des Buches brauchbar ist, sind solch eindeutige Abgrenzungen auf medizinisch-diagnostischer Ebene schwieriger. Aus diesem Grund spricht die Medizin aktuell eher von einem psychotischen Kontinuum; das wichtigste, international anerkannte Werk zur Diagnostik, das Handbuch *Internationale statistische Klassifikation der Krankheiten und verwandter Gesundheitsprobleme*, kurz *ICD-10*, unterscheidet mittlerweile organische, schizophrene und affektive Formenkreise.

Auch beim Gebrauch der Psychose als Metapher für einen krisenhaften gesellschaftlichen Zustand lassen sich Elemente aus allen drei Formenkreisen finden. Das beginnt mit der organischen Beschreibung einer Psychose als Dopaminflut, welche die sonst von diesem Botenstoff unter anderem verwaltete Unterscheidungsfunktion zwischen Ich und Welt beeinträchtigt, was innere Auflösungserscheinungen und Grenzverwischungen zur Folge hat. Auf kollektiver Ebene entspricht die Dopaminflut dem Zusammenhang von ökonomischem Steigerungszwang und konstanter Beschleunigung aller Lebensbereiche bei stetig anwachsender Reizüberflutung. Und so, wie eine einzelne Psychose eine fundamentale Krise des »Ichs« darstellt, erscheint eine psychotische Gesellschaft immer auch als fundamentale Krise des »Wir«. Wobei beides auf gesellschaftlicher Ebene natürlich zusammenhängt – gibt doch jedes »Wir« zugleich den Rahmen vor, innerhalb dessen der Einzelne »Ich« sagen und seine individuelle Identität innerhalb des Kollektiven begreifen und begründen kann.

Im Kern jeder psychotischen Erfahrung steht also ein umfassender Realitätsverlust. Dazu kommen Symptome aus dem affektiven, die Gefühle betreffenden Formenkreis wie Erregungszustände, aber auch eher dem schizophrenen Spektrum zugeordnete Phänomene wie Wahnideen, Störungen des Ich-Erlebens und mangelnde Krankheitseinsicht. Der psychotische Mensch hat seinen Geist und sein Urteilsvermögen verloren, sein Leben ist ihm fremd geworden. Er weiß nicht mehr, wer er ist noch was er eigentlich will, und kann sich deshalb nicht länger angemessen verhalten. Begleitet wird dieser Selbst- und Weltverlust von Angst angesichts der inneren Auflösung und Ohnmacht angesichts der Unfähigkeit, selbst etwas daran zu ändern.

Auf gesellschaftlicher Ebene erleben wir den Realitätsverlust als postfaktisches Zeitalter, bestimmt von Fake News und alternativen Fakten. Diese Wortneuschöpfungen verweisen auf einen fundamentalen Zweifel an der Wirklichkeit ebenso wie an ihrer medialen Vermittlung. Was ist wahr, was ist falsch, und wem soll man noch glauben? Doch obwohl nichts mehr gewiss ist, gibt es immer mehr News, die Interesse und Empörung schnell entzünden und noch schneller wieder abflammen lassen. Diese kollektiven Erregungszustände sind ebenso allgegenwärtig wie folgenlos, weil alles, was sie zum Inhalt haben, angesichts stetig nachdrängender News keinen Raum mehr hat, aufgenommen und eingeordnet, geschweige denn irgendwie verarbeitet zu werden.

In Anbetracht dieser sinn- und geistlosen Zirkulation aufmerksamkeitsheischender Inhalte haben es auch auf kollektiver Ebene Wahnideen leicht, sich auszubreiten. Das reicht von ominösen Verschwörungstheorien über abstruse, oft nationalistisch, rassistisch oder sexistisch grundierte Privatideologien hin zu bösartigen Verleumdungen, die vor allem in den sozialen Netzwerken fast ungebremst verbreitet werden können. Ob geheime Reptilienherrscher, gezielte Volksverdummung durch Flugzeugabgase oder russische Machtergreifung – für jeden ist etwas dabei.

Doch während der einzelne Mensch in einer psychotischen Erfahrung sowohl den Kontakt zu sich selbst als auch zum Allgemeinen verliert und deshalb nicht mehr weiß, was man tut und was man lässt, was man sagt und worüber man besser schweigt, ist auf gesellschaftlicher Ebene dieses Allgemeine selbst fragwürdig geworden. Die Auflösung eines kollektiven Sinn- und Bedeutungszusammenhangs befördert nicht nur abweichende und oft auch abwegige Weltdeutungen, sondern führt zu immer stärkeren Störungen des kollektiven Wir-Erlebens. Deshalb fühlen sich auch viele ganz »normale« Menschen in unserer Gesellschaft weder repräsentiert noch zu Hause. Wer sind »wir« überhaupt? Deutsche? Europäer? Weltbürger?

Diese kollektive Identitätskrise führt uns wieder zurück zur Ausgangsdiagnose einer psychotischen Gesellschaft, denn eine Psychose beschreibt einen Zustand, in dem sich ein Individuum oder eben eine Gesellschaft nicht mehr begreifen und deshalb auch nicht mehr bewusst verändern kann. Was umso dramatischer wird, je dringlicher reale Herausforderungen des Zusammenlebens – wie beispielsweise hier in Deutschland der Umgang mit dem Pflegenotstand, der fehlenden Kinderbetreuung oder dem Lehrermangel – angegangen und bewältigt werden müssen. Denn auch auf kollektiver Ebene geht der psychotische Wirklichkeitsverlust mit Gefühlen von Angst und Ohnmacht einher, zusammen mit der Unfähigkeit, sich eine andere Welt und ein angemesseneres Zusammenleben auch nur vorzustellen.

Doch obwohl das psychotische Kontinuum viele Schattierungen hat, beschreibt es letztlich immer einen Übergangszustand, der für den Betroffenen entweder zu einem neuen und ganzheitlicheren Verständnis der eigenen Identität führen kann oder sich, wie im Fall der Schizophrenie, zu einer unheilbaren Pathologie verfestigt. Auch Europa steht am Scheideweg: Gelingt es, uns neu zu besinnen, indem wir lange Verdrängtes wie beispielsweise die Spätfolgen kolonialer Weltherrschaft, unbekümmerter Waffenexporte und rücksichtsloser Naturzerstörung anerkennen, verantworten und durch diese bewusste Aufarbeitung schließlich in ein weiter gefasstes Bild von uns und unserer Rolle integrieren, womit wir zugleich unser eigenes Verhältnis zur Natur, den Tieren und unserer Lebendigkeit umfassender begreifen und gestalten? Oder kippt es in einen gewaltbereiten Nationalismus und noch nicht vorstellbare Formen von Überwachung, Ausbeutung und Einsamkeit?

Das Buch beginnt mit einem Blick auf das Leben als geheimnisvolle Ganzheit, deren Dauer der Wandel ist. Der Mensch ist ein Teil dieser geheimnisvollen Ganzheit, und sie ist zugleich ein Teil von ihm. Wir tragen das Leben in uns und sind durch es und mit ihm verbunden.

Doch anders als die bestimmten Tiere mit ihren immer gleichen Nestern und Höhlen und Legesträndern ist der Mensch das *unbestimmte Tier*, das seine Lebensumstände selbst gestalten kann und muss. Diese menschliche Selbstbestimmung ist dabei weder ein Monolog noch ewiglich gültig, sondern gleicht eher einem Gespräch, das seit Jahrtausenden geführt wird, wobei die immer gleichen Fragen immer wieder neu verhandelt werden: »Was ist der Mensch, wie wollen wir leben und zusammenleben und was ist unsere Rolle hier auf Erden?«

Die Unmöglichkeit, diese Fragen letztgültig zu beantworten, verdankt sich der paradoxen Lage unserer Spezies und dem damit verbundenen Problem der menschlichen Freiheit. Denn wir Menschen sind einerseits Teil der Natur und stehen zugleich außerhalb von ihr. Unsere paradoxe Lage besteht eben darin, dass wir nicht nur körperliche Wesen sind, eingefügt in das Werden und Vergehen des Natürlich-Organischen, begrenzt von einer bestimmten »Hardware«, sondern ebenso geistige Wesen, deren reale Daseinserfahrung wesentlich mehr durch ihre »Software«, also ihre Weltanschauung, ihren Bewusstseinszustand, bestimmt wird. Und obwohl wir Menschen immer wieder neu zwischen diesen widersprüchlichen Existenzebenen vermitteln müssen, bleibt schon einmal festzuhalten, dass sich unsere Freiheit zwar im körperlichen Handeln *zeigt*, sich jedoch im Geistigen *gründet*. Denn nur dort finden und verändern wir die Gründe, die alles konkrete Handeln motivieren.

Um diesen beiden unterschiedlichen Ebenen gerecht zu werden und sie zugleich als konkrete Einheit zu begreifen, benutze ich den Ausdruck »Haus« im Folgenden als Metapher für die Gesamtheit der Lebensbezüge einer bestimmten Kultur. Denn jede Kultur zieht eigene Grenzen zwischen Innen und Außen, Eigenem und Fremdem, Erwünschtem und Verbotenem, wobei diese vielfältigen Ein- und Ausschlüsse die verschiedenen Aspekte des Lebens und Zusammenlebens ordnen und gewichten und zugleich regeln und lenken.

Ein »Haus« als »kollektive Bestimmung« des unbestimmten Tieres, das der Mensch ist, verbindet damit ein praktisches »Wie« mit einem begründenden »Warum« – man weiß also mehr oder weniger, wer und warum man an einem bestimmten Ort zu einer bestimmten Zeit ist und was man deshalb tun und lassen soll. Dadurch bietet jedes »Haus«, in der französischen Philosophie auch gerne »Ordnung der Dinge« genannt, seinen Bewohnern nicht nur Schutz, sondern auch Sinn, Heimat und kollektive Identität.

Anders als die anderen Tiere können wir Menschen uns jedoch Häuser bauen, in denen wir selbst nicht mehr wohnen wollen, also uns im Leben und Zusammenleben auf eine Weise einrichten, die unseren elementarsten Bedürfnissen nach Sicherheit und Austausch nicht mehr gerecht wird. Ein solch »verrücktes« – vom Leben weg-ge-rücktes – Haus ist ebenso einsturzgefährdet wie untauglich, denn es ist nicht mehr fähig, seinen Bewohnern inneren und äußeren Schutz, also Sinn, Heimat und kollektive Identität, zu bieten. Dabei trägt die dadurch ausgelöste kollektive Identitätskrise zunehmend psychotische Züge, deren nähere Bestimmungen wir anhand einer individuellen psychotischen Erfahrung beleuchten.

Im zweiten Teil blicken wir genauer auf die kollektive *Unordnung der Dinge*. Auch das gesellschaftliche Äquivalent des individuellen Ausnahmezustands zeigt sich als Normalität der Krise und damit als die für psychotisches Erleben typische Gleichzeitigkeit von Instabilität und Totalität. Instabil wird ein System, wenn seine Elemente so weit auseinanderdriften, dass es zunehmend unmöglich scheint, sie auf ein gemeinsames Ganzes zu beziehen. Diese Brüchigkeit erscheint auf gesellschaftlicher Ebene als immer krasseres Nebeneinander unvermittelter sozialer Widersprüche wie derjenigen zwischen Arm und Reich oder Eigenem und Fremden. Dazu gehört der immer stärker um sich greifende politische Korrektheitswahn bei gleichzeitiger Zunahme von Rassismus, Sexismus und Gewalt.

Andererseits vermischt sich alles mit allem, so wie jeder normale Mensch sich ein bisschen benimmt, als wäre er ein Promi, zumindest in den sozialen Medien, während heute jeder Promi auch Influencer ist und Waren verkauft und, wenn es geht, Zeitschriften und Kosmetik und Hautpflege. Es geht aber auch um die folgenreiche Ununterscheidbarkeit von Arbeit und Freizeit, Privatheit und Öffentlichkeit, Marktwert und Selbstwert. Und um diese uns allerorts und jederzeit begegnende absurde Gleichzeitigkeit von realen Tragödien und süßen Katzenvideos, von Klimakatastrophen und den neuesten Produkten, von Politik, Spektakel und Reisebericht. Und so unernst, ja lächerlich dieser verrückte Brei erscheinen mag, so ernst und tragisch ist die Lage für diejenigen, die es betrifft. Das wiederum sind nicht nur die Armen und Schwachen, die vermüllten Ozeane, die gequälten Tiere und die überfluteten Inseln, sondern in letzter Konsequenz auch wir selbst.

Um nachzuvollziehen, wie unterschiedlich Menschen auf diesen Verlust existenzieller Gewissheiten und die damit einhergehenden Gefühle von Unbehagen, Angst und Ohnmacht reagieren, werfen wir im dritten Teil einen Blick auf drei zeitgenössische *Figuren des Übergangs*.

Die Kuratoren surfen auf der Welle von Digitalisierung, Kapitalisierung und Beschleunigung. Unendlich beschleunigt sind sie selbst zu den Displays geworden, in denen sich die vorgeblichen Novitäten und Trends der Konsumkultur verkörpern – bis das Produkt, als das sie sich verkaufen, nicht mehr mit dem allgegenwärtigen Innovationsdruck mithalten kann. Oder bis sie innerlich nicht mehr mithalten können, weil der Körper krank wird oder die Seele. Im Gegensatz dazu halten sich die Spirituellen mit ihrer Hoffnung auf eine bessere Welt an ihr

Innenleben. Bei diesem Rückzug ins Seelische neigen sie dazu zu vergessen, dass es an ihnen liegt, diese andere Welt nicht nur herbeizusehnen, sondern auch tätig zu verantworten. Ganz abgesehen davon, dass dabei das Wohl aller Lebewesen im Vordergrund stehen sollte und nicht nur die persönliche Erleuchtung.

Solche Empfindlichkeiten haben die Fanatiker längst hinter sich gelassen. Für sie sind die aktuellen Auflösungserscheinungen vor allem bedrohlich, und sie ziehen sich auf die Illusion eines festen Grundes zurück: Eigenes statt Fremdes, Tradition statt Fortschritt, Grenzen statt Globalisierung. Doch hinter diesen Abgrenzungen steht ein starker Verschmelzungswunsch, die Sehnsucht, wieder Teil eines – in diesem Fall aber *exklusiven* – Ganzen zu sein. Manche träumen deshalb von einer idealen Gesellschaft, die es in Wahrheit nie gegeben hat, einer sauberen und anständigen Nation mit klassischer Rollenverteilung und gerne, sehr gerne ganz unter sich.

Alle drei Lebensformen verkörpern die Gefahren, aber auch die Chancen des Lebens und Zusammenlebens in einer psychotischen Gesellschaft.

Der vierte Teil des Buches widmet sich dem Potential dieses Übergangszustands und der damit verbundenen Möglichkeit, uns selbst und *die Welt neu zu erzählen*. Denn die so beängstigend scheinende Auflösung des westlichen Hauses ist zugleich die Gelegenheit, alte Bausünden anzuerkennen und zu bereinigen; wobei »Bausünde« ein mehr als beschönigender Ausdruck ist für das, was die einseitige und ignorante westliche Lebensweise die Natur und die Tiere, viele andere Kulturen und auch die Mitglieder der eigenen Kultur gekostet hat.

Anstatt sich angesichts dieser Realitäten und des dadurch ausgelösten Unbehagens in Privatwelten oder exklusive Innenräume zurückzuziehen, können wir die Auflösung unseres vertrauten Hauses auch als Einladung verstehen, ins Freie zu treten. Ins Freie zu treten bedeutet, sich dem lange Verdrängten, also den realen Folgen und Konsequenzen des eigenen Wahrnehmens, Wertens und dadurch motivierten *Handelns*, zu stellen und dabei zu begreifen, dass uns alle mehr verbindet als trennt. Sich dieser Verbundenheit zu öffnen führt zu einem umfassenderen Bewusstsein unserer Lebendigkeit und unserer Rolle auf dieser Erde.

Das wiederum betrifft jeden Menschen auf je eigene Weise. Denn obwohl es unser gemeinsames Haus ist, dessen innere Architektur durch Ökonomisierung und Beschleunigung entkernt wurde, sind wir Bewohner diejenigen, die es reparieren, aufräumen und neu ausrichten müssen. Und wir können es. Jeder und jede Einzelne ist nicht nur Mitglied einer Gesellschaft, sondern immer auch ihr Schöpfer, denn jeder Mensch sieht und macht die Dinge auf seine Weise und fügt so dem Ganzen seine individuelle Auslegung hinzu. Die eigene Rolle zu begreifen heißt, sich dieser Verantwortung zu stellen und sie genau dort wahrzunehmen, wo man selbst lebt, liebt und arbeitet.

Diese bewusste Wiederaneignung von Welt, Sprache und Menschsein ist vor allem eine poetische Praxis. Das Leben hat die Bedeutung, die wir ihm geben. Nicht die Welt müssen wir ändern, sondern unseren Blick auf sie und damit unseren Umgang mit ihr und miteinander.

Heilung ist das Finden eines neuen Sinns. Angst und Ohnmacht zu überwinden bedeutet, uns auf neue Weise mit unserem Hiersein zu versöhnen, indem wir uns dafür öffnen, wer wir sind und was wir deshalb dem Leben schulden, den Anderen und uns selbst.

I VOM UNBESTIMMTEN TIER

DAS WESTLICHE HAUS

Vor dem südlichen Balkon auf der kleinen spanischen Vulkaninsel, wo ich für eine Weile lebte, erstrecken sich einige sanft geschwungene Hügel, und in den Wochen meines Hierseins haben wir uns ein wenig angefreundet. Die Hügel sind rot, grün und gelblich im Morgenlicht, braun-ockerfarben am Nachmittag und schwarz und zackig in der Abenddämmerung, die ihre Gestalt wie durch ein Wunder in ferne Pyramiden verwandelt.

Form und Farbigkeit dieser Hügel endgültig zu beschreiben wäre ein ebenso vergeblicher wie poetischer Prozess, und schon der Gedanke daran lässt erahnen, wie es um das Verhältnis von Mensch und Welt bestellt ist: hier das immerwährende Spiel von Licht und Schatten, Werden und Vergehen, dort der Mensch, der alles erfassen, ordnen und verstehen möchte. Wir wohnen in diesem Begreifen. Das immerwährende Beschreiben und Abbilden der Welt ist unser »Haus«, ein Ort, an dem eine uns zuträgliche Atmosphäre herrscht, ein Ort, an dem wir das, was ist, bezeichnen und unterscheiden können und dadurch uns und unser Dasein verstehen.

Etwas auf eine lebbare – und deshalb noch lange nicht »allgemeingültige« oder gar ethisch »richtige« – Weise zu verstehen heißt, sich für einen bestimmten Blick zu entscheiden und dafür einen anderen Aspekt des Ganzen aus dem Blick zu verlieren. Eine Kultur ist die Summe dieser Entscheidungen; ihre wie Häuserwände gezogenen Ein- und Ausschlüsse, Gebote und Verbote ordnen und gewichten die Mannigfaltigkeit des Lebens und geben ihren Bewohnern dadurch einen bestimmten Umgang mit sich und dem Leben vor. Je offener eine Kultur oder eine Gesellschaft ist, desto weiträumiger ist das »Haus«, desto mehr unterschiedliche Zimmer gibt es, desto größer sind die Fenster, durch die seine Bewohner nach draußen, auf die wechselvolle Beständigkeit des Lebens, blicken können.

Alles Lebende sucht Ausdruck und Austausch. Leben ist Bewegung, ein ständiges Schwingen zwischen Polaritäten: Es geht von Tag zu Nacht zu neuem Tag, von Sommer zu Winter zu einem neuen Sommer. Tiefer noch geht es von Ordnung zu Chaos zu neuer Ordnung, von Sein zu Nichtsein zu neuem Sein. Diese Atembewegungen des Lebens verbinden uns als lebendige Wesen mit allem, was ist. Zugleich jedoch müssen wir anerkennen, dass wir zwar an diesem Ganzen teilhaben, es sich aber keinesfalls in unserem eigenen Dasein erschöpft. Und obwohl es an uns liegt, seiner unermesslichen Seinsentfaltung unsere eigenen Seinsmöglichkeiten hinzuzufügen, ist uns ihr übergreifender Sinn entzogen. Alles, was geschieht, hat einen *Grund*, doch es ist nicht unbedingt sinnvoll – schon gar nicht auf eine Weise, die sich uns Menschen mit unserer beschränkten Wahrnehmungskapazität direkt erschließen würde. Das Leben überschreitet uns und doch können wir spüren, dass dieses unermessliche Ganze ebenso wertvoll wie schön ist und ihm eine tiefe und zugleich verspielte Entfaltungslust zugrunde liegt, die uns auf eine ganz persönliche Weise einlädt, mitzuspielen.

Wenn wir dieser Einladung folgen, fügen wir dem Leben nicht nur unser Dasein, sondern auch unsere Auslegung dieses Daseins hinzu. Diese Auslegung können wir unter Anerkennung unserer beschränkten Wahrnehmungsmöglichkeiten durchaus

»Sinn« nennen; sie ist die Antwort, die wir als Menschen mit unseren eigenen und kollektiven Leben auf die Tatsache unseres Hierseins geben und geben müssen. Denn anders als die Tiere, die in eine bestimmte Umgebung hineingeboren sind und sich dort ihrer Natur gemäß einrichten wie die kleinen Kaninchen in den bunten Hügeln, sind wir Menschen unbestimmte Tiere, die sich ihre Lebensumstände selbst schaffen müssen.

Wir stehen nicht nur innerhalb, sondern auch außerhalb der Natur und haben dadurch Anteil am Sein sowie am Nichtsein. Und weil wir zwar wissen, dass wir sind, aber weder, was wir sind noch warum wir sind, haben wir ein Identitätsproblem. Das betrifft nicht nur den Umstand, dass wir sowohl Individuen sind als auch in Gemeinschaft leben, sowohl eine äußere Erscheinung als auch ein Innenleben besitzen, sondern reicht bis zu den Inhalten unseres Bewusstseins selbst. Auch dort existieren Reales und Imaginiertes nebeneinander.

Indem wir diese unterschiedlichen Existenzebenen immer wieder individuell und kollektiv versöhnen, stellen wir den für uns Menschen notwendigen Sinn her. Doch er stellt sich ebenso ein, nämlich dann, wenn die Abstände und Benachbarungen, also die Rhythmen und Resonanzen zwischen den Dingen des Lebens, stimmen und wir mit dieser lebbaren Ordnung, die so viele Formen haben kann, wie es wohnliche Häuser auf dieser Erde gibt, nicht nur dem Eigenen und dem Anderen, sondern ebenso dem Ganzen gerecht werden.

Jede Kultur als »kollektives Haus« ist deshalb eine Wahrnehmungsgemeinschaft, welche die geheimnisvolle Ganzheit des Lebens nicht nur auf eine bestimmte Weise erfährt, sondern auch auf eine bestimmte Weise bewertet und infolgedessen unterschiedlich mit dem Leben und Zusammenleben umgeht. Das betrifft nicht nur den jeweiligen Umgang mit der Natur, den Tieren und der Erde, sondern auch den konkreten Stellenwert, den bestimmte Ausdrucksformen unserer eigenen Lebendigkeit haben. Während beispielsweise viele asiatische ebenso wie afrikanische Kulturen alten Menschen großen Respekt und sozialen Einfluss zugestehen, werden alte ebenso wie schwache oder kranke Menschen in einer ökonomisierten Leistungsgesellschaft, wie sie auch die deutsche Gesellschaft in den letzten Jahren immer mehr geworden ist, zunehmend missachtet und an den Rand gedrängt.

Der Begriff »Haus« empfiehlt sich aber nicht nur wegen seines allgemeinen, sondern ebenso wegen seines besonderen Gehalts, der auf die Wurzeln unserer eigenen westlichen Kultur verweist. In der griechischen Antike wurde noch klar zwischen der privaten Sphäre des *oikos*, übersetzt als »Haus- und Wirtschaftsgemeinschaft«, und der öffentlichen Sphäre der *polis*, was »Staat«, »Stadt« oder ursprünglich auch »Burg« bedeutete, getrennt. Diese Trennung ging immer schon zulasten derer, die dadurch vom öffentlichen Leben ausgeschlossen waren – Frauen, Sklaven und Fremde. Auch die »Ökonomie«, von Aristoteles begründet und *oikonomia* getauft, beschränkte sich als Wissenschaft des guten und gerechten Wirtschaftens zunächst auf die Interessen derer, die mitspielen durften. Wobei der Philosoph jedoch stets betonte, dass nicht die Zirkulation der Waren und Güter, sondern die Gemeinschaft, die *polis*, das höchste Gut eines jeden Staates sei.

Ironischerweise hat die Jahrhunderte später ebenfalls von unserer Kultur ausgehende Ökonomisierung die gesamte Erde in einen globalen Markt verwandelt, in dem das Private veröffentlicht und das Öffentliche im Gegenzug privatisiert wird. Diese »Implosion« des Politischen zwingt uns dazu, nachzudenken, wie tragfähig unser eigener *oikos* letztlich ist und wie darüber hinaus ein *oikos* aussehen könnte, das groß und geräumig genug ist, allen Mitgliedern unserer Spezies einen angemessenen Raum auf dieser Erde zu geben – und zugleich dem, was mit uns lebt.

Der zur Bewältigung dieser Krise notwendige Rückbezug auf das jeweils Andere und damit auf den »Schatten« unserer Wahrnehmungsgewohnheiten ist ebenso wie die Besinnung auf das Ganze letztlich eine optische Selbstkorrektur. Denn obgleich sich das Ganze des Lebens im Bewusstsein jedes Einzelnen spiegelt, wird es dort zugleich gebrochen. Es ist uns Menschen physikalisch unmöglich, zwei Aspekte oder Zustände einer bestimmten Polarität gleichzeitig wahrzunehmen. Wenn wir das »Eine« fokussieren, wird das »Andere« unscharf. Wenn man sich über jemanden ärgert, kann man nicht gleichzeitig an dessen liebenswürdige Seiten denken. Wenn es kalt ist, spürt man keine Wärme. Und wenn die Physiker Lichtquanten beobachten, sehen sie diese entweder als Welle oder als Teilchen, aber niemals in ihrer Doppelnatur.

Deshalb bezeichnen wir mit dem »Einen« oder »Eigenen« im Folgenden denjenigen Aspekt einer Sache, auf den der eigene Blick gewohnterweise fällt, während das »Andere« dasjenige ist, das durch diesen fokussierenden Blick in den »Schatten« der eigenen Wahrnehmung gerückt ist. Dieses »Andere« bezeichnet deshalb nicht nur die Wahrnehmungsgrenzen des Einzelnen, sondern ebenso das, was eine Kultur als kollektive Wahrnehmungsgemeinschaft an den Rand gedrängt, also verdrängt hat. Das Sprechen des Anderen oder die Rückkehr des Verdrängten beschreibt folglich den Moment, in dem sich ein bestimmter Schatten lichtet und dabei etwas vorher Unerblicktes oder schlicht *Ignoriertes* in den Bereich der eigenen Wahrnehmung tritt. Die uns alle verbindende Fähigkeit zur Ignoranz wiederum beschreibt das menschliche Vermögen, sich so fest auf das »Eine« zu konzentrieren, dass man das »Andere« ebenso wie das »Ganze« vergisst.

Alles, was ist, zeigt sich uns also auf eine bestimmte Weise, wodurch sowohl sein Bezug zur Ganzheit als auch seine andere Seite verborgen werden. Etwas zu bestimmen heißt notwendigerweise etwas anderes zu ignorieren. Auf der Ebene der Sprache und damit auch dieses Textes bedeutet das beispielsweise, dass alles Sagbare von den Schatten des Unsagbaren begleitet wird und jedes Begreifen immer auch ein Verfehlen bedeutet. Und doch ist es möglich, mit weiteren Worten auf die hinter allen Bestimmungen liegende Ganzheit zu verweisen und damit das jeweils Ungesagte nachzutragen. Mit diesem Rückbezug akzeptieren wir die Tatsache, dass unser Bewusstsein einerseits immer das Bewusstsein von etwas Bestimmtem ist, aber andererseits auch der Ort, an dem wir, mit einer gewissen Verspätung, auch dessen entgegengesetzter Seite und zugleich dem Ganzen gerecht werden können. Diese Besinnung oder Reflexion – von lateinisch *reflectere*, »zurückbeugen, -drehen, -wenden« – dagegen ist nur möglich, weil unser Bewusstsein uns nicht nur befähigt, zu fokussieren und so das Leben auf eine bestimmte Weise wahrzunehmen, sondern ebenso der Ort ist, an dem wir mit der Ganzheit dieses Lebens verbunden sind.

Diese geheimnisvolle Ganzheit zeigt sich uns zunächst in unermesslich vielen Teilen oder Einzelaspekten – von exotischen Blumen über bunte Hügel bis zum Wunder unseres eigenen Geistes. Doch obwohl es sich fortlaufend mit-teilt, ist das Leben an sich ganz und heil und gegenwärtig; mehr noch, es strebt nach Ganzheit und stellt sie früher oder später wieder her. Seine lebendige Ökonomie des Ausgleichs können wir »Ursache-Wirkungs-Zusammenhang« nennen, »Dialektik« oder schlicht »Konsequenz«.

Diese uns durch das Leben selbst gesetzten Grenzen stehen im Kern der aktuellen Krise, die man unter anderem als den Moment beschreiben könnte, in dem wir mit den immer unabweisbareren Konsequenzen unseres kollektiven Handelns konfrontiert werden. Das betrifft nicht nur die Folgen unseres achtlosen Umgangs mit dem Leben und dadurch mit unserer eigenen Lebendigkeit, sondern auch die damit verbundene Frage nach unserer Rolle und unseren Pflichten hier auf der Erde.

Denn wir Menschen sind weder das »Eine« noch das »Andere«, sondern die Agenten des Dritten. Alle existenziellen Gegensätze bilden sich in uns nicht nur ab, sondern werden immer wieder durch einen Rückbezug zum gemeinsamen Ganzen überwunden, den wir auch Versöhnung oder Liebe nennen können. Zugleich fügen wir allem, was ist, immer wieder Neues hinzu, von Kindern über Kinofilme hin zu Kernkraftwerken. Letzteres verweist schon darauf, dass das Neue nicht unbedingt das Gute ist, wenn wir dieses Gute schlicht als Rücksicht auf das Ganze verstehen, was im Fall der Kernkraftwerke beispielsweise hieße, zu fragen, was ihre Existenz und Benutzung für die Zukunft des Lebens und Zusammenlebens aller bedeuten.

Die Tatsache, dass sich unsere Gesellschaft diese Fragen zwar gestellt, aber ihre realen Konsequenzen – wie beispielsweise den Verzicht auf Atomenergie – bislang vermieden hat, führt uns zu den Ursachen der aktuellen Krise zurück, vielmehr zu einem ihrer besonders unangenehmen und angstauslösenden Aspekte, nämlich der Rückkehr des Verdrängten.

Das meint zunächst ein wachsendes Bewusstsein des Leides, das unsere ebenso ignorante wie einflussreiche Kultur der Natur, den Tieren, anderen Kulturen und unserer eigenen Lebendigkeit zugefügt hat und weiterhin zufügt. Denn obwohl es mittlerweile große Unterschiede zwischen Europa und Amerika, Kanada und Australien gibt, von innereuropäischen Differenzen ganz zu schweigen, bezieht sich die Rede vom »westlichen Haus« auf eine jahrhundertealte Wahrnehmungs- und

Wertegewohnheit, die trotz größer werdender Unterschiede immer noch einen gemeinsamen Nenner – von der Antike und dem Mittelalter über die Industrialisierung zur Erfahrung beider Weltkriege – besitzt, dessen Gestalt und Geschichte wir weiter unten noch genauer beleuchten.

Zugleich ist nicht jeder Mensch, sondern auch jedes »Haus« stets mehr als das Bild, das man sich von ihm macht. Eine »westliche« Kultur ist nicht denkbar ohne den ständigen Austausch mit anderen Kulturen, ohne arabische oder asiatische Einflüsse und eine jahrtausendealte Praxis gegenseitiger Herausforderung und Bereicherung. Dennoch verweist das mit der Rückkehr des Verdrängten einhergehende Bewusstsein eines realen »Leides« nicht nur auf die Folgen von Kolonialismus, Christianisierung und Naturzerstörung, sondern ebenso auf den folgenreichen Export sozialer Rollen, der unsere mannigfaltigen menschlichen Daseinserfahrungen inklusive unserer äußerst vielfältigen Sexualität in ebenso kleine wie kleinherzige Schubladen gepackt und dadurch »fokussiert« oder »essenzialisiert« hat.

Und so wie sich Einzelne und Gesellschaften in einem unheiligen, also die Ganzheit, Bewegtheit und Verbundenheit des Lebens negierenden Abstand einrichten können, können sie auch Konzepte, Produkte und Abläufe in die Welt setzen, die das Leben, seine Mannigfaltigkeit und seine Verbundenheit mutwillig missachten. Hier wird die menschliche Schöpfungskraft pervertiert und das Neue, das wir in die Welt bringen, wird unversöhnlich und unbarmherzig, eine Verkörperung von Egoismus, Machtwillen und Ignoranz.

Dieser Schatten unserer Schöpfungskraft wird beispielhaft verkörpert von den mutierten Orks, die Sauron – seinerseits eine der eindrucksvollsten Personifikationen des Bewusstseinszustandes »alter machthungriger weißer Mann, der sich ganz allein die Erde untertan machen will« – im *Herrn der Ringe* herstellt, oder von den Maschinen, die in den *Terminator*-Filmen die Erde beherrschen. Doch diese Monster rufen Helden und Heldinnen auf den Plan, die sie bekämpfen und am Schluss besiegen, nicht um des Ruhmes willen, sondern damit das Leben weitergeht.

Obwohl diese Beispiele aus der Fantasy oder der Science-Fiction stammen, erfassen sie zugleich die aktuelle Krise als den Moment, in dem wir vor dem Schattenhaften oder schlicht Lebensfeindlichen unserer eigenen Kultur nicht mehr die Augen verschließen können. Denn Gier, Ungleichheit und Ausbeutung entfremden uns vom Leben und das Leben von uns. Doch obwohl wir alle spüren, dass etwas nicht stimmt, ist es ungleich schwieriger, dieses Unbehagen in Worte zu fassen, besonders wenn man selbst aus einer Kultur kommt, die ignorantes und egoistisches Verhalten immer noch für normal und selbstverständlich hält.

In dieser Hinsicht können wir uns eine Kultur auch als eine Art Betriebssystem vorstellen, das in jedem ihrer Mitglieder von frühester Kindheit an installiert wird und eindeutige Anweisungen darüber bereitstellt, was man tut, was man lässt, was gut und was schlecht ist und wie man leben sollte. Dieses Allgemeine im Einzelnen ist dessen blinder Fleck, der das Zufällige der jeweiligen Weltanschauung in die Illusion des Selbstverständlichen verwandelt.

Der unter Depressionen leidende Schriftsteller David Foster Wallace hat 2005, drei Jahre bevor er sich das Leben nahm, vor den Absolventen des Kenyon College eine Abschlussrede gehalten. Sie beginnt mit einer Parabel: Schwimmen zwei junge Fische des Weges und treffen dabei einen älteren Fisch, der in der Gegenrichtung unterwegs ist. Er nickt ihnen zu und sagt: »Morgen, Jungs. Wie ist das Wasser?« Die zwei jungen Fische grüßen zurück, schwimmen eine Weile weiter und schließlich wirft der eine dem anderen einen Blick zu und sagt: »Was zum Teufel ist Wasser?«

Das »Haus« – also die jeweilige Weltanschauung einer bestimmten Kultur – ist das Wasser. Wir können an dieser Stelle auch von »System«, »Struktur« oder »Matrix« sprechen. Der gleichnamige Film von 1999 hat viel verdeutlicht und viel verschleiert. Gut ist, dass jeder sofort eine Vorstellung hat von einer existenzumfassenden Megastruktur, innerhalb derer selbst der eigene Körper nur eine Verkörperung ist, quasi ein aus kleinen grünen Nullen und Einsen zusammengesetzter Struktureffekt. Der Film hilft dabei, das Funktionieren, also die Automatismen der Struktur in uns selbst, in den Blick zu bekommen und damit das, was man, ohne selbst nachzudenken, an einem bestimmten Ort zu einer bestimmten Zeit so sagt und denkt und tut. In unserer gegenwärtigen Kultur wären das unter anderem Leistungsdenken, Konkurrenz und Selbstoptimierung, angetrieben von der dahinterliegenden Überzeugung, unser Wert und unsere Würde müssten im Äußeren errungen, gezeigt und immer wieder bewiesen werden, anstatt innerlich gegeben zu sein.

Doch ohne die Automatismen des Weltbezugs, der Orientierung und der Urteilsfindung, die jede Kultur ihren Mitgliedern bereitstellt, wären wir nicht wild und endlich frei, sondern lebensunfähig. Da beginnt schon das Verschleiernde des Films: die Paranoia, die einseitige Überzeichnung, kurz: das Verteufeln der Struktur an sich, die unser Lebensraum ist, nicht unser Gefängnis. Obwohl sie tatsächlich zu einem Gefängnis werden kann, wenn sie nicht mehr ihren Bewohnern dient, sondern nur noch dem Selbsterhalt. Und da der Film *Matrix* nicht von irgendeiner Kultur spricht, sondern von unserer eigenen spätkapitalistischen Wohlstands-, Performance- und Ausbeutungskultur, ist dieser fast 20 Jahre alte Film an dem Punkt letztlich eher visionär als paranoid.

Während *Matrix* damit beginnt, dass ein geheimnisvoller Fremder den jungen Programmierer Neo vor die Wahl zwischen der existenzberuhigenden blauen und der existenzerschütternden roten Pille stellt, ist das Ganze im echten Leben komplizierter. Denn wirklich und deshalb auch folgenreich zu verstehen, dass die eigene Kultur und Weltsicht zwar als Behausung notwendig, in ihrer inneren Architektur jedoch zufällig und deshalb hinterfragbar, kritisierbar und vor allem transformierbar sind, ändert tatsächlich alles. Dieses Verstehen lässt einen die eigene Verantwortung für die Welt und ihren Zustand begreifen, ebenso wie für das eigene Leben, was bedeutet, dass man so weitermachen kann wie eh und je – aber eben nicht muss.

Das revolutionäre Potential dieses Perspektivwechsels ist also unbestritten atemberaubend, befreiend, gigantisch – nur dass die Welt auch nach ihrer radikalen Hinterfragung immer noch da ist, genauso wie der Abwasch und die Notwendigkeit, sich bei den alten Eltern zu melden, Steuern zu zahlen und Klopapier zu kaufen.

Also ja, es gibt die roten Pillen, und nein, sie wirken nicht so wie im Film. Deshalb findet jeder, der diesen existenziellen Perspektivwechsel nachvollzieht, keine andere Welt, sondern nur einen anderen Blick auf das, was selbstverständlich scheint. Diese Selbstverständlichkeit jedoch ist die härteste Droge, die es gibt. Das Problem dabei ist allerdings nicht die böse Matrix, sondern der bequeme Mensch. Denn um sich wirklich anders zu spüren, um anders zu denken, zu lieben und zu leben, reicht eine Pillendosis einfach nicht aus. Man muss das verdammte Ding immer wieder schlucken, Tag für Tag.

Während die Geschichte von der Wahl zwischen roten und blauen Pillen als Metapher für den Unterschied zwischen einem bewussten und einem unbewussten Leben den zentralen Punkt existenzialistischer Philosophie zu einem eingängigen Bild verdichtet, müssen wir unsere Krise umfassender begreifen. Das beginnt mit der Möglichkeit und Unmöglichkeit dieses Begreifens selbst. Denn gerade hat die Fokussierungsleistung unseres auf historisch neue Weise abgelenkten Bewusstseins – News! Terror! Social Media! – rapide abgebaut. Durch diese Unschärfe jedoch tritt das Ganze auf neue Weise hervor. Hier regnet es, aber in Burkina Faso regnet es nicht, und in Tokio wird es regnen, wenn die Nacht anbricht, die bei uns der frühe Morgen ist. Der Tisch steht hier, aber er steht auch bei Sophia in Budapest und bei Imre in Istanbul, und das weiß ich, weil wir alle ein Foto mit #eamesforever auf Instagram gepostet haben. Und dieses oder jenes ist zwar nicht passiert, sieht dank digitaler Bildbearbeitung aber so aus, als ob es passiert wäre.

Globalisierung und Digitalisierung als neue Ausdrucksformen unserer Verbundenheit bringen es nicht nur mit sich, dass wir alles, was ist, immer stärker gleichzeitig wahrnehmen, sondern führen auch dazu, dass sich Seiendes und Nichtseiendes zunehmend gleichberechtigt verhalten. Deshalb lässt sich das, was uns an unserer Gegenwart so verrückt, unübersichtlich und widersprüchlich scheint, aus einer anderen Perspektive als der Moment beschreiben, in dem sich die Wahrheit des Lebens uns allen auf neue Weise zeigt. Und so bieten nicht mehr nur geheimnisvolle Fremde wenigen Auserwählten die kostbaren existenzerschütternden roten Pillen an, sondern das Leben selbst überschwemmt uns mit ihnen. Was nur ein anderer Ausdruck ist für das immer lauter werdende Sprechen des Anderen, lange Verdrängten. Oder, wie der Philosoph Bruno Latour es in seinem 2017 erschienenen Buch *Das terrestrische Manifest* formuliert: »Heute sind alle: Dekor, Kulissen, Hinterbühne, das gesamte Gebäude, auf die Bühnenbretter gestiegen und machen den Schauspielern die Hauptrolle streitig.«

Diese neue Gegenwart des Draußen trifft in dem Fall unserer eigenen Kultur allerdings nicht auf festgefugte Mauern und messerscharf gezogene Grundrisse, sondern die ebenso wackeligen wie vielfach verschobenen Überreste dessen, was wir Europa nennen, und auf die noch viel heiklere Frage einer deutschen Identität. Wobei das bei uns in Deutschland im Jahre 2018 gegründete Heimatministerium als trachtentragendes Männerkränzchen das dahinterliegende Problem nicht löst, sondern beispielhaft illustriert.

Denn natürlich gibt nicht das Leben die roten Pillen aus, vielmehr hat es niemals damit aufgehört, jeden und jede Einzelne von uns einzuladen, sich von allem selbst ein Bild zu machen. Neu ist jedoch, dass unsere eigene Matrix sich durch Kapitalisierung und Beschleunigung so weit destabilisiert hat, dass sie keine beruhigenden blauen Pillen mehr herstellt. Was nur ein anderer Ausdruck dafür ist, dass sie aufgehört hat, Sinn und kollektive Identität und damit Heimat zu produzieren. Das wiederum ist beunruhigend. Denn es hat zur Folge, dass wir, die Bewohner des westlichen Hauses, nicht mehr selbstverständlich wissen, wie man darin leben kann und soll.

In diesem Sinne sind wir existenziell Vertriebene, was angesichts der Tatsache, dass wir gegenüber anderen Vertriebenen, wie beispielsweise vielen Geflüchteten, geradezu grotesk privilegiert sind, umso schwerer in Worte zu fassen ist. Denn unsere Vertreibung ist vor allem eine Selbstvertreibung, die einhergeht mit dem Gefühl, so nicht mehr leben zu *wollen*. Während Menschen, die aus Kriegs- oder Elendsgebieten flüchten, weil sie in ihren eigenen Ländern keine Lebens- und Liebesmöglichkeiten mehr sehen, von sozialer Infrastruktur, Bildungsangeboten und einem Mindestmaß an öffentlicher Sicherheit ganz abgesehen, dort, wo sie sind, nicht mehr leben *können*. Dabei unterscheiden sich nicht nur innere und äußere Not, sondern es stellt sich zugleich die Frage, warum es dort, wo Menschen nicht mehr leben *können*, so weit gekommen ist und wem diese Zustände nützen. Doch obwohl wir westlichen Menschen an dieser Stelle zunächst wieder einmal über unsere eigenen Spuren stolpern – von Waffenexporten hin zu geopolitischem Kalkül –, sind unsere Erfahrungen einer inneren Entfremdung letztlich ebenso real und folgenreich wie alle Arten äußerer Bedrängnis.

Zurzeit gibt es also zwei Arten von Heimatlosen – diejenigen, deren physische Heimat unbewohnbar geworden ist, und diejenigen, die sich nicht mehr in ihrer eigenen Welt – in diesem Fall in dem, was wir »Europa« oder etwas unbestimmter »den Westen« nennen – beheimaten können, weil diese Welt ihnen immer weniger Sinn bietet. Und obwohl es falsch, wenn nicht sogar zynisch wäre, das Leid eines oft unter Lebensgefahr Geflüchteten mit der existenziellen Unruhe eines Westlers zu vergleichen, lassen sie sich doch nicht ganz voneinander trennen. Die mannigfaltigen Folgen von Kolonialismus und Kapitalismus beeinflussen beide Lebensformen, und die zunehmende Angst der einen vor den anderen erklärt sich auch durch das geteilte Schicksal des Heimatverlustes.

Aber bleiben wir fürs Erste bei unserer Seite der Geschichte. Unser Heimatverlust ist innerlich. Wenn wir von einem psychotischen Zustand oder kollektiven Realitätsverlust sprechen, ist nicht gemeint, dass das Leben an sich verlierbar wäre, sondern nur, dass wir den Kontakt zu diesem Leben verloren haben und deshalb nicht mehr fähig sind, uns auf sinnvolle Weise darin einzurichten. Das verbindet die Lage der westlichen Gesellschaft mit der Lage eines Psychotikers, der ebenfalls nicht die Realität, sondern den Bezug zur Realität verliert und ihrer unermesslichen Ganzheit dadurch hilflos ausgeliefert ist.

Viele Wege führen an diesen dunklen Ort. Die Medizin spricht bei Psychosen von endogenen und exogenen Auslösern, also von biologischen, organischen und genetischen Ursachen, und von äußeren Einflüssen wie Stress, Drogen oder traumatischen Erlebnissen.

Auch der psychotische Zustand einer Gesellschaft hat eine innere und eine äußere Dimension, wobei beides natürlich ungleich facettenreicher ist als die Lebensgeschichte eines einzelnen Menschen. Digitalisierung und Globalisierung beispielsweise können wir durchaus als exogene Stressoren benennen. Die endogenen, also aus dem Inneren unserer Kultur erwachsenden Auslöser sind schwerer in den Blick zu bekommen. Sie betreffen zuallererst unsere eigene Weltanschauung und damit das, was wir aus der Ganzheit des Lebens angenommen, und das, was wir im Gegenzug verworfen haben. Denn anders als viele indigene Kulturen, die, wie beispielsweise die Naturvölker Südamerikas, die australischen Aborigines oder die amerikanischen Ureinwohner, das Zusammenleben miteinander und mit der Natur über den Egoismus des Einzelnen stellen, haben wir uns im Westen schon früh von den natürlichen Gegebenheiten abgewandt und dabei das Eigene vor das Gemeinsame gestellt, das Denken vor das Fühlen und das Machbare vor das Brauchbare.

Dabei haben wir die Wahrheit des Lebens zunehmend aus dem Blick verloren, seine Ganzheit, seine Verbundenheit und seinen von uns vollkommen unabhängigen Wert. Wahr ist, was jenseits aller Anschauung tatsächlich geschieht, wobei das Einzige, was jemals geschieht, die sich in jedem Augenblick in unendlich vielen Aspekten entfaltende Totalität des Lebens ist. Dabei hat alles, was geschieht, eine Ursache, aber keinesfalls einen für uns Menschen nachvollziehbaren Sinn. Da wir dieses Leben in uns zwar spüren, aber niemals vollständig begreifen können, können wir auch nicht von endgültigen Wahrheiten sprechen. Je konkreter allerdings dasjenige wird, worauf wir uns innerhalb dieser Lebensganzheit beziehen, desto genauer können wir es bestimmen. Hier, wo man selbst ist, regnet es oder es regnet nicht. Etwas wurde bezahlt oder nicht. Jemand hat etwas gesagt oder getan oder nicht.

Diese bindende und verbindliche Beziehung zwischen Realität und Begreifen berührt den Kern unseres Menschseins. Nur von hier aus gibt es objektive Berichterstattung oder Fake News, Aufrichtigkeit oder Täuschung. Das Band zwischen Sprache und Sache ist das heiligste Band, das wir kennen, es ist das Fundament jedes Hauses, die Essenz der Struktur. Wenn diese Verbindung entkoppelt wird, wenn Wahrheit und Lüge, Fakt und Fiktion ununterscheidbar werden, erodieren die Grundfesten unserer Welt. Und wenn Menschen nicht mehr wissen, was gut und wahr und richtig ist, kommt ihnen ihre Urteilskraft abhanden. Menschen ohne inneren Kompass verlieren erst sich, dann einander und dann ihre Menschlichkeit.

Andererseits ist es immer möglich, sich dem, was tatsächlich geschieht, zu öffnen. Das beginnt damit, die Wahrheit über uns und über das Leben für wichtiger zu halten als bequeme, aber falsche Anschauungen. Und obwohl diese Rückkehr zum Leben uns alle gemeinsam betrifft, hängt ihr Gelingen von jedem Einzelnen ab, der es wagt, der Wahrheit des Lebens aufs Neue gerecht zu werden.

EMMA DENKT NACH

Emma Stern arbeitet als Übersetzerin aus dem Französischen und Englischen. Sie liebt diese Arbeit, die Einsamkeit, die Wörter, die stille Genugtuung, anderen etwas Wichtiges zugänglich gemacht zu haben. Ihre letzte Beziehung ist eine ganze Weile her, aber Emma hat keine Lust zu suchen. Sie hat auch keine Lust zu finden, sondern möchte gerade einfach nur, dass alles so bleibt, wie es ist. Dieser Mangel an Vergnügungssucht hatte ihre Exfreundin Michelle immer gestört, die auf tausend Hochzeiten gleichzeitig tanzte und nie genug bekommen konnte. »Meine kleine Autistin«, hat sie oft zu Emma gesagt, sie geküsst und ihr dabei leidenschaftlich in die Lippe gebissen, während irgendetwas in Emma den Kopf schüttelte und ihre Hand so behutsam wie möglich Michelles dunkle Haare streichelte. Kein Wunder, dass das nicht gutgegangen ist.

Emma ist keine Autistin. Sie ist nur sensibel, schlau und ein bisschen eigen. Ihr Bruder Daniel ist schizophren. Seine Krankheit ist ausgebrochen, als er in die Pubertät kam. Nie wird sie vergessen, wie er einmal den Fernseher vom Tisch fegte, ein tobender Fremder im vertrauten Wohnzimmer. Vielleicht hat auch sie sich von diesem Schock nie ganz erholt und von allem, was folgte: die Diagnose, die Medikamente und die Veränderung, die nicht mehr rückgängig zu machen war. Es war nicht so, dass ihr Bruder verschwand. Er war immer noch da, aber er war ein anderer geworden.

Daniel ist sieben Jahre jünger als sie. Sie liebt ihn mit der zärtlichen Liebe einer größeren Schwester, und obwohl sie früh von zu Hause ausgezogen war, fuhr sie damals oft zu ihrer Familie, auch, weil sie wohl alle fühlten, dass sich etwas zusammenbraute. Schon lange vor dem Ausbruch war Daniel reizbar gewesen, scheu und aggressiv zugleich, und er hatte sich tagelang in sein Zimmer eingesperrt und nichts gegessen. »Komm bitte, Emma, auf dich hört er wenigstens«, sagte ihre Mutter am Telefon mit dieser Mischung aus Wehmut und Stolz, und Emma kam. Und Daniel hörte, lange, sehr lange, bis auch Emma nicht mehr zu ihm durchdringen konnte und er anfing, gewalttätig zu werden, zu schreien, zu heulen und um sich zu schlagen.

Sie hat geweint. Sie hat mit Ärzten gesprochen. Sie hat Bücher gelesen, Selbsthilfegruppen besucht und ihrem Bruder in der Klinik Zigaretten und Süßigkeiten vorbeigebracht. Nichts half. Daniel war schizophren, ein ziemlich schwerer Fall sogar. Er würde nie einer normalen Arbeit nachgehen können und wohl auch nie eine Familie gründen. Emma begann, das Schicksal ihres Bruders und damit auch ihr eigenes zu akzeptieren.

Die Jahre vergingen. Emma beendete ihr Studium, und ihr Bruder setzte in der Behindertenwerkstatt Holzkisten zusammen. Sie sahen sich weiterhin regelmäßig. Wenn sie sich sahen, versuchte sie zu begreifen, wie es ihm ging. Manchmal war ihr, als ob ein Kampf in ihm tobte, er sprach von seinen Dämonen, den Stimmen, den Erscheinungen, den bösen Geistern, die ihn verfolgten und nicht von ihm lassen wollten. »Sie sind in mir drin«, hatte er einmal mit klaren, traurigen Augen zu ihr gesagt, und sie musste den Kopf abwenden, um nicht zu weinen. Dann fiel ihr ein Satz aus einem Buch ein, das sie einmal gelesen hatte, und sie sagte: »Die Geister mögen dich verfolgen, aber du bist nicht deine Geister. Du bist immer noch du selbst.« Danach hat er sie umarmt, wortlos, linkisch.

Emma fing an, als Übersetzerin zu arbeiten, und Daniel zog in ein kleines Haus, das seine Eltern für ihn gekauft hatten. Er wurde betreut, überwacht und arbeitete weiter in der Behindertenwerkstatt. Eine Zeitlang hatte er sogar eine Freundin, Jenny, die er bei einem seiner Klinikaufenthalte kennengelernt hatte.

Sie war schwer depressiv und verließ ihn bald wieder. Daniel war traurig, aber nicht lange. Wer mit sich selbst kämpft, hat keine Zeit für Sentimentalitäten. Aber für Musik. Daniel konnte recht gut Klavier spielen, vom Blatt, das hatte er noch als Kind gelernt. Manchmal spielt er etwas für Emma.

»Spiel für mich, Daniel«, sagt sie auch jetzt, während sie auf seinem Sofa sitzt und sein WLAN benutzt. Daniel ist unruhig. Die zweite Welt hat sich erhoben, die Geister und Schrecken von *Anderland* ringen um seine Aufmerksamkeit. Er sieht, wie seine Schwester auf dem Sofa sitzt, sieht das Blau ihres Kleides und das Braun ihrer Haare, aber gleichzeitig sieht er, wie aus allen Ecken des Zimmers blasser Rauch aufzusteigen beginnt, giftiger, tödlicher Rauch, und er reibt sich die Augen, aber der Rauch verschwindet nicht. Daniel schlägt mit den Händen an seinen Kopf, was seine Schwester dazu bringt, aufzusehen, die Situation zu erfassen und ihre Bitte zu wiederholen.

Tatsächlich setzt er sich für eine Weile hin, klimpert den *Entertainer* und Musik und das leise Klicken der Computertastatur erfüllen den Raum – ein Frieden. Er währt nicht lange. Es flammt und zuckt und knistert in Daniels Gehirn, er schlägt sich wieder gegen den Kopf, steht auf, der Klavierstuhl fällt um. Schon eilt er in sein Zimmer, in die Ecke neben seinem Bett, wo er zu schreien beginnt, während er gegen die Wand boxt, die schon ganz dunkel ist von der Wucht seiner Fäuste. Dort findet ihn Emma, die ihm sofort nachgelaufen ist, im Kummereck, wie sie es nennt. Letzter Rückzugsort für einen Mann, der in sich keinen Ort mehr hat. Der Schmerz hilft ihm, sich für einen Augenblick selbst zu spüren.

»In fünf Minuten fahre ich los zu unserer Mutter«, sagt Emma schlicht, »mach dich fertig, wenn du mitkommen willst.« Sie geht zurück ins Wohnzimmer und zählt laut die Minuten. »Noch drei Minuten, Daniel.« Man hört Geräusche.

»Noch eine Minute.« Als Emma im Auto sitzt, huscht er in letzter Minute auf den Rücksitz, normal gekleidet und mit einer Jacke, falls es kalt wird. Bei der Mutter essen sie Erdbeeren aus dem Garten. Als Daniel draußen raucht, sieht er ganz klein aus vor der dunkelnden Welt, schmal und schutzlos, und Emmas Herz ist schwer vor Liebe.

Zwei Tage später trifft sie ihre alte Freundin Amalia Schwarzenberg. Sie haben zusammen Französisch studiert. Amalia ist Redakteurin für ein bekanntes Magazin geworden, eine auffallend schöne Frau, die sich ins beste Licht zu setzen weiß. Immer wenn sie Amalia trifft, fühlt sich Emma dick und hässlich. Sie hat es hingenommen, loyal und treu, wie sie ist, aber diesmal ist ihr Blick geschärft von den intensiven Momenten mit ihrem Bruder, und ihr fällt auf, dass Amalias ganzes Verhalten etwas Kränkendes hat. Ihre Schönheit will auffallen, sie sucht Bewunderung und Bestätigung. Ständig spricht Amalia von ihren Kleidern, streicht sich das Haar mit eitler Zärtlichkeit zurück, spielt mit ihren Armbändern, ihrem Ausschnitt oder zieht sich die Lippen nach.

Amalia hat eine kleine Tochter, Penelope, fünf Jahre alt. Sie nennt sie stets »Penählope« und spricht Französisch mit ihr. Die Kleine ist ein süßes Kind, adrett gekleidet, aber irgendwie unruhig. Oft antwortet sie ihrer Mutter auf Deutsch, was diese auf Französisch rügt und kommentiert. Amalia hat immer viel zu erzählen, aber heute fällt Emma auf, dass alles das gleiche Thema hat: was für eine beneidenswert schöne, aber auch außergewöhnlich kluge und besondere Frau Amalia ist, mit einem aufregenden Leben, einem perfekten Kind und interessanten Liebhabern. Die alle nicht bleiben. Weil sie, ebenso wie Penelopes Vater, einfach nicht gut genug für die ach so wundervolle Amalia sind.

Emma sieht, wie Amalia ihre Kleine wieder zurechtweist. Und wieder. Und wieder. »Die wird gestutzt wie ein Bonsai«, denkt sie sich und für einen Moment spürt sie die ganze Hässlichkeit der Situation. Sie sieht den herrischen Zug um den Mund ihrer alten Freundin, die Augen, die ganz leer werden, wenn niemand schaut, und sie fühlt den Schmerz des Kindes, das nicht sein darf, wie es ist. Doch schon erzählt Amalia von ihrer letzten Reise nach Paris, oh là là, so aufregend. Wen sie alles getroffen hat, was sie alles gesehen und wie sie auf alle gewirkt hat. »Er sagte, er würde mich gerne malen«, sagt Amalia und streicht sich wieder übers Haar. Der junge Künstler ist ihr wohl ein bisschen verfallen, eine abtuende Geste, ach, er ist einfach *zu* jung. Emma erlebt einen Moment gespaltener Wahrnehmung. Sie sieht eine bittere, kalte Frau, die ihr Kind schlecht behandelt und nur von sich redet. »Und was sie erzählt, ist auch nicht besonders interessant«, denkt Emma mit einem vorsichtigen inneren Lächeln.

Sie sieht die glänzende und betörende Amalia, die sich lebhaft durch die halblangen goldblonden Haare fährt, während ihre Armbänder blitzen und sie ihrer nun malenden Tochter zärtlich die Hand auf den Kopf legt: »Bien, ma petite, très, très bien.« Die Tochter schaut auf und blickt ihre schöne Mutter an, voller Liebe und Bewunderung, und Amalia nimmt ihre Verehrung entgegen wie süßen Nektar, und den bewundernden Blick der vorbeigehenden Kellnerin gleich mit dazu. Amalia plappert weiter, und Emma nickt, wie sie immer genickt hat. Dann – auch das ist ein Ritual – kommt die Sprache auf gemeinsame Bekannte. Schon früher ist Emma aufgefallen, dass Amalia manchmal fast neidisch ist, trotz ihres so wunderbaren und besonderen Lebens.

Jetzt fragt sie nach Babsi, einer ehemaligen Kommilitonin, die damals ihr Studium abgebrochen hatte, um in Ghana Entwicklungshilfe zu betreiben. Dort wurde sie schwanger, kehrte nach Deutschland zurück und zog allein einen dunkelhäutigen Jungen auf. Ihre schwierige Lage hat Amalia schon viele frohe Momente beschert. Doch dann wendete sich das Blatt. Als der kleine John sechs Jahre alt war, lernte Babsi, die tausend beschissene Nebenjobs hatte und nebenbei im 14. Semester vergleichende Literaturwissenschaften studierte, beim Catering für eine Internetfirma deren Inhaber, Gabriel, kennen. Die beiden verliebten sich. Sie bekamen ein gemeinsames Kind, und irgendwann verkaufte Gabriel seine Internetfirma und fiel einige Zeit später vor der Mutter seiner Tochter und seines Adoptivsohnes auf die Knie und machte ihr einen Heiratsantrag. Ihre Hochzeitsreise war eine Mittelmeerkreuzfahrt mit der Yacht, die Gabriel Babsi zur Hochzeit geschenkt hatte.

»Gabriel ist ja ein eher einfacher Mensch«, sagt Amalia nach einer Weile. »Ich habe mal versucht, mich mit ihm über Kunst zu unterhalten, und er hat nicht einmal gewusst, wer Jackson Pollock ist.« Geziert faltet sie ihren Ausschnitt zurecht und hat wieder Oberwasser. Emma überlegt, ob sie ihr erzählen soll, dass Babsi erneut schwanger ist, entscheidet sich aber dagegen.

Als Emma am Abend nach Hause kommt, ist sie fix und fertig. Ausgelaugt. Energielos. Sie denkt an ihren Bruder, den sie wenige Tage zuvor gesehen hat. Als sie an jenem Abend nach Hause zurückfuhr, hat sie sich wirklich gut gefühlt. Ein bisschen traurig, ein bisschen müde, aber ganz bei sich. Jetzt spürt sie nur Leere. Und dumpfes Unbehagen.

Wie kann das sein? Ein schreiender Schizophrener ist weniger anstrengend als eine schöne Redakteurin mit einem reizenden Kind? Emma macht sich eine Flasche Wein auf, das tut sie selten. Sie setzt sich auf ihren Balkon, schaut in den dunkelnden Himmel und denkt nach.

DER BLINDE FLECK

Es ist meist anstrengender, jemandem beim Lügen beistehen zu müssen, als eine unbequeme Wahrheit zu ertragen. Wobei Lügen in diesem Fall heißt, dass jemand eine bestimmte Geschichte von sich verkaufen will. Oder verkaufen muss. Wir leben alle in Geschichten, mit denen wir uns bestimmen, verstehen und unserem Leben Sinn verleihen. Sie verknüpfen unsere leibliche mit unserer geistigen Existenz und lösen oder verfestigen dadurch unser Identitätsproblem, je nachdem, wie wahr sie sind, wie viel Platz sie bieten für unsere Widersprüche, unsere Lebendigkeit und das Reale unseres Lebens und Sterbens.

Geschichten, die erzählen, warum wir hier auf der Erde sind, was unsere Rolle und Aufgabe ist und wohin wir nach dem Tod gehen, nennt man Mythen. Sie begründen den Sinn, den sich eine Gesellschaft selbst gibt und geben muss und an dem es uns in unserer psychotischen Gegenwart so fühlbar mangelt.

In seiner vierbändigen *Mythologica*, die zwischen 1964 und 1971 erschien, untersucht der Ethnologe Claude Lévi-Strauss Tausende von Mythen aus aller Welt, um dann in einer strukturalistischen Volte zu verkünden, dass es in Wahrheit nur einen Mythos gebe – die neolithische Revolution vor ungefähr 10000 Jahren. Sie markiert den Übergang von naturverbundener Jäger- und Sammlerexistenz zu dauerhafter Behausung und Bewirtschaftung. Doch tiefer noch geht es um einen qualitativen Sprung – das Erwachen des Bewusstseins und der Sprache und die damit einhergehende unendliche Dialektik der menschlichen Selbstbezüglichkeit.

Dabei bestimmt sich das unbestimmte Tier je nach Kultur anders, baut andere Häuser. Doch ob Jurte, Kasbah oder Wolkenkratzer, alle menschlichen Kulturen lösen das Identitätsproblem ihrer Mitglieder, indem sie das Leben nicht nur organisieren, sondern auch erklären und dadurch das unermessliche Draußen bewohnbar machen. Heimat ist der Ort, an dem sich das Identitätsproblem nicht als Problem stellt, sondern höchstens indirekt, als immerwährende Einladung des Lebens, sich selbst ein Bild von ihm zu machen.

Diese grundsätzliche Beruhigung ist die Aufgabe jedes Hauses. Ihr Preis jedoch ist die Reduktion der lebendigen Vielfalt des Seins, ebenso wie alles Sprechen immer auch ein Verrat an all dem ist, was man nicht sagen kann. Dieses *Unbehagen in der Kultur*, wie Freud es nennt, markiert zugleich das Unbewusste, eben das, was in jeder Kultur nicht wahrgenommen, wenn nicht gleich bewusst ausgeschlossen, verboten und missachtet wird. Dabei zeigt sich besonders im Umgang mit allem dadurch »Anderen«, ob mit Fremden, mit alternativen Lebens- und Liebesformen oder einfach nur mit jedes Menschen Recht, selbst über seinen Körper zu bestimmen, der wahre Charakter einer Gesellschaft, also ob es eine offene oder verschlossene Gesellschaft ist, ob hier das Leben und Zusammenleben aller gefördert werden oder die Interessen weniger das Schicksal vieler bestimmen.

Wenn die Geschichte, die wir über uns erzählen, den Kontakt mit der Wahrheit unseres Lebens verliert, werden wir krank. Oder verrückt. Eine psychotische Erfahrung ist immer auch das Virulentwerden des eigenen Identitätsproblems. Man versteht sich und die Welt nicht mehr, man kann sich und seine Lage nicht mehr begreifen oder gar verändern. In einer psychotischen Gesellschaft ist es die kollektive Bestimmung, die nicht mehr tragfähig ist und deshalb weder Schutz noch Sinn noch Heimat für ihre Mitglieder produziert. Dass sie es einst getan hat, dass es für uns westliche Menschen einst genug war, uns um unsere eigenen Angelegenheiten zu kümmern und unseren Wohlstand zu genießen, ändert nichts daran, dass es mittlerweile nicht mehr genügt. Wir können uns unsere Ignoranz schlicht nicht mehr leisten, nicht nur, weil wir auf globaler Ebene mit ihren Folgen konfrontiert werden, sondern auch weil die Einseitigkeit unseres Weltbezugs zu den endogenen, also inneren Auslösern der aktuellen Krise gehört. Die man auch als den Moment beschreiben kann, in dem der Abstand zwischen unserer Kultur und dem Leben so groß geworden ist, dass er sich in einen bodenlos scheinenden Abgrund verwandelt hat. Da das wiederum nur die Fortführung gewisser struktureller architektonischer Vorlieben ist, werfen wir einen kurzen Blick auf die Geschichte unseres westlichen Hauses.

Begonnen hat unser folgenreicher Alleingang mit Platon, dessen transzendente Ideenlehre den Statusverlust der Sinnenwelt und die damit verbundene generelle Abwertung der materiellen Seite des Lebens begründete. Diese Bevorzugung des Abstrakten, Ideellen inklusive dessen unbestreitbarer Ordnungskapazitäten führte Platons Schüler Aristoteles in seiner *Logik* fort. Darin setzte er dem Werden des Lebendigen das Gebot der Eindeutigkeit (A=A) und Widerspruchsfreiheit (A≠B) entgegen. Fortan war in unserer westlichen Welt etwas nur noch entweder als Eines oder eben Anderes denkbar. Mit diesen Setzungen begründete der griechische Philosoph nicht nur die westliche »Naturwissenschaft« im Sinne einer Naturerfassung, -kategorisierung und -beherrschung, sondern beförderte zugleich die damit notwendigerweise einhergehende Neigung zum reduktiven »Essenzialismus«. Denn Prozesse, Mischformen und Ambivalenzen sind mit diesem Denken kaum noch zu erfassen. Dafür markiert diese ebenso einseitige wie präzise Weise der Welterfassung den Beginn von Messbarkeit, Vergleichbarkeit und Kontrolle. Doch obwohl dieser Blick das Angesehene verdinglicht, ist er keinesfalls *objektiv*. Stattdessen be stimmt er den Wert aller Dinge auf *subjektive* Weise nach ihrer Nützlichkeit und verwandelt so das An-Sich der Welt in ein Für-Mich, wobei diese Egozentrik genau das ist, was andere Kulturen oft als die »Arroganz des weißen Mannes« bezeichnet haben.

Doch das aristotelisch geprägte Denken, welches bevorzugt das Sein in den Blick nimmt, ermöglicht damit nicht nur Weltaneignung und -beherrschung, sondern ist zugleich die Bedingung dessen, was man »abendländische Subjektivität« nennen könnte: Nur wenn ich mich von der Welt getrennt erfahre, kann ich mich auch als eigenständigen Teil des Ganzen sehen. Und nur wenn ich von diesem Abstand aus auf die Welt blicke, kann ich sie sowohl nach meinen Vorstellungen einrichten und gestalten als auch von einer anderen Welt träumen – und dann auch darangehen, sie zu verwirklichen.

Das Denken des alten Chinas, das sich im Gegensatz dazu der Natur und dem Vorgefundenen anpasste, anstatt ihm eigene Vorstellungen entgegenzusetzen, ist deshalb in gewisser Weise subjektlos. Der Einzelne ist nicht absolut als *Einzelner*, sondern durch seinen Bezug zum Ganzen, also relational bestimmt, so wie auch die Zeichen der chinesischen Schrift ihre Bedeutung erst durch die sie umgebenden Zeichen erhalten. In dieser Weltsicht gibt es nur immerwährenden innerweltlichen Wandel, keine von außen kommende Veränderung und erst recht keine Revolution von unten. Selbstbewusstsein, Vision und Verwirklichung hingegen, und damit nicht allein die Kräfte des Fortschritts, sondern auch gewisse Aspekte von Humanismus und Nächstenliebe, verdanken sich der aristotelisch geprägten Spielart des westlichen Denkens. Doch woher kommt die dabei immer mitschwingende Vorstellung unserer Überlegenheit? Natürlich nicht von uns. Sondern von *ihm*.

Ungefähr 650 Jahre nach Aristoteles wurde das sogenannte »Alte Testament«, das sich in seiner Urform sowohl auf die bereits 250 v. Chr. kursierende *Septuaginta* als auch auf die heiligen Schriften des Judentums, *Tanach* genannt und auf circa 100 v. Chr. datiert, bezieht, zusammen mit dem »Neuen Testament« zur heute noch gebräuchlichen christlichen *Bibel* kanonisiert. Dort heißt es im ersten Buch Moses, der *Genesis*: »Und Gott segnete sie und sprach zu ihnen: Seid fruchtbar und mehret euch und füllet die Erde und machet sie euch untertan und herrschet über die Fische im Meer und über die Vögel unter dem Himmel und über das Vieh und über alles Getier, das auf Erden kriecht.« Zu anderen Kulturen hat Gott so nicht gesprochen. Viele dieser Kulturen hat sich der westliche Mensch im Lauf seiner Geschichte untertan gemacht, ebenso wie die Natur, die Tiere und die Frau, deren wichtigste Aufgaben laut der Bibel neben unbedingtem Gehorsam allen Männern gegenüber das Gebären und Aufziehen von Kindern sind.

Aufstieg und Fall des Christengottes sind eng verbunden mit den Leiden des Ausgeschlossenen, denn die Auslegung des Alten und Neuen Testaments rechtfertigte eine immer noch andauernde Respektlosigkeit dem Leben und dem Lebendigen gegenüber. Doch zugleich gibt es gerade im Neuen Testament eine Botschaft wahrer und umfassender Liebe, die Versöhnung, Mitgefühl und Vergebung predigt, wobei wir wieder bei den existenziellen Widersprüchlichkeiten wären, welche die europäische Geschichte mindestens ebenso prägen wie die Verachtung des Anderen, die so nur möglich ist, weil das westliche Tier sich vor allem selbst verachtet. Weil wir eben Sünder sind, wertlose Kreaturen, weil wir Schmutziges wollen und tun, weil wir ungehorsam sind und immer wieder Gottes Vertrauen enttäuscht haben, angefangen mit Eva, deren Gelüste den armen Adam – und damit das ganze Menschengeschlecht – aus dem

Paradies vertrieben. Ja, was denn nun: Elendste aller Geschöpfe oder Gottes auserwählte Kinder?

Wahrscheinlich beides. Diese Dialektik aus Selbstüberschätzung und Selbsthass hält uns auch heute noch beschäftigt. Sie gipfelt in Descartes' 1641 formulierter Unterscheidung von Geist und Materie, bei klarer Bevorzugung des Ersteren. Mit seinem berühmten *cogito ergo sum* – »ich denke, also bin ich« – hat er den denkerischen Abstand zum Leben vor die sinnliche Teilhabe an ebendiesem Leben gestellt. Das ist verdienstvoll und gefährlich zugleich. Den Zweifel zum Status quo zu erheben ist eine der stärksten Denkfiguren in der Geschichte der Menschheit. In diesem Zweifel steckt ein Nein zur Welt, eine immerwährende Möglichkeit der Hinterfragung, Justierung und Korrektur. Ohne zu zweifeln, können wir niemals fragen, ob es so sein muss, wie es ist, ob es nicht auch ganz anders sein könnte.

Doch zugleich neigt diese Perspektive zu Objektivierung und Aneignung. Wenn alles denkbar ist, kann alles fragwürdig werden. Über diese Brücke kippt die Figur in einen Rausch der Machbarkeit, welcher wiederum im Kern der aktuellen Krise steht. Denn Descartes' »reines« Denken ist eine Figur der Unendlichkeit, es kennt keine Grenzen – und keine Moral. Vor allem vergisst es seine eigene Bedingtheit, ganz zu schweigen von dem, was sich nicht begreifen, aber dennoch spüren lässt.

Wir spüren es ganz deutlich, die Rückkehr des Verdrängten und das Sprechen des Anderen, begleitet von einer neuen Ganzheit, für die wir erst noch passende Worte finden müssen. Die krisenhafte Situation unserer Gesellschaft verdankt sich aber nicht nur dem egoistischen und ignoranten westlichen Weltbezug, dessen Konsequenzen uns zunehmend einholen, sondern auch zwei damit zusammenhängenden Menschenbildern, deren Fortführung und Radikalisierung ebenfalls zu den inneren Auslösern des psychotischen Zustands zählen.

Ausgehend von Aristoteles' »logischer« Trennung des Einen vom Anderen haben sich unsere eigenen lebendigen Ambivalenzen erst in Widersprüche und dann in Abgründe verwandelt. In seiner Nachfolge haben wir – wir Europäer, wir Westler – zwei ebenso einflussreiche wie unvereinbar scheinende Perspektiven auf den Menschen entwickelt. Die eine, nennen wir sie Team »Transzendenz«, sieht ihn als vornehmlich geistiges Wesen an, die andere, nennen wir sie Team »Alles Glück ist irdisch«, richtet ihr Augenmerk auf unsere körperliche Existenz.

Den Menschen vom Geist her zu denken heißt, das uns Menschen von den Tieren unterscheidende »Bewusstsein« zu betonen. Team »Transzendenz« jedoch neigt dazu, in diesem uns alle verbindenden Wunder des Denkens und Gewahrseins die Spuren eines Außerweltlichen, sprich Transzendenten, zu sehen und deshalb zu glauben, dass ein Gott die Welt gemacht hat und dass der Wert des Menschen in seiner Teilhabe am Ewigen besteht. Diese begriffliche Fixierung aufs Ewige verleitet allerdings sowohl zu den bereits bekannten Zuschreibungen »ewiger« Eigenschaften als auch dazu, die geheimnisvolle Ganzheit des Lebens insgesamt für geordnet und seinen Sinn für vorgegeben, das heißt eindeutig und dadurch auch eindeutig erkennbar, zu halten. Und da es für diese Weltanschauung diesen Sinn anscheinend gibt, sind diejenigen, die ihn kennen, den Unwissenden überlegen. Vor Gott sind eben alle gleich, aber manche sind gleicher.

Den Menschen vom Körper her zu denken, wie Team »Alles Glück ist irdisch« es tut, bedeutet hingegen, die unerschöpfliche Herrlichkeit unserer Unterschiede in den Blick zu nehmen und den Wert des Menschen in seiner Einmaligkeit zu sehen.

Die Weltwahrnehmung dieses Bewusstseinszustandes richtet ihr Augenmerk auf die konkrete und sich in unermesslich vielen Einzelaspekten darbietende leibliche *Existenz*, anstatt eine immer auch verallgemeinernde geistige *Essenz* in den Blick zu nehmen. Diese beobachtende Hingabe ans Flüchtige produziert keine Metaphysik – von griechisch *meta*, »jenseits«, und *physis*, »Natur« –, sondern Physik und Naturwissenschaft in einer Welt, die eindeutig von Menschen gemacht wird. Und obwohl Naturgesetze gelten, gibt es keinen jenseitigen Sinn und deshalb auch keine Möglichkeit, verbindliche Regeln zu begründen. Übrig bleiben Standpunkte, die sich in niemals abschließbarer Aushandlung befinden. Doch wenn es scheinbar keine Regeln gibt, gilt das Recht des Stärkeren. Vor der Natur sind zwar alle lebendig, aber manche lebenswerter.

Und obwohl diese beiden Weltzugänge immer schon mehr oder weniger ungestört nebeneinander existierten, haben wir es seit Beginn der Industrialisierung vor mehr als 200 Jahren zusätzlich mit einem rasant um sich greifenden Hybrid zu tun: dem Kapitalismus. Vereinfacht gesagt ist es heute das Geld, das zunehmend auch auf globaler Ebene kulturelle Arbeit leistet, also die Menschen verbindet und trennt und ihnen dadurch einen Platz und zugleich eine Rolle in der Welt zuweist. Hierbei nimmt das Geld als universelles Medium den Platz ein, den einst der christliche Gott besetzte, während der Wert des Menschen sich auf seine individuelle, oft genug auch nur körperliche Arbeits- und Leistungskraft reduziert. Dabei entsteht diese unsere Gegenwart auszeichnende psychotische Gleichzeitigkeit von Totalität, hier verstanden als *Prinzip des Einen Marktes*, und Brüchigkeit, hier als immer krasser hervortretende Unterschiede realer Lebensbedingungen und immer unvereinbarer scheinende Standpunkte bezüglich des Sinns ebenso wie der Praxis des Lebens und Zusammenlebens. Und natürlich besitzen diejenigen, die wissen, was gespielt wird, und mitspielen können, nicht nur einen großen Vorteil, sondern sind auch auf ganz und gar persönliche Weise am Fortbestand dieser Ordnung der Dinge interessiert. Dabei trifft die elitäre Überlegenheit der in die transzendente Metaphysik des Geldes Eingeweihten, der *Winner*, auf eine Ideologie der irdisch Stärkeren, denen jeder Sinn für soziale Gerechtigkeit fehlt, beispielhaft illustriert von Ayn Rands herzlosen Heroen, die wir im zweiten Teil des Buches näher betrachten werden.

Doch angesichts der Tatsache, dass wir Heimatlose alle auf eine neue Weise von diesem Leben angerufen werden und dieser Ruf uns zugleich ganz persönlich meint, wenden wir uns zunächst dem großen Denker des Einzelnen zu: dem dänischen Philosophen Søren Kierkegaard.

DAS TRÄUMENDE TIER BESTIMMT SICH SELBST

Kierkegaard lebte von 1813 bis 1855 in Kopenhagen und gilt als Begründer der existenzialistischen Philosophie. Als der seltene Fall eines gläubigen Existenzialisten hat er den Menschen in seiner Doppelnatur begriffen und dadurch Transzendentes und Irdisches in einen lebbaren Zusammenhang gebracht, einen Zusammenhang, der trotz Kierkegaards westlich-europäischer Herkunft den allgemeinen Menschen betrifft.

Der Mensch soll der werden, der er ist, sagt Kierkegaard. Man selbst zu werden heißt, bewusst zu leben und durch den Vollzug seines Lebens eine eigene Antwort auf die Tatsache seines Hierseins zu geben. Das wiederum heißt, auch ein Verhältnis zur eigenen Ganzheit zu finden, die erfahren und gespürt, aber eben nicht in Worten oder Bildern ausgedrückt werden kann.

Wir können uns verstehen, weil wir alle durch das Leben und mit dem Leben verbunden sind, und zugleich gibt es eine irreduzible Differenz, die Kierkegaard das »Inkommensurable« – von lateinisch *mensura*, »Maß« – nennt, weil jeder Mensch von einem einmaligen Ort aus auf dieses Ganze blickt. Dadurch zeigt sich in jedem einzelnen Menschen zugleich ein ganz bestimmter Aspekt der unermesslichen Mannigfaltigkeit des Lebens, was allein schon begründen würde, warum jeder und jede Einzelne kostbar und unersetzlich ist.

Doch obwohl wir einerseits auf eine geheimnisvolle Weise unterschiedlich sind, sind wir Menschen trotz aller individuellen und kulturellen Unterschiede eine Spezies, eine *Familie*, Brüder und Schwestern mit ähnlichen Bedürfnissen und in einer ähnlichen Lage. Wir sind alle in dieses Dasein hineingeboren worden, haben Hunger, Durst und Lust, suchen Heimat, Liebe, Anerkennung. Und wir sind alle Teil der lebendigen Fragen, welche die Mitgliedschaft in unserer Spezies nach sich zieht: Wer bin ich? Worauf kann ich hoffen? Was soll ich tun, was soll ich lassen, was bedeutet es, ein Mensch zu sein?

Dazu schreibt Kierkegaard 1844 in seinem Buch *Der Begriff Angst*: »Sympathie soll man empfinden, doch diese Sympathie ist erst dann echt, wenn man sich recht tief eingesteht, dass allen geschehen kann, was einem Menschen geschieht. (...) Erst wenn der Mitleidende in seinem Mitleid sich zum Leidenden so verhält, dass er im strengsten Sinne begreift, dass hier von seiner eigenen Sache die Rede ist, (...) bekommt das Mitleiden vielleicht einen Sinn.«

Der Andere geht mich etwas an und ich sehe etwas von mir selbst im Anderen. Ich könnte der Andere *sein*.

Mit diesem Denken öffnet sich Kierkegaard schon im 19. Jahrhundert einer ganzheitlicheren Auffassung vom Menschen, die in ihrer schlichten und zugleich unerbittlichen Universalität derjenigen der meisten seiner christlichen Berufsgenossen bis heute weit voraus ist. In einer Zeit, in der Menschen verstärkt essenzialisiert und dadurch ihrer Würde, ihres Transformationspotentials und ihrer Einzigartigkeit beraubt werden – »die« Flüchtlinge, »die« Rechten, »die« alten weißen Männer da oben –, ist die Rückkehr zu diesem wahrhaftig universellen und humanistischen Denken zugleich ein Weg in eine gemeinsame Zukunft. Denn der Andere – bin ich selbst. Diese Erkenntnis begründet nicht nur den Respekt, den wir einander schulden, sondern verweist zugleich darauf, dass der tiefste Sinn des Lebens darin besteht, es miteinander zu teilen.

Als der junge Kierkegaard gefragt wurde, warum er an Gott glaube, antwortete er: »Weil mein Vater es mir gesagt hat.« So weit, so analytisch. Doch sein Wissen darüber, dass die Welt tatsächlich von Menschen gemacht wird, hat ihn nicht nur zu einem ebenso philosophisch wie psychologisch gefärbten Denken geführt, sondern zu einem Glauben, der in seiner Leidenschaft, seiner Strenge und seiner Hoffnung eher spirituell ist als religiös. Denn obwohl es bei Kierkegaard noch einen Gott gibt, Kierkegaard sich sogar um dieses Gottes und besonders um Jesu willen mit dem ganzen spießbürgerlichen und bigotten Kopenhagen angelegt hat, unablässig schreibend, die Füße in Eiswasser getaucht gegen die Ermüdung, und obwohl er wegen dieser leidenschaftlichen Treue jung gestorben ist, an einem Schlaganfall mit 42, verarmt und verlacht, ist Kierkegaards Gott so existenzialistisch und damit so persönlich wie seine ganze Philosophie. Sein Gott ist eben nicht der Gott der beruhigenden Messen und des auf immer neue Weisen fortgesetzten Ablasshandels, sondern jener der lebendigen Anwesenheit, rätselhaften Hoffnung und ethischen Anrufung.

Kierkegaard ging es nicht um die Kirche, sondern um unser Verhältnis zum Ewigen. Dieses Ewige ist nicht irgendwo da draußen, sondern jedem Menschen innerlich, und deshalb heißt, zu werden, der man ist, sein Leben trotz oder gerade wegen der eigenen Endlichkeit auf dieses Ewige zu gründen.

Die Beziehung des Menschen zum Ewigen in sich nennt Kierkegaard »Innerlichkeit«. Sie einzugehen bedeutet, sich angesichts der eigenen Endlichkeit und der Gewissheit des Todes ernst zu nehmen und sich bewusst dem Auftrag zu stellen, man selbst zu werden. Hierbei tritt einem die Ewigkeit zunächst als Unendlichkeit gegenüber: als unendliche Möglichkeiten, sich zu verfehlen, und als unendliche Möglichkeiten, sich zu erringen.

Zu werden, der man ist, heißt, sowohl ein Gefühl für seine eigenen Beschränkungen als auch für seine Potentiale zu entwickeln und Letztere zu verwirklichen. Die antiken Philosophen sagten an dieser Stelle einfach nur, der Mensch solle sich um seine Seele kümmern. Wenn man dabei Seele als Verhältnis des Einzelnen zum Ganzen des Lebens in sich versteht, weiß man recht gut, was damit gemeint ist: sich nicht verraten, das Lebendige, das Wilde und Zarte, das Sehnende und das Empfindsame in sich nicht korrumpieren und nicht das Unbezahlbare mit dem Zählbaren vertauschen.

Wir haben alle an der Ganzheit des Lebens teil, doch zugleich zeigt sich dieses Leben in jedem Einzelnen von uns auf einmalige Weise. Sich selbst gerecht zu werden heißt, dem Leben in sich gerecht zu werden und dadurch auch dem, was uns alle miteinander verbindet.

Kierkegaard hat diese paradoxe Lage in einfache Worte gefasst. Er schreibt in *Der Begriff Angst:* »Der Mensch ist ein seltsam zusammengesetztes Wesen, das für sich selbst ein Problem ist.« Woraus ist er zusammengesetzt? Aus Ungleichartigem. Bei Kierkegaard sind das nur zwei, manchmal auch drei grundlegende Widersprüche, die im Lauf eines Lebens wieder in einen Zusammenhang gebracht werden müssen, den er Synthese nennt. Balanciert werden müssen das Verhältnis von Ewigkeit und Endlichkeit und das Verhältnis von Körper und Geist. In der *Krankheit zum Tode* spricht Kierkegaard auch noch von der Spannung zwischen Möglichkeit und Notwendigkeit.

Doch trotz seiner existenziellen und damit alle Menschen betreffenden Perspektive ist natürlich auch Kierkegaard ein westlicher Denker, der Widersprüche beschreibt, wo eine andere Kultur wie die klassische chinesische unsere menschlichen Daseinsmodalitäten tatsächlich nicht als unterschiedliche und sauber voneinander getrennte Ebenen ansieht, sondern als Aspekte ein und derselben Sache. Mit dieser Verbeugung vor der Möglichkeit einer Einheit dieser uns so natürlich scheinenden Differenz kehren wir zu unserer westlichen Abgetrenntheit zurück und damit auch zu unseren artistischen Kompetenzen. Denn letztlich lässt sich die Notwendigkeit, Ungleichartiges zu balancieren, auf alle Spannungsverhältnisse ausweiten, die unser aller menschliches Leben durchziehen, besonders in einer globalisierten und vielfach verbundenen Welt, deren Subjekte mittlerweile fast alle Menschen sind: Autonomie und Abhängigkeit, Widerstand und Gehorsam, Egoismus und Altruismus. Dabei ist der Mensch keinesfalls ein widerspruchsfreies Entweder-oder, sondern ein lebendiges Sowohl-als-auch. Genauer gesagt ist er das Dritte, also der Umgang und die immer wieder zu leistende Justierung und Vermittlung zwischen diesen Gegensätzen.

Das bewusste Verhältnis des Menschen zu dieser Auswahl und Gewichtung nennt Kierkegaard »Geist« oder »Selbst«. Auch dessen Tätigkeit kann einem bewusst sein, hier spricht Kierkegaard von »Reflexion«.

Ein Mangel an Geist ist also letztlich ein Mangel an Besinnung und Rückbesinnung, wobei eine Geisteskrankheit wie die Psychose genau den Moment beschreibt, in dem Reflexion und Besinnung als Modi der notwendigen optischen Selbstkorrektur unmöglich geworden sind. Man sieht zwar noch etwas, aber man kann den Blick nicht mehr justieren, geschweige denn auf sich selbst und die eigene Position im Ganzen richten. Diese Ignoranz – des Anderen und des Ganzen – kann dramatisch werden, wenn die eigene Position immer lebensfeindlicher und zugleich prekärer wird. An sich ist sie jedoch alltäglich, selbstverständlich, *normal*, denn ein bewusstes Verhältnis zu seinem eigenen Leben und ein trainiertes Reflexionsvermögen sind echte innere Errungenschaften, um die man sich ebenso fortwährend bemühen muss wie um ein schickes Sixpack oder einen überzeugenden digitalen Auftritt.

Jeder Mensch kann denken, aber nicht jeder Mensch will nachdenken. Ein Mensch, der nicht bewusst lebt, weil er weder die eigene Wahrnehmung reflektiert noch sich selbstständig aufs Ganze besinnt, *funktioniert*. Er tut nicht das, was er will, sondern das, was man eben so tut, und er hat keinen »Geist«, sondern nur einen »Zeitgeist«, der eben dadurch definiert ist, den gesamten Umgang mit sich, den Anderen und den Dingen des Lebens vorzugeben. Ein solcher Mensch orientiert sich also ausschließlich am vorinstallierten jeweiligen kulturellen Betriebssystem und bleibt dem Leben in sich dadurch ein Fremder, anstatt es sich bewusst anzueignen. Im Westen bedeutet dieser Mangel an Reflexion und Besinnung beispielsweise, die Ökonomisierung und Marktwerdung der Welt für selbstverständlich und unumgänglich zu halten und sich infolgedessen selbst zum Produkt zu machen, indem man die eigene Endlichkeit unendlicher Selbstoptimierung unterzieht. Wobei wir fürs Erste außer Acht lassen, dass das Betriebssystem einer psychotischen Gesellschaft gar nicht mehr richtig funktioniert und deshalb den Einzelnen zunehmend mit einem beängstigenden Draußen alleinlässt.

Dennoch ist es immer möglich, sich seiner selbst bewusst zu werden. Es ist immer möglich, sich seinem eigenen Leben, dessen Wahrheiten, dessen Lügen, dessen Geheimnis und dessen Endlichkeit zuzuwenden. Denn es ist jedem Menschen durch die bloße Tatsache, ein Mensch zu sein, aufgegeben, sich bewusst mit der Frage auseinanderzusetzen, was er oder sie mit seinem oder ihrem Leben anfängt. Wir alle sind aufgerufen, *selbst* eine Antwort auf unser Hiersein zu finden und zu geben durch die Weise, wie wir leben, und zugleich unser Leben verstehen. Denn dieses eigene Leben entfaltet sich allein in seinem Vollzug. Wir müssen es sowohl erleiden als auch gestalten und dabei unsere eigenen Widersprüche und Ambivalenzen immer wieder in einen Zusammenhang bringen. Dieser Zusammenhang löst unser eigenes Identitätsproblem und gibt uns für die Dauer unseres Daseins eine Gestalt und innere Festigkeit.

Diese Festigkeit wiederum beruht vor allem darauf, Wort und Tat einander anzunähern, um irgendwann nicht nur ein Tier zu sein, das sprechen kann, sondern eines zu werden, das, um Nietzsche zu zitieren, »versprechen« kann. Denn mag auch alles in Bewegung sein, unbeständig und ungewiss – der Mensch ist fähig, sein Wort zu halten. Diese Verbindlichkeit verbindet ihn mit sich und den Anderen. Wir können in unserer im steten Wandel begriffenen Welt wahrscheinlich tatsächlich keinen festen Punkt finden, aber wir selbst können durchaus »ganz, heil, konkret« werden, wie Kierkegaard diese innere Verfestigung nennt.

Wir einzelnen Wesen *können* ein Verhältnis zum Ganzen finden. Dieses Verhältnis kann man Haltung nennen, Charakter oder Treue zu unserem eigenen Leben. Obwohl sich der

Mensch vor sich selbst verstecken kann, sind wir am Ende die Summe unserer realen Handlungen. Und unserer Unterlassungen. Und auch wenn wir es nicht wissen wollen, wir wissen es doch. *Es* weiß es. Deshalb lässt sich die Frage nach unserer Beziehung zum Ganzen, uns Überdauernden, Ewigen positiv beantworten: Ernst zu sein, Charakter zu haben und sein Leben auf das Dauernde zu bauen, heißt, weder gegen die Hausregeln unseres kleinen Planeten noch gegen die lebendige Ökonomie des Ganzen zu verstoßen, sondern die Freiheit zu begreifen, die darin liegt, deren Gültigkeit anzuerkennen und daraufhin nichts zu nehmen, was einem nicht zusteht, rücksichtsvoll und mitfühlend zu sein, das eigene Leben und das Leben der Anderen zu achten.

Und ob man jetzt davon spricht, zu begreifen, dass man selbst tatsächlich auch der Andere sein könnte oder dass man seinen Nächsten lieben soll wie sich selbst oder jeden bitte schön so behandelt, wie man selbst behandelt werden möchte, ist letztendlich nur eine Frage des persönlichen Geschmacks und des kulturellen Hintergrunds. Die Seele, und damit meine ich das, was in uns lebendig ist, spricht. Ob man zuhört, kann man in jedem Augenblick wieder neu entscheiden – ein Leben lang. Und wer schon bei Lebzeiten immer wieder Gericht über sich hält, braucht den Tod nicht zu fürchten.

Den Zustand, in dem man auf einmal auf sich selbst und die Tatsache der eigenen Lebendigkeit aufmerksam wird, nennt Kierkegaard »Angst«. In ihr schluckt man eine ganze Handvoll roter Pillen, was zur Folge hat, dass die Selbstverständlichkeiten von Ich und Welt brüchig werden. In diesem Augenblick tun sich deshalb zugleich Möglichkeiten eines anderen Selbst- und Weltverhältnisses auf. Auf diese wiedergewonnene Gestaltungsfreiheit inklusive der damit verbundenen Bewusstheit und

Verantwortung kann man entweder antworten oder man läuft vor ihr weg, zurück in die Selbstverständlichkeit des allgemeinen Zeitgeists. Das nennt Kierkegaard die »Zweideutigkeit der Angst«. Wenn man nicht die Flucht wählt, beschreibt das Gefühl existenzieller Angst den Moment, in dem es wieder eine Wahl gibt. Doch auch diese Wahl ist widersprüchlich. Zum einen muss man sich selbst wählen als diesen oder diese Einzelne, der oder die man bereits geworden ist. Diese eigene Geschichte kann man bewusst bejahen oder bewusst von sich weisen, doch wenn man sie einfach nur verdrängt, neigt sie dazu, sich irgendwann ungefragt bemerkbar zu machen.

Man muss also einerseits das annehmen, was bereits ist, und sich andererseits für den oder die öffnen, der oder die man selbst sein könnte, was nur ein anderer Ausdruck ist für die Möglichkeit, bei sich zu sein und sich zugleich als *Anderen* zu erfahren. Denn in der Angst sind neue Synthesen möglich, eine neue Wahl und neue Gewichtungen und dadurch auch ein neuer Umgang mit sich, den Anderen und der Welt. Die Art von existenzieller Angst, die Kierkegaard und in seiner Nachfolge auch Heidegger beschreiben, erinnert uns also daran, dass wir Menschen nicht nur ein festgelegtes Sein besitzen, sondern zugleich werdende Wesen sind, die sich ändern können und im Verlauf eines Lebens oft auch ändern müssen. Aus dieser Perspektive ist Angst nichts anderes als die Erfahrung unserer eigenen Lebendigkeit. Man kann sie schätzen lernen, die Risse und Brüche im Gewohnten, durch die uns unser vertrautes Leben als ein mögliches anderes Leben entgegenscheint. Doch wir fürchten sie oft genug und laufen vor ihr weg. Denn in ihr begegnen wir gestaltlosem Potential, dem Nichts, bevor es etwas wird.

»Man kann die Angst mit einem Schwindel vergleichen«, schreibt Kierkegaard, und doch tun Auge und Abgrund, Mensch und Nichts sich in diesem Augenblick zusammen und erkennen ihre Gemeinsamkeit. Mehr Angst als vor dem Nichts hat der Mensch nur vor sich selbst. Sokrates hat uns daran erinnert, dass es die Taten sind, die einen Menschen bestimmen, aber letztlich wissen wir es auch selbst. Wir bräuchten gar keine Richter in der Unterwelt, wie man sie zu Sokrates' Zeiten noch imaginierte, nein, wir haben schon *in* uns alles parat, das Gewahrsein jeder miesen Lüge, jedes Verrats und jeder Bosheit. Auch wenn wir es nicht wissen wollen – etwas in uns weiß es doch.

Handeln bedeutet, etwas zu tun und anderes zu lassen. Wir können uns nicht bewegen, ohne Spuren zu hinterlassen, ohne jemanden anzurempeln, ohne ein Insekt zu töten, versehentlich oder aus Absicht. Sich selbst zu wählen bedeutet immer auch, seine Schuld zu wählen und anzuerkennen, eine Schuld, die so groß und so unvermeidlich ist, dass Kierkegaard an dieser Stelle von der immerwährenden Gnade Gottes spricht, der vergibt, was nur erlassen, aber niemals aufgerechnet werden kann. Es kostet Mut, sich dem eigenen Dasein bewusst zu stellen. Und so flüchtet man ins Bequeme und Gewohnte, so verrät das Selbst sich selbst, und so kann jeder Einzelne Dummes, Böses und Schädliches tun oder zulassen, weil scheinbar niemand mehr zu Hause ist, der es sieht. Und doch ist jemand zu Hause; es ist immer jemand zu Hause, und das ist fast beängstigender, als wenn es keine Zeugen gäbe. Vor diesem immer möglichen Selbst-Gewahrsein kann man sich deshalb nur »dämonisch verschließen«, wie Kierkegaard es nennt, eine machtvolle Aufrechterhaltung der eigenen Blindheit, Selbstgerechtigkeit und Blödheit gegen das Freie, das Erlösende und das Verstehen.

Bewusste und wiederholte Selbstbestimmung hingegen ist die einzige mündige Reaktion auf die Gefahren, Möglichkeiten und Herausforderungen, die es mit sich bringt, ein Mensch zu sein. Anders als die allgemeine Subjektivierung durch die

Ordnung der Dinge ist Selbstbestimmung eine bewusste Anerkennung der Tatsache der eigenen Lebendigkeit innerhalb ihrer Potentiale und Grenzen und somit die einzig mögliche Selbstsetzung des Subjekts. Hier beginnt der Respekt vor dem Lebendigen in sich selbst und in der Welt und damit eine Haltung, welche die Schöpfung und das Geheimnis des Lebens achtet und bestaunt, anstatt sich ignorant über sie zu erheben. Hier beginnt eine andere Liebe, ein mündiges und zärtliches, verantwortliches und verspieltes Verhältnis zu sich, den Anderen und der Welt.

Selbstbestimmung als bewusster Umgang des Menschen mit seinem Menschsein hat eine ganz geringe Bandbreite im möglichen Spektrum menschlicher Lebensformen – sie entsteht unter bestimmten Bedingungen, braucht gewisse Voraussetzungen, ist letztlich eine unendlich fragile und kostbare Möglichkeit unter all den anderen Möglichkeiten: der Stumpfheit, dem Egoismus, der seelischen Verwahrlosung oder auch dem Fundamentalismus, dem Dogmatismus, den vielen Formen politischer und kultureller Verblendung. Das selbstbestimmte, weil sich selbst bestimmende Subjekt ist zugleich vollkommen gefährdet und vollkommen unbesiegbar und trägt sein Licht durch die Jahrtausende, in Büchern und Bildern und Taten. Doch das Licht des »Geistes« flackert nicht nur durch alle Zeiten, sondern es flackert auch in jedem einzelnen Menschen. Selbstbestimmung gibt es auch in uns nur in bestimmten Situationen und unter gewissen Bedingungen: Offenheit, Mut, Vertrauen. Ein vollkommen selbstbestimmtes Leben ist schwer vorstellbar, außer vielleicht bei dem idealen Sokrates, den Platon sich erschrieben hat. Und doch können wir alle danach streben.

Aber warum sollen wir danach streben? Weshalb ein bewusstes Verhältnis zu uns selbst haben? Und wofür brauchen wir ein Denken, das uns an uns selbst erinnert?

Weil wir in einer Zeit leben, die das Eitle, Bequeme und Gierige im Menschen fördert und verstärkt. Weil unsere Gesellschaft psychotisch geworden ist und dadurch den Einzelnen zwingt, sich mit seiner Verantwortung für das Ganze zu beschäftigen. Und weil die Systeme, die wir ins Werk gesetzt haben, beginnen, Verwüstung anzurichten.

UND ES STÜRZT

Verwüstungen? Das unbestimmte Tier kann auch zittern, stürzen, verloren gehen. Und es kann sich wiederfinden, anders werden, ganz und heil und konkret. Diese Ambivalenz zeigt sich in jeder Krise, auch in der Krise des Allgemeinen, unserer psychotischen Gegenwart.

Ein psychotischer Mensch ist sich innerlich fremd geworden. Er oder sie kann sich nicht mehr verstehen und, zumindest solange er oder sie noch krank ist, auch nicht mehr verändern. Obwohl diese Erstarrung bei zahlreichen psychischen Störungen zu beobachten ist, konzentrieren wir uns weiterhin auf das, was man allgemein »Psychose« nennt, als einen akuten, aber auch heilbaren Ausbruch unheimlicher Selbstentfremdung, den man auch beschreiben kann als eine Erfahrung existenzieller Angst, die so massiv ist, dass sie sich nicht mehr allein bewältigen lässt. Ein Mensch, der so eine Erfahrung gemacht hat, kann sich sein Leben danach wieder aneignen – oder er bleibt verloren, unbeweglich, irr.

Mit dem Gegensatz von »Zerstörung« und »Verwüstung« hat Heidegger in seiner Vorlesung von 1951/1952 *Was heißt Denken?* einen solchen existenziellen Wendepunkt begrifflich zu fassen versucht. Während der Begriff der Verwüstung bei ihm noch in den 30er-Jahren einen politischen und zugleich explizit antisemitischen Beiklang hatte und auch die Rede von der »schöpferischen Zerstörung« typisch nationalsozialistische Rhetorik bedient, interessiert uns im Folgenden allein der formallogische Gehalt seiner Unterscheidung – den ich zur ersten Unterscheidung von Psychose und Schizophrenie bereits benutzt habe – und damit die in jeder Krise gegebene Ambivalenz von Veränderungspotential und dauerhafter Verfestigung.

Zerstörung schafft Platz für Neues, denn sie hinterlässt das Material, aus dem sich das Neue formen kann. Manchmal schafft sie durch den Prozess der Zerstörung selbst etwas Neues. Ein einfaches Beispiel wäre ein Waldbrand, dessen Hitze gewissen Samen erst das Wachstum ermöglicht und dessen Überreste fruchtbaren Humus bilden. Zerstörung gehört zu den natürlichen Zyklen: Etwas muss vergehen, damit anderes wachsen kann. Verwüstung dagegen ist ein Ende, das keinen neuen Anfang in sich trägt. Verwüstetes ist den Zyklen des Lebens entzogen, es ist fixiert, gebannt und erstarrt. Und kann sich ebendeshalb nicht mehr transformieren, nicht mehr wachsen, nicht mehr schwingen.

Versalzene Böden, ausgetrocknete Seen, verschmutzte Luft. Obwohl diese Beispiele sich scheinbar auf die Natur beziehen, sind Zerstörung und Verwüstung letztendlich ein ganz und gar menschliches Problem. Wenn wir am Anfang dieses neuen Jahrtausends an die Natur denken, dominieren zwei Perspektiven. Einerseits sieht man die Natur als Rohstoff, verfügbar und verwertbar, andererseits erscheint sie als eine Art gefährdete Spezies, endlich und fragil. Doch die Natur ist weder Rohstoff noch Spezies. Sie ist der Raum, innerhalb dessen *unsere* Spezies ihre Lebensräume entwirft, erprobt und zerstört. Dabei mögen wir vielleicht alle für unser Überleben notwendigen Rohstoffe verbrauchen – die Natur als Ganzes ist unausrottbar und von uns auf eine Weise autonom, die sich höchstens in Metapfern fassen lässt: Was kümmert es die Sterne, ob wir sie sehen können? Lichtverschmutzung betrifft, wie alles andere, nur unsere eigene Welterfahrung. Die Angst, die wir um die Natur haben und für die wir Worte wie »Klimawandel« oder »Erderwärmung« verwenden, ist nichts als berechtigte Sorge um unser eigenes Überleben. Die Natur braucht uns nicht. Für sie gibt es nur Zerstörungen, aber keine Verwüstungen. Atomverseuchte Ruinen werden überwuchert, ausgedörrte Erde wird ausgewaschen, weggeschwemmt und über Zeiträume, die wir kurzlebigen Menschen schwer erfassen können, wieder zu neuem Leben erweckt.

Alles Verwüstete im Sinne Heideggers ist allein unserem menschlichen Gebrauch enthoben. Diese für uns toten Bereiche, die unser Wirken in der Natur, aber auch in uns selbst hinterlässt, sind Erbe und Problem unserer Spezies. Das Endgültige, das Unwiederbringliche, das Nicht-Wiedergutzumachende gibt es nur innerhalb eines menschlichen Bezugsrahmens, innerhalb der Dauer unserer individuellen und kollektiven Geschichte.

Das betrifft auch die Frage nach ausschließlich menschlichen Formen von Krankheit und Gesundheit. Wenn von den Gefahren einer Psychose die Rede ist, geht es gleichfalls um Fragen der Verwüstung, um Chronifizierung – egal ob es sich um ein Wahnsystem oder den Verlust der Geisteskraft handelt. Denn obwohl das Leben selbst immer weitergeht, kann man sein eigenes Leben endgültig verlieren und damit die Fähigkeit, von sich zu wissen, für sich zu sprechen und für sich zu sorgen. Auch eine psychotische Erfahrung kann entweder zerstörerisch oder verwüstend sein, der Anfang eines neuen Lebens oder der endgültige Verlust des alten. Das Wort selbst ist zusammengesetzt aus dem griechischen Wort für Seele, *psyche*, und der Endung *-ose*, die im medizinischen Kontext eine Zustandsveränderung, meist -verschlechterung im Sinne einer Entzündung, eines Virulentwerdens meint.

Dieses Auflodern des Anderen im Eigenen ist eine Erfahrung äußerster Selbst- und Daseinsentfremdung, ein radikaler Realitäts- und Identitätsverlust. Zugleich haben alle geistigen Zustände neuronale Äquivalente und jeder Realitätsverlust zeigt sich auch als Verlust neuronaler Gleichgewichte.

Aus medizinischer Sicht erscheint eine psychotische Episode deshalb als Funktionsstörung des Gehirns, verursacht durch einen Dopaminüberschuss. Dopamin ist ein Botenstoff. Er unterstützt die Filterfunktion des Gehirns, indem er Wichtiges markiert und es so von Unwichtigem trennt. Wenn ein Gehirn zu viel Dopamin produziert, wird diese Filterfunktion beeinträchtigt und das Gehirn von Reizen überschwemmt. Dadurch kann es nicht mehr zwischen Wichtigem und Unwichtigem unterscheiden. Oder zwischen sich und der Welt. Stattdessen verschwimmen die Grenzen zwischen innen und außen, mir und den Anderen. Es ist für eine Psychose typisch, zu denken, die eigenen Gedanken würden von Anderen gedacht oder seien für Andere hörbar. Zu diesen Denkstörungen kommt der Beziehungswahn, also das Gefühl, die eigenen Handlungen seien irgendwie für alle bedeutsam, oder das Gefühl, zufällige äußere Begebenheiten hätten etwas mit einem selbst zu tun.

Der Mensch erscheint am deutlichsten an seinen Grenzen. Wir alle machen immer wieder die Erfahrung, dass wir keinesfalls eindeutig, rational und vernünftig sind. Auch im Alltag zeigen sich mögliche und seltsame Welten – unsere Träume, unsere Ängste, das weite Reich unserer Wünsche und Phantasien. Vielleicht sind diese vertrauten Erfahrungen ein Schlüssel zum Verständnis psychischer Krankheiten, deren exotisch und bizarr anmutende Symptome oft nur Verstärkungen und Verdrehungen von bereits Bekanntem sind. Psychisch kranke Menschen haben Zugang zu anderen Weisen des Menschseins – die aber grundsätzlich allen zugänglich sind. Und tatsächlich von allen mitgefühlt werden können. Allen, die sich trauen. Allen, die wissen wollen. Und allen, die helfen möchten.

Das Beharren auf der Möglichkeit von Empathie auch in den Grenzregionen menschlicher Erfahrung war einer der großen Durchbrüche in der Psychiatrie Anfang des letzten Jahrhunderts. So schreibt der Psychiater und Philosoph Karl Jaspers 1913 in seiner Habilitationsschrift *Psychopathologie. Ein Leitfaden für Studierende, Ärzte und Psychologen*, dass man zwar Symptome geistiger Krankheiten beschreiben, messen, vergleichen, aber letztendlich »Seelisches nur aus Seelischem verstanden werden kann«. Das forderte die behandelnden Ärzte dazu auf, sich in ihre Patienten einzufühlen, anstatt sie, wie in den vorigen Jahrhunderten üblich, einfach nur jahrelang einzusperren.

Diese konkrete und im besten Sinne folgenreiche Anwendung phänomenologischen Denkens findet sich auch in dem ebenfalls 1913 erschienenen *Lehrbuch der Psychiatrie* des Schweizer Psychiaters Eugen Bleuler. Sein Ansatz ist getragen von dem Bemühen, immer wieder das Gesunde im Kranken zu suchen und zu adressieren. Bleuler hat die damals noch unter *dementia praecox* laufende Störung als Erster Schizophrenie – aus dem Griechischen, wörtlich »gespaltener Geist« – genannt, weil er die Anwesenheit einer zweiten Welt betonen wollte, anders als bei der durch das Wort *dementia* – lateinisch für »Gedächtnisverlust« – hervorgerufenen Vorstellung einer rasch voranschreitenden geistigen Zerrüttung. Denn wo Störung und Irrsinn sind, sind ebenso Selbst und Vernunft, und so gebührt diesem großen Arzt das Verdienst, noch dem hoffnungslos scheinendsten Langzeitfall menschliche Würde zuzusprechen.

Zum Umgang mit den Kranken schreibt Bleuler: »Ins Gespräch zu bringen sind die gesunden Fähigkeiten des Kranken, sind Hinweise darauf, was er geleistet hat, welch feinen Herzensregungen er zugänglich ist. Er muss wissen, dass wir ihn – selbst wenn wir nicht alles an ihm verstehen – nicht als einen anderen, sondern als einen von uns betrachten, auch als einen, von dem wir wissen, dass er gesunder Rücksichtnahme auf andere fähig ist, dass wir glauben können, dass er wieder gesundet.«

Dass es dieses gesunde Selbst und damit die Möglichkeit von Einsicht und Reflexion irgendwo noch gibt, äußert sich auch in Bleulers Überzeugung, dass jeder Verrückte seinen eigenen Wahn produziere und deshalb auch abseitige und skurrile Äußerungen auf das So-Sein des Einzelnen Bezug nähmen und für ihn oder sie sinnvoll seien. Doch wo verläuft die Grenze? Verschiebungen und Abstraktionen durchziehen unser aller Leben und sind, ähnlich wie das Vermuten unbeweisbarer größerer Zusammenhänge, »Déjà-vu-Erlebnisse« oder der Glaube an irgendwelche unsichtbaren Mächte, nur als graduelle Übergänge zu begreifen. *Die Anderen* gibt es nicht. Es gibt nur *das Andere* in uns.

Aber es wäre falsch, psychische Krankheiten nur als Verformungen und Verzerrungen alltäglicher Seltsamkeiten aufzufassen. Mögen die Differenzen fast unmerklich verlaufen, es gibt Übergänge, nach denen man einen anderen Rückweg nehmen muss. Und Orte, von denen man nicht mehr zurückkommt. Diese Ambivalenz zeigt sich auch bei Bleulers Beobachtung des verborgenen Sinns des Wahns – zwar ist es möglich, versponnene und extrem verschobene Inhalte wieder zu entwirren und zurückzuführen, doch gibt es gerade in der Psychopathologie auch Erfahrungen extremster Sinnlosigkeit.

Das betrifft nicht nur die oft willkürlich erscheinende Entwicklungsgeschichte einer Krankheit – auch heute noch geht man bei allen psychischen Störungen von einer Wechselwirkung aus Anlage und Umwelt aus – und die damit verbundene Frage, wer überhaupt krank wird und warum, sondern ebenso ihren Inhalt und ihre Dauer. Ein Burnout kann das Ende eines alten Lebens sein und der Anfang eines neuen. Schwere, vielleicht chronische Depressionen dagegen haben keine Botschaft mehr, es gibt nichts zu entdecken, nichts zu verstehen, nur eine leblose Düsternis, die auszuhalten manchmal schlimmer scheint als der Tod.

WIE ADA VERRÜCKT WURDE

Ada blickt aus dem Fenster und spricht Worte der Macht. Ein Gefühl tiefster Demut und berauschendster Herrlichkeit durchströmt sie, als sie es ihnen erklärt, als sie allen alles erklärt. Ada richtet die Welt ein, ihre Worte richten die Dinge aus, geben ihnen endlich und für immer Bedeutung, und bis in den letzten Winkel des Weltalls wird alles durch ihren Blick neu und letztgültig geordnet. Sie atmet aus und sieht, dass es gut ist. O, so dienen zu dürfen. Ob es nur die Menschen sind, zu denen sie spricht und die sie durch eine geheimnisvolle Fügung alle verstehen können, ohne, und das ist fast noch geheimnisvoller, direkt von ihr zu *wissen*, oder auch die »Anderen« – letztlich ist es egal. Ada weiß einfach genau, was zu tun ist, und sie tut es. Endlich ist sie am richtigen Platz, einem Platz, den nur sie allein ausfüllen kann. Die Mitte des Universums.

Andächtig blickt sie in den grauen Regen hinaus, als eine Stimme fragt: »Haste mal 'ne Kippe?« Ada dreht sich um und sieht Daniel, der wieder so komisch angezogen ist, viel zu warm, als könnten ihn die Schichten aus Kleidung vor der rauen Wirklichkeit schützen. Außerdem riecht er schlecht.

Aber sie müssen zusammenhalten, hier in der geschlossenen Psychiatrie der großen Universitätsklinik. Ada gibt Daniel eine Zigarette, sie rauchen schweigend. Daniel ist schizophren, das weiß Ada schon. Und sie selbst hat eine Psychose. Das Wort hat keine Verbindung zu ihrem Ich. Lieber mustert sie zum tausendsten Mal die Inschriften und Zeichnungen auf den gelborangen Wänden des Raucherraums. Verzerrte Quadrate. Eine große gescheckte Schlange. Unzählige Pyramiden mit Augen drin. Einmal hat Ada gesehen, wie Jenny, eine schlanke junge Frau mit verbundenen Unterarmen, den Augen Lider malte. »Sie sehen mich an«, hat Jenny gesagt, und Ada hat genickt. Auch Namen stehen dort, jemand hat einen Baum gemalt, andere haben ihn größer gemacht.

Ada mag Schriften, Zeichnungen, Wortspiele. Hat sie immer schon gemocht. Ihre Sensibilität für Sprache führte sie nach einem Studium der vergleichenden Literaturwissenschaften in die PR-Abteilung eines kleinen Verlags, der zu einem großen Konzern gehört. Als ihre Chefin vor einem Jahr entlassen wurde, um einem jüngeren Mann Platz zu machen, hat das Ada tiefer getroffen, als sie sich eingestehen wollte. Ada hängt an Dingen, an Menschen, an Gewohnheiten. Als kurze Zeit später auch ihre Abteilung nach Effizienzkriterien durchleuchtet wurde, bekam sie es mit der Angst zu tun. Sie war 39 Jahre alt, sie hatte sich etwas aufgebaut, sie wollte nicht gehen. Also beschloss sie, zu zeigen, wie unersetzlich sie war.

Ada schnappte sich den fähigsten Praktikanten und dachte sich mit ihm ein umfangreiches Programm zur Neupositionierung und Digitalisierung der Verlagskommunikation aus: ein von wechselnden Autoren des Verlags betreuter Instagram-Account, E-Books mit Kommentarfunktion und ein kompletter Relaunch des angestaubten Facebook-Auftritts inklusive Gewinnspielen, Schreibwettbewerb und neuer Fotos der gesamten Belegschaft. Die User mochten die ersten Versionen, das Persönliche, Unperfekte und doch perfekt Inszenierte.

Adas neuer Chef war begeistert. Sie bekam freie Bahn, sollte einfach mal machen. Und Ada machte. Und machte mehr. Und noch mehr. Und merkte nicht, wie ihre tiefe Angst vor Versagen und Arbeitsplatzverlust und die ungewohnte Belastung begannen, ihr langsam den Boden unter den Füßen wegzuziehen. Nach einigen Wochen hörte sie auf zu schlafen. Dann hörte sie auf zu essen. Und irgendwann hörte sie Stimmen, die von der Verbundenheit von allem mit allem sprachen und von Adas großer Rolle im göttlichen Plan.

Ada ist immer schon ein dünnhäutiger Mensch gewesen, empfindsam, kreativ. Aber auch seltsam verschlossen, fast misstrauisch, so als hätte sie schon früh begriffen, dass man der Welt nicht alles zeigen darf, dass hier kein wirklich sicherer Ort ist. Ihr Onkel hat sich umgebracht, da war Ada noch ganz klein. Und die Schwester ihrer Großmutter war seltsam gewesen, hatte Stimmen gehört und Halluzinationen gehabt und die meiste Zeit ihres Lebens in einem abgedunkelten Zimmer im Haus ihrer Urgroßmutter gewohnt. »Vielleicht war sie schizophren«, sagte Ada zu Dr. Somé, die sie am fünften Tag ihrer Zwangseinweisung in die geschlossene Psychiatrie nach ihrer Krankengeschichte befragte. Wie schnell man an einem solchen Ort neue Worte lernt: Schizophrenie. Bipolar. Psychose, ein Wort, das Ada immer noch unheimlich war und das Dr. Somé aussprach, als Ada fragte, was denn mit ihr los gewesen sei. Erst aber hatte sie Ada erzählen lassen. Von ihrer Arbeit, ihrem neuen Projekt und ihrer Beklemmung, die immer größer geworden war, obwohl sie doch so viel Erfolg gehabt hatte.

Manchmal hatte sie das Gefühl, den Faden zu verlieren, aber die Ärztin hielt sie fest im Blick, und sie richtete sich an ihrer unaufdringlichen, aber fordernden Aufmerksamkeit immer wieder auf. »Ich glaube, ich habe mich ganz schön unter Druck gesetzt«, sagte Ada irgendwann, und dieser Satz fühlte sich richtig an. Dr. Somé fragte sie nach der Entwicklung dessen, was Ada bereits beschlossen hatte, das »Andere« zu nennen, sie fragte sie aber auch nach ihrem Lebenslauf, ihrer Kindheit, ihrem Studium, ihren Beziehungen. Nach ihren Eltern, ihrer Familie, ob Ada von irgendwelchen Erkrankungen wisse. Und es gab tatsächlich nicht nur ihren Onkel und die seltsame Schwester ihrer Großmutter, sondern auch Adas Cousin, der sich schon seit längerer Zeit wegen Depressionen behandeln ließ.

Kurz sah Ada ihre Familie als dysfunktionalen Haufen von Störungen und Gestörten, und sie schämte sich. »Seelische Erkrankungen sind weitverbreitet«, sagte die Ärztin, als hätte sie Adas Gedanken gelesen. Es war auch nicht schwer. Sie schämen sich alle, selbst heftig an Schizophrenie erkrankte Menschen schämen sich und versuchen oft, ihre Halluzinationen und Wahnvorstellungen vor ihren Mitmenschen zu verbergen.

»Eine schizoaffektive Psychose, wie wir sie bei Ihnen diagnostiziert haben«, wiederholte Dr. Somé in Adas fragende Augen hinein, »ist eine Störung des Gefühlslebens verbunden mit einer Störung des Denkens und Wahrnehmens.« Ada nickte. Das konnte man wohl so sagen. Sie erinnerte sich auf einmal, wie sie hierhergekommen war, das hatte sie vorhin einfach weggelassen. Jetzt versuchte sie, es in knappen Worten zu erzählen.

Die Nachbarn hatten die Polizei gerufen, weil sie an einem Wochenende sieben Stunden lang die Musik unerträglich laut aufgedreht hatte, um gewisse notwendige Signale an diejenigen, die es anging, zu senden. Als die Polizei kam, hatte Ada sie wüst beschimpft und war mit auf die Wache genommen worden. Dort hatte man Drogentests mit ihr gemacht und sie dann ziemlich schnell in die nächstgelegene Psychiatrie verfrachtet.

Sie hatte versucht abzuhauen, war aber festgehalten worden. Als sie daran dachte, fühlte sie wieder tiefe Scham. Wenigstens hatte der Verlag gut reagiert. Ada war auf unbestimmte Zeit krankgeschrieben und musste sich keine Sorgen um ihre Arbeit machen. Ihre Kollegen würden ihr Projekt in der Zwischenzeit fortführen. Wie lange es wohl dauern würde?

Auf einmal erinnerte sie sich an eine Untersuchung in einem Zimmer irgendwo auf der Station, vor vier Tagen, direkt nach ihrer Einweisung. Ein Amtsarzt hatte sie begutachtet und für sechs Wochen entmündigt, also unter die Obhut des Staates gestellt. Sie war kaum bei Bewusstsein gewesen und hatte schwach protestiert, der Mund trocken, die Augen halbgeschlossen. Wie der Amtsarzt ausgesehen hatte, wusste sie nicht mehr, auch nicht, wer sonst dabei gewesen war. Hatte sie nicht jemand gestützt?

»Haben Sie irgendwelche Substanzen zu sich genommen?«, hörte Ada aus weiter Ferne. Es schien ihr, als sei der Weg zwischen den Augenblicken gerade länger als sonst. Am fraglichen Wochenende hatte sie geraucht und getrunken, mit der diebischen Freude eines ungehorsamen Teenagers. Aber nichts weiter. Vielleicht war das noch viel beängstigender, denn es bedeutete, dass es aus ihr selbst gekommen war.

»Ich habe eine schizoaffektive Psychose?«, fragte sie zum dritten Mal, während alles plötzlich schärfere Konturen bekam, die dunkelhäutige Frau vor ihr, eine kleine Bücherwand, auf dem Schreibtisch ein 90er-Jahre-Bürodekorationsobjekt mit fünf aufgehängten Metallkugeln. Ihr Mund war wieder trocken. Ihr Hals tat weh. Sie hatten ihr Haldol gegeben, ein starkes Antipsychotikum, und für einen Moment war alles schmerzlich klar.

Dr. Somé nickte. »Bin ich verrückt?«, fragte Ada mit einer Stimme, die mitten im Satz in einen Abgrund blickte. »Sie sind nicht verrückt, sondern krank. Und Sie können wieder gesund werden«, sagte die Ärztin freundlich und bestimmt. An Momente wie diesen würde sich Ada immer erinnern. Wenn jemand mehr tat, als verlangt wurde. Garantien abgab, Versprechen machte, eine warme Hand über einen eisigen Abgrund streckte. Sie nickte und beschloss, alles dafür zu tun, wieder gesund zu werden. Auf einmal war sie so müde, dass ihr fast die Augen zufielen. Dr. Somé merkte das und gab ihr die Hand: »Wir sprechen uns nächste Woche.«

Auf dem Weg in ihr Zimmer wäre sie fast hingefallen. Ihre Nachbarin Patricia lag wieder mit all ihren Anziehsachen im Bett, neben sich gehortete Lebensmittel. Sie schnarchte leicht. Ada sah nur ihr Bett und war Sekunden später eingeschlafen.

Als Ada eine Woche später wieder vor Dr. Somé saß, war ihr Rücken gerade und ihr Blick klar. Sie hatte etwas gelernt in der Zwischenzeit, hatte sich schlau gemacht, war herumgekommen. Sie wusste, was sie für Medikamente bekam, Valproat zur Stimmungsstabilisierung, Zyprexa gegen die Psychose und Tavor gegen die Angst. Ada mochte diese neuen Wörter. Die Namen der Medikamente waren wie Jetons, mit denen die Insassen sich spielend die Zeit vertrieben: Risperdal. Seroquel. Abilify. Nur Wei, ein schmaler Chinese unbestimmten Alters, hatte sich ein anderes System ausgedacht: Er wollte nichts von Namen und Wirkungen wissen, sondern zählte einfach die Tabletten. Je weniger sie ihm gaben, desto gesünder musste er sein. Als er bei zwei Tabletten angelangt war, wurde er tatsächlich entlassen.

Ein weiteres Spiel war die Diagnose. Ada hatte gelernt, dass es hauptsächlich zwei unterschiedliche Krankheiten gab. Da waren die Manisch-Depressiven oder Bipolaren, und da waren die Schizophrenen. Und es gab noch Hamid, der aus einem Land kam, in dem Krieg herrschte, und der sich meist in der Hocke fortbewegte, stöhnend, eine Hand auf seinem Kopf. Er liebte Süßigkeiten, und der hübsche Konstantin brachte ihm immer welche mit, denn er war schon länger da und durfte Ausflüge machen. Konstantin, der in einem Fahrradladen arbeitete, hatte ebenfalls eine Psychose. Er war nackt durch die Stadt gerannt, mit einem Messer in der Hand, um »es ihnen endlich heimzuzahlen«. Auch seine Wohnung hatte er komplett verwüstet. Bei ihm bestand Verdacht auf Schizophrenie, was er mit der gleichen Nonchalance bemerkte, wie er Süßigkeiten verteilte und sich mit homöopathischen Mitteln selbst therapierte. »Na ja«, sagte er, als Ada ihn fragte, was das für ihn bedeutete, »ich muss wohl mein Leben lang Zyprexa nehmen.« Nicht einmal da wurde er ernst. Sein Ernst war so weit weg, dass es Ada unheimlich war. War das Schizophrenie, dieses Bezugslose? Und was war dann »bipolar«? Und vor allem – was hatte sie selbst?

Es war für Ada nicht leicht, den Unterschied zwischen den beiden Krankheiten zu verstehen. Ihre Zimmernachbarin Patricia – »nenn mich einfach Trixi« – zum Beispiel war schizophren. Sie war ganz in Schwarz gekleidet, hatte sich die langen dünnen Haare schwarz gefärbt und die Fingernägel grün lackiert. Wie Daniel, der immer zu viel anhatte, hielt auch sie nicht viel vom Kleiderwechseln. Dafür roch es in ihrem Bett immer nach allen möglichen Lebensmitteln – in allen möglichen Zuständen. Trixi war ein freundlicher Mensch. Aber es war schnell klar, dass sie besser erzählen konnte als zuhören, und als Ada selbst wieder zuhören konnte, fiel ihr auf, dass Trixi immer von ihrer Zwillingsschwester erzählte, die ihr Leben in alle Richtungen manipulieren würde. Als Ada irgendwann begriff, dass es diese Zwillingsschwester gar nicht gab, hatte sie ein erstes Gefühl davon, was es heißen konnte, mit der dauernden Anwesenheit einer anderen Welt zu leben, also in sich gespalten – griechisch *schizein* – zu sein.

Brigitte hingegen, eine ältere Frau in meist orange- oder lilafarbenen Gewändern, die sie alle selbst genäht hatte, war bipolar. Das hatte sie Ada schon mindestens fünf Mal erzählt, immer mit verschwörerischem Stolz, denn Brigitte hatte ihre Medikamente schon wieder eigenhändig abgesetzt. Vor einiger Zeit hatte sie damit begonnen, sich draußen herumzutreiben und Passanten zu beschimpfen. Jemand hatte die Polizei gerufen, und die hatte die Verwirrte umgehend in die Psychiatrie gebracht und ebenfalls für sechs Wochen festgesetzt. Sie trug es mit Fassung, war doch jeder neue Aufenthalt in der Klinik zugleich die Chance auf ein neues Publikum. Brigitte liebte es, aus ihrem reichen und wechselvollen Leben zu erzählen, von ihren Liebesgeschichten, Erfahrungen und natürlich von dem Unrecht, das ihr immer wieder zugefügt worden war.

Über sich und seine Krankheit zu sprechen war Teil des Heilungsprozesses. Denn die wahre Heilung kam vom Sprechen selbst, dem beständigen und vielfältigen Austausch mit den anderen Patienten. Ada hatte sich lange nicht mehr so gut unterhalten wie in den vielen Begegnungsräumen der geschlossenen Psychiatrie. Sie hatte gar nicht gewusst, wie einsam sie eigentlich gewesen war. Der zwecklose und ehrliche Kontakt mit ihren Mitpatienten tat ihr auf eine Weise gut, die sie davor gar nicht gekannt hatte. Vor allem, nachdem es sie zum zweiten Mal erwischt hatte.

Denn am 18. Tag nach ihrer Einweisung steht Ada am Fenster der geschlossenen psychiatrischen Abteilung und spricht Worte der Macht. Richtet die Welt wieder ein. Bringt alles wieder in Ordnung, ganz allein. Von außen ist nichts zu sehen, nur eine schmale Frau in schwarzen Leggings mit einem weiten grauen Pullover und türkisfarbenen Turnschuhen. Die Sachen hat ihre Mutter vorbeigebracht, wie immer höflich und hilfsbereit, wobei all ihre Beflissenheit nicht das tiefe Gefühl verdecken konnte, das Frau Krawczyk ihrem einzigen Kind gegenüber stets empfunden hat: Enttäuschung. Auch Ada spürt es, immer und andauernd, obwohl sich beide ebenso unerbittlich bemühen, es niemals laut werden zu lassen. Ada liebt ihre Mutter. Aber auch sie ist an diesem Regentag schon unendlich weit weg, wie der Rest von allem, was man gemeinhin Wirklichkeit nennt. Stattdessen gibt es nur noch eine Welt, Adas Welt, und nur noch einen Menschen, Ada, und das ist alles so groß und herrlich und überwältigend, dass ihre Synapsen schon zu glühen beginnen, weil es zu viel ist, einfach zu viel.

In Wahrheit ist der Mensch Ada nämlich schon längst nicht mehr da. Auf dem Höhepunkt einer psychotischen Erfahrung gibt es nur noch groteske Selbstverherrlichung und banalste Routinen. Von der Weltenschöpfung zum Smalltalk in 0,5 Sekunden. Was fehlt, ist alles dazwischen, alle Formen von Distanz, Einsicht, Reflexion. Ada hat in diesem Moment kein Selbstverhältnis mehr und damit auch kein Selbst. Sie kann nicht mehr begreifen – sie ist ergriffen worden. Die Dopaminflut tobt durch ihre Synapsen, Nervenenden werden immer wieder neu und anders vernetzt, es zuckt und blitzt in ihrem überlasteten Gehirn, während draußen der Regen fällt und drinnen ein paar Tränen fließen, weil Ada – nach Daniels hastigem Abgang wieder allein im Raucherraum der psychiatrischen Klinik – so unendlich dankbar ist, dass endlich alles Sinn macht. Doch sie irrt sich. Denn trotz gewisser Smalltalk-Kompetenzen ist eine Psychose vor allem die Erfahrung einer immer umfassenderen Totalität. Vielleicht erscheint Ada die Welt ja auch deswegen sinnvoll, weil es eine Welt ohne Zweideutigkeiten, ohne Veränderungen und ohne die Last ihres Bewusstseins ist. Und natürlich weiß sie nicht, dass sie schon längst nicht mehr bei Bewusstsein ist.

Dr. Somé lässt sie umhergehen, während sie die tägliche

Dosis Psychopharmaka erhöht und darauf wartet, dass ihre Patientin wieder auf der Erde landet. Aufgestiegen war sie bei diesem zweiten Mal fast unmerklich. Eine Psychose kommt oft auf leisen Sohlen, schiebt sich wie eine dritte Ebene zwischen Ichbewusstsein und geteilte Welt, bis nur noch Wahnvorstellungen übrig bleiben. Diese andere Welt steckt auch in dem Wort »verrückt« selbst – ver-rückt, das heißt hinweggehoben von dem, was uns allen gemeinsam und verständlich ist. Der Verrückte bewohnt stattdessen eine Welt, die nur noch er selbst versteht. Wenn überhaupt. Doch auch diese Erfahrung ist seltsam widersprüchlich, zugleich total und gebrochen, ein undurchsichtiger Rhythmus aus loderndem Wahnsinn und einfachen Routinen, Essen, Kaffee, Toilettenbesuch.

Auf Dauer kann man so nicht leben und auch das Gehirn kann so nicht weitermachen und irgendwann – in Adas Fall am 23. Tag ihres Aufenthalts – Zusammenbruch. Niemand sitzt an ihrem Bett, als sie zurückkommt. Niemand ist bei ihr, als ihr dämmert, was geschehen ist, was schon wieder geschehen ist, und als eine Angst nach ihrem Herzen greift, die viel tiefer ist als alles, was sie vorher kannte. »Ich habe mich verloren«, denkt sie, »ich kann mir nicht mehr trauen«, und sie spürt eine Einsamkeit, für die es keine Worte gibt, weil sie begreift, dass der einzige Mensch, auf den sie sich immer verlassen konnte, dubios geworden ist: sie selbst. In den nächsten Tagen tut ihr alles weh – körperlich, seelisch. Sie ist schwer und dumpf und doch hat sich etwas verändert: ihr Blick. Ada hat begriffen, was los ist. Hier wird nicht gespielt mit Medikamenten und Diagnosen, hier geht es ums Überleben, und dieser Ernst ist es, der sie aufrecht hält, als sie drei Tage später wieder Dr. Somé gegenübersitzt. Verschwunden ist alle Überlegenheit, geblieben ist nur ein erschütterter Mensch mit einem traurigen, klaren Blick. Aus einem Impuls heraus sagt die Ärztin: »Sie müssen sich verzeihen. Je früher Sie sich vergeben, desto früher können Sie alle Ihre Kräfte für Ihre Genesung einsetzen.«

Ada nickt und nickt nochmal. Selbstliebe. Das wird sie die nächsten Wochen und Monate beschäftigen. Angesichts der Enttäuschung ihrer Mutter hatte Ada sich schon früh in ihre eigene Welt zurückgezogen. Sie selbst war ihr unverbrüchlichster Halt gewesen, doch was jetzt? Wie sollte man etwas lieben, das so kaputt und verrückt ist wie Ada, wenn schon eine ganz normale Mutter ihr ganz normales kleines Mädchen nicht lieben kann?

»Wie kann ich mit mir leben, obwohl ich verrückt bin? Was soll aus mir werden?«, bricht es aus Ada heraus. Dr. Somé sieht sie ruhig an. »Sie haben einen guten Job, Frau Krawczyk. Und Sie machen Ihre Arbeit gut. Bleiben Sie noch ein bisschen hier, bis wir sicher sein können, dass alles ausgestanden ist. Danach werden Sie weiter Medikamente nehmen und sich einen behandelnden Arzt suchen. Ich empfehle Ihnen auch, eine Therapie zu machen und eine Selbsthilfegruppe zu besuchen. Keine Angst: Sie werden wieder gesund werden.«

Ada steigen die Tränen in die Augen und sie flüstert: »Aber wie kann ich mich noch ernst nehmen?« »Es wird Ihnen wieder bessergehen, Frau Krawczyk. Nehmen Sie erst einmal Ihre Genesung ernst, dann kommt der Rest ganz von allein.«

In den nächsten zwei Wochen lässt sich Ada darauf ein, von sich, ihren Ängsten und Hoffnungen zu reden. Sie unterhält sich mit ihren Mitpatienten und mit Dr. Somé, und sie hat begonnen, wieder mit sich selbst zu sprechen. Dabei haben auch das Schiefe und Krumme, das Kranke und Unpassende eine Stimme gefunden, und diese neue Ganzheit stellt Adas altes Leben Stück für Stück auf ein neues Fundament. Langsam wird die Erfahrung ein Teil von ihr, auch die Scham, die Angst und die Verzweiflung. Gerade weil ihr Zusammenbruch sie gezwungen hat, diese Gefühle, die in der einen oder anderen Form schon immer da waren, endlich anzuerkennen und auszusprechen, beginnt Ada, sich wieder wie ein normaler Mensch zu fühlen.

Sechs Wochen nach ihrer Einlieferung verlässt Ada mit ihrer Mutter das Krankenhaus. Sie hat ungefähr zehn Kilo zugenommen, was ihr gut steht. Als sie ihre Mutter zum Abschied auf die Wange küsst, fragt sie sich zum ersten Mal, warum sie eigentlich jemanden liebt, der so herablassend und liebesunfähig ist wie ihre Mutter. Aber sie tut es. Dann denkt sie, dass es vielleicht auch möglich wäre, jemanden zu lieben, der so kaputt und verrückt ist wie sie selbst, und zum ersten Mal seit vielen Wochen erhellt ein echtes Lächeln ihr Gesicht.

Ist Ada jetzt geheilt? Kann ein Mensch, der verrückt war, wieder normal werden? Meistens. Wenn er Hilfe bekommt. Und sie annehmen kann. Heilung ist das Finden eines neuen Sinns. Damit einher geht ein neues Gewahrsein des Ganzen und der eigenen Rolle darin. Für den Einzelnen geht es bei seiner Heilung konkret um neuronale Regulation plus Wiedereinfädelung ins kollektive Leben und weiterführende Betreuung in Gestalt einer Therapie, einer Selbsthilfegruppe oder regelmäßiger Arztbesuche. Dabei unterstützt alles, was nicht direkt aufs Gehirn wirkt, den Patienten vor allem dabei, sich sein ihm fremd gewordenes Leben wieder anzueignen. Diese Wiederaneignung ist möglich, weil wir werdende Wesen sind. Das Werden ist unser Potential; es beschreibt die Möglichkeit des Neu-Werdens, Anders-Werdens, Heil-Werdens. Es ist Grundlage, hoffen zu dürfen. Sein neuronales Äquivalent ist die Plastizität des Gehirns, dessen Fähigkeit, bis ins hohe Alter neue Verknüpfungen zu bilden. Und dadurch einen bewussteren Umgang mit sich und seinem Leben zu finden.

Dazu schreibt Bleuler: »Für manchen Kranken ist das Erleben der Psychose wie ein traumhafter Kampf um die innere Wiedergewinnung des Bewusstseins, ein Mensch zu sein. Er stellt selbst seine innere Zerrissenheit fest, und im Formulieren seiner widerstrebenden Vorstellungen vom Ich findet er Zusammenhänge, die ihm zum Wiedergewinn des Bewusstseins, seiner Identität, helfen.«

Auch eine psychotische Gesellschaft ist Ausdruck eines virulent gewordenen Identitätsproblems. Auch unsere Gesellschaft besitzt eine erhöhte Vulnerabilität. Auch die gegenwärtige Krise ist eine Stressreaktion, auf kollektiver Ebene ausgelöst durch Digitalisierung, Globalisierung und die fortschreitende Beschleunigung des ökonomischen Steigerungszwangs.

Doch wir müssen nicht nur individuell, sondern auch kollektiv unseren unterschiedlichen Daseinsebenen gerecht werden. An dieser Stelle hat die bei uns im Westen übliche Dominanz des Abstands und die damit verbundene hauptsächlich geistige Erfassung der Welt zu einer immer größeren Entfremdung geführt. Doch unser Leben und unser Gefühl fürs Leben äußern sich direkt und unmittelbar – ein immerwährendes Störsignal in einer immer glatteren, hektischeren und oberflächlicheren Welt, die unseren Geist zwar beschäftigt hält, aber nicht mehr die Kraft hat, uns zu erfassen, zu trösten und zu verbinden. Unser Haus beschützt uns nicht mehr; es ist nicht mehr fähig, unser Leben und Zusammenleben sinnvoll zu ordnen.

Diese Auflösungserscheinungen lassen das Ganze auf eine neue und beängstigende Weise hervortreten. Zugleich erzeugt die diesen Auflösungsprozess beschleunigende Ökonomisierung zusammen mit dem Internet neue Formen menschlichen Austauschs und globaler Verbundenheit.

Am Ende einer psychotischen Übergangssituation stehen beim Einzelnen entweder Heilung oder Verfestigung im Sinne einer Schizophrenie. Auf unsere Gesellschaft bezogen entspräche das dem Wiederfinden eines kollektiven Sinns oder einem Rückfall in unmenschliche Zustände. Dabei geht natürlich nicht »die Welt« als solche unter, sondern ein bestimmtes Haus hört endgültig auf, eine Heimat zu sein. Angesichts einer globalisierten, digitalisierten und vielfach verbundenen Welt jedoch ist es an der Zeit, die Frage nach unserer Identität kosmopolitisch, *planetar* zu begreifen. Nicht unser Haus gilt es neu zu denken, sondern unsere Beziehung zueinander und zum Leben.

II DIE UNORDNUNG DER DINGE

DIE NORMALITÄT DER KRISE

Verwüstung, Identitätskrise, psychotische Gesellschaft? Hier in Deutschland geht es uns doch gut. Wir leben in einem der sichersten Länder der Welt, haben eine funktionierende Demokratie inklusive sozialer Absicherung und eines Wohlstands, der auf Erden seinesgleichen sucht. Unsere Straßen sind groß und sauber, die Natur nah und noch nicht allzu verschmutzt, und Fernseher, Waschmaschine und oft auch Auto sind keine Luxusgegenstände, sondern gelten als Grundversorgung. Das wissen wir zu schätzen, denn wie eine 2017 vom *Spiegel* veröffentlichte Studie besagt, sind die Deutschen mit ihrem Leben so zufrieden wie nie zuvor. Unser Wohlstand und unsere Privilegien sind ebenso real wie der Hunger und die Empörung derer, die weder das eine noch das andere besitzen.

Doch letztlich zählt für den westlichen Menschen nicht, wie die Welt ist, sondern was er über sie denkt. So ist es einerseits möglich, dass einige vor Überfremdung und Wertezerfall warnen, gar den Untergang des Abendlandes beschwören. Doch andererseits zeigen sich jenseits aller Panikmache psychotische Phänomene, die bestehen bleiben, auch wenn wir uns daran erinnern, dass es uns ziemlich gut geht und Angst und Ohnmacht vor allem in unseren Köpfen zu finden sind.

Während wir im ersten Teil gewisse strukturelle Voraussetzungen dieses psychotischen Zustands beleuchtet haben, widmen wir uns im Folgenden seinem Virulentwerden, das – vereinfacht gesagt – von der immer umfassenderen Ökonomisierung aller Lebensbereiche maßgeblich beschleunigt wird. Wenn wir also nachvollziehen wollen, was vor unser aller Augen passiert und wie sich die alte, durchaus fragwürdige Ordnung der westlichen Welt in diese neue krisenhafte Unordnung verwandeln konnte, kommen wir um die Geschichte des Geldes und seines Aufstiegs in den Thronsaal des gemeinsamen Hauses nicht herum. Denn seit das ihm innewohnende Profitstreben zum Alleinherrscher wurde, geht es nicht mehr um das Wechselspiel zwischen Team »Alles Glück ist irdisch« und Team »Transzendenz«, sondern um die unheilvolle Verkettung ihrer dunkelsten Aspekte – also radikale Sinnlosigkeit und das brutale Recht des Stärkeren einerseits und um sich greifendes Schubladendenken andererseits, verbunden mit der wohlfeilen Selbstgefälligkeit derer, die sich gerade noch halbwegs bequem in ihrem eigenen Überleben einrichten können.

Doch ob fragwürdiger *Winner* oder ebenso fragwürdiger *Loser* – für uns alle ist unsere verrückte Gegenwart dadurch bestimmt, dass in ihr der Terror der Endlichkeit als einsame Suche nach Gesundheit, Intensität und Selbsterfahrung in einer Welt, die allen tieferen Sinn verloren zu haben scheint, auf die Rückkehr des Einen Gottes als nun säkulare Totalität des ökonomischen Prinzips trifft. Dadurch herrscht die psychotische Normalität der Krise, was wiederum nur ein anderer Ausdruck für den permanenten Ausnahmezustand ist, den die Publizistin Naomi Klein in ihrem 2007 erschienenen Buch *Die Schock-Strategie. Der Aufstieg des Katastrophen-Kapitalismus* als eine der Grundlagen der neoliberalen Expansion bezeichnet, welche die Ökonomisierung der Welt theoretisch legitimiert und praktisch vorantreibt.

Weil der Liberalismus im Allgemeinen eine freiheitliche, also die Handlungsspielräume des Einzelnen verteidigende Haltung ist, aber als politische und vor allem wirtschaftliche Position von anarchischen über gemäßigte hin zu erzkonservativen Spielarten reicht, ist der Übergang zu dem, was seit den 8oer-Jahren des letzten Jahrhunderts »Neoliberalismus« heißt, nicht leicht zu fassen. Das liegt auch daran, dass das in einer Pariser Konferenz im Jahr 1938 vorgestellte Wirtschaftssystem »Neoliberalismus« damals noch von den meisten Teilnehmern als ein Zusammenwirken von starkem Staat und freier Wirtschaft verstanden wurde. Wobei es schon damals Bestrebungen gab, die Sache eher auf einen gehorsamen Staat und eine starke Wirtschaft hinzulenken. In den USA machten sich seit den 6oer-Jahren Ökonomen wie Milton Friedman und seine Anhänger dann auch daran, den Markt gründlich von allen staatlichen Regulierungen zu befreien und diese Befreiung zugleich staatlich abzusichern, besonders, was die Wahrung von Eigentumsrechten und Vermögen betrifft. Dafür setzt dieser »zweite« Neoliberalismus – und damit das, was wir heute unter Neoliberalismus verstehen – auf radikale Privatisierung, Outsourcing staatlicher Leistungen, Deregulierung aller Märkte und den Abbau von Sozialleistungen.

Dabei hat die Ökonomisierung vereinfacht gesagt das Ökonomische zur Basis des Lebens und Zusammenlebens gemacht, während das Politische ebenso wie das Soziale kapitalisiert wurden: von ausgelagerten Verwaltungs-, Fürsorge- und Betreuungsleistungen hin zu den neuen »sozialen« Ökonomien wie Airbnb als »kommerzieller privater Wohnungsvermietungsbörse« oder Uber als »kommerziellem privatem Taxidienst«, wobei der Gewinn, den diese Unternehmen erwirtschaften, von allen Sozialabgaben und oft genug auch aller Steuerlast befreit, hauptsächlich in die Tasche dieser »neuen« Player fließt. In einer ökonomisierten Gesellschaft dürfen alle verdienen. Aber einige verdienen mehr.

In den letzten drei, vier Jahrzehnten hat die Globalisierung auch anderswo diesbezüglich den Turbo Booster eingeschaltet, doch bei uns im Westen ist der Prozess der Ökonomisierung schon länger im Gange. Seit Beginn der Industrialisierung im 19. Jahrhundert wird die ganze Welt beziffert, dazu gehörten Dinge wie der Preis eines Stückes Land, die Arbeitskraft einer Fabrikarbeiterin oder die Kosten einer Unterkunft an diesem oder jenem Ort. Die Kräfte der *Großen Transformation*, wie der Wirtschaftssoziologe Karl Polanyi die fortschreitende Verfügbarmachung von Natur, Orten und Menschen in seinem 1944 erschienenen Buch nennt, sind immer noch wirksam. Sie verwandeln Organisches in Abgetrenntes, Vieldeutiges in Eindeutiges und Qualität in Quantität. Dadurch machen sie Lebendiges zu Zählbarem, zu Daten, Fakten, Informationen und letztendlich zu Preisen. Am Ende dieses Prozesses steht damit zugleich die größte »Essenzialisierung« von allen: Ein verbundener und vielgestaltiger Teil des Ganzen wird zu einer ebenso kontextlosen wie absolut gesetzten Zahl.

Diese fortschreitende Erfassung, Vermessung und Kontrolle der Welt verbinden sich im Verlauf des späten 20. Jahrhunderts mit den immer expansiver werdenden Kräften des freien Marktes; Objektivierung, Bereitstellung und Verwertung allen Lebens werden gefordert, gefördert und immer effektiver ins Werk gesetzt. Dabei essenzialisiert der Markt nicht nur, er *idealisiert* auch. Denn die für alle Geschäfte notwendige Planungssicherheit kann man vielleicht in kleinen und kontrollierbaren Umgebungen herstellen, aufs vielgestaltige Leben und Lebendiges bezogen handelt es sich bestenfalls um Wunschdenken, das eine Vorstellung davon, wie das Leben zu sein hat, über die reale Erfahrung dieses Lebens stellt.

Was diese transzendent-idealisierende Denktradition konkret bedeutet, lässt sich am besten über den Umweg eines anderen

Denkens begreifen. Wenn ein Mensch, dessen Weltbewusstsein beispielsweise von dem immanenten, also erdgebundenen, realistischen und pragmatischen klassischen chinesischen Denken geprägt ist, etwas kochen will, geht er zum Markt oder schaut in den Kühlschrank, *was da ist*, und stellt aus dem Vorhandenen eine Mahlzeit zusammen. Ein Anhänger des transzendent-idealisierenden Bewusstseins hingegen würde erst darüber nachdenken, was er essen *will*, vielleicht auch ein Rezept im Netz suchen und dann überlegen, wo und wie er die benötigten Zutaten auftreibt.

Die Vor- und Nachteile dieser beiden Weltanschauungen haben wir bereits im ersten Teil beleuchtet, doch um noch besser nachzuvollziehen, welche Ver-Rücktheit dabei in unserer eigenen Denktradition stecken kann, malen wir uns einfach aus, jemand würde sich auf ein Rezept versteifen, dessen wichtigste Zutat »Einhornfleisch« ist.

Als Reaktion auf diesen ebenso eigenwilligen wie verirrungsgefährdeten »Blick von außen«, der nicht sieht, was ist, sondern durch die Brille seiner eigenen Wünsche und Vorstellungen auf immer komplexere Zusammenhänge blickt, zeigt sich eine simple Dialektik: Was einst mit dem platonisch-descartesschen Vorrang der Ideen und des Denkens vor dem Sein als belebender *Zweifel* an der Welt begann, verwandelte sich über die Jahrhunderte in einen schwer zu hinterfragenden *Kontrollwahn*, der neben der unbesonnenen Fokussierung auf Profitmaximierung im Herzen des Marktdenkens und damit des sich ausbreitenden ökonomischen Subsystems steht.

Das *Medium* dieses ökonomischen Subsystems ist das Geld. Der Soziologe Georg Simmel schreibt schon 1900 in seiner *Philosophie des Geldes:* »Das Geld ist die real existierende Transzendentalkategorie der Vergesellschaftung. Die Äquivalenzbeziehungen, die das Geld stiftet, verbürgen den inneren Zusammenhang der modernen Gesellschaft.« Statt des platonischen Scheinens der überweltlichen Ideen und der christlichen Hoffnung auf Gnade und Vergebung flackern also Währungen und Wechselkurse über einen leeren Himmel. Doch wie wir weiter unten bei Baudrillard noch genauer sehen werden, geht es bei dem Verlust unseres »alten weißen Mannes im Himmel« nicht nur um unsere Beziehung zum Ewigen, sondern auch um unser irdisches Zusammenleben.

Denn die wichtigste Aufgabe aller Götter war immer schon die Begründung der Welt. Dabei »erklären« sie nicht nur die sonst schier unbegreiflichen Unterschiede zwischen uns Menschen, sondern legitimieren vor allem Macht, wobei beides natürlich zusammenhängt. Wie sich der Wert des Menschen bei uns im Westen von einer durch den Christengott verbürgten inneren Teilhabe am Ewigen in eine ebenso fragwürdige wie beweisbedürftige Außenleistung verwandelte, hat unter anderem der Soziologe Max Weber in seinem 1904/1905 erschienenen Buch *Die protestantischen Sekten und der Geist des Kapitalismus* nachgezeichnet. Die darin beschriebene »Übergangsstufe« von früher zu später Moderne bezieht sich auf die calvinistische »Prädestinationslehre«, die im Kern besagt, dass der nach der evangelischen Reformation arg angeschlagene und ungewiss gewordene Gott seine Auserwählten durch »persönlichen Erfolg« – sicht- und messbar gemacht in weltlichem Reichtum – auszeichnen würde. Das erklärt nicht nur, welches (Gottes-)Erbe hinter der enormen Durchschlagskraft der ökonomischen Sphäre steckt, sondern verweist auch auf die Notwendigkeit einer anderen Welt- und Daseinsbegründung, die den Wert des Menschen und des Lebens wieder qualitativ erfassen kann. Denn Geld symbolisiert nur eine Tauschbeziehung, es hat keine eigenen Qualitäten. Es ist *leer*. Und so wird alles, was kapitalisiert, also auf diesen leeren Wert bezogen wird, ebenfalls entleert. Im Zuge der Ökonomisierung der Welt wird alles Lebendige kapitalisiert. Und scheint ebendadurch verwertbar und wertlos zugleich.

Der Soziologe Niklas Luhmann definiert eine Krise als Zustand, in dem ein gesellschaftliches Subsystem anfängt, alle anderen gesellschaftlichen Systeme zu vereinnahmen. Jedes Subsystem – ob Sport oder Gesundheitswesen, ob Bildung oder die Sphäre des Rechts – hat ein eigenes Zimmer in dem Haus, das wir Gesellschaft nennen, mit eigenen Regeln, eigener Sprache und einer lokalen und dabei in sich stimmigen Struktur. Dadurch befördert es zugleich eine bestimmte Weise, das Leben zu sehen und mit bestimmten Aspekten seiner Ganzheit umzugehen; darin liegen sein Nutzen, seine Berechtigung, aber auch seine Grenzen. Nur ein Verrückter führt eine Schule wie ein Kaufhaus oder einen Staat wie ein Unternehmen.

Genau das passiert aber, wenn ein Subsystem – wie das ökonomische – anfängt zu wuchern und alle anderen Systeme zu vereinnahmen. Man kann sich diese immer umfassender werdende Systemtotalität wie einen Virus vorstellen, der sich im ganzen Körper ausbreitet und dabei alle normalen Funktionen nach und nach lahmlegt. Dadurch verwandelt die um sich greifende Ökonomisierung das Haus mit den vielen unterschiedlichen Zimmern in eine riesige Lagerhalle, die zwar unendlich viele Produkte fasst und in Umlauf bringt, aber ihren Bewohnern weder Sinn noch Schutz noch Heimat bieten kann. Denn so nützlich und notwendig der Markt innerhalb seiner eigenen Sphäre ist, so fatal sind die Folgen, wenn mit dieser doch sehr beschränkten Perspektive plötzlich alle existenziellen Angelegenheiten geregelt werden sollen.

Die mit dieser virushaften Ausbreitung einhergehende Korruption unserer vielfältigen Weltbezüge hat zur Folge, dass die Werte besagter lokaler Ordnungen – wie beispielsweise in der ethischen Sphäre die Unterscheidung zwischen gut/böse, in der medialen Sphäre die Unterscheidung zwischen wahr/falsch oder in der juridischen Sphäre der Unterschied von gerecht/ungerecht – durch die Werte der ökonomischen Ordnung ersetzt werden. Deren Leitdifferenz Verlust/Gewinn wiederum ist eigentlich keine echte Differenz, da Verlust letztlich keine echte Option ist. Stattdessen herrscht allein das Prinzip der Gewinnmaximierung: mehr, alles, noch mehr als alles. Zugleich führt diese Vereinnahmung der anderen Zimmer auch dazu, dass der Nimbus der eroberten Subsysteme miterobert wird, und so erscheint Profit nicht nur nützlich und erstrebenswert, sondern sowohl gut als auch wahr als auch gerecht.

Das, was wir als psychotischen Zustand der Gesellschaft erfahren, ist das Resultat dieser umfassenden Ökonomisierung. Man kann die Ausbreitung der ökonomischen Sphäre als Luhmann'sche Krise definieren und unsere Gegenwart als den Moment, in dem das derart ausgehöhlte System instabil wird. Man kann die Geschichte dieser instabilen Totalität auch historisch-politisch situieren, wie es Wolfgang Streeck, der ehemalige Direktor des Max-Planck-Instituts, in seinem 2013 erschienenen Buch *Gekaufte Zeit. Die vertagte Krise des demokratischen Kapitalismus* getan hat. Streeck beschreibt darin marktbefreiende Ereignisse wie die Abschaffung des international geregelten Währungs- und Wechselkurssystems 1973 ebenso wie wirtschaftspolitische Steuerungsversuche der europäischen Staatengemeinschaft: erst Inflation, also Steigerung der verfügbaren Geldmenge in den 70ern, dann Staatsverschuldung, beginnend in den 90ern, und schließlich eine massenweise private Kreditvergabe, die letztlich in Amerika, das einen ähnlichen Zyklus durchlief, 2008 zur Implosion der Immobilienblase und damit zu einer globalen Finanzkrise geführt hat.

Diese tendenziell neoliberale Politik hat ab den 1970er-Jahren auch von der deutschen Demokratie Besitz ergriffen, was nichts anderes bedeutet, als dass die umverteilende ebenso wie die marktregulierende Seite unserer vormals sozialen Marktwirtschaft stückweise ausgehöhlt wurde. Denn auch unser Staat, in dem es sich dessen ungeachtet immer noch so gut und sicher leben lässt, ist mittlerweile kein Schuldenstaat mehr, sondern ein Konsolidierungs-, also ein Spar- und Gehorsamsstaat, der durch die nach der Finanzkrise 2008 betriebene europäische Austeritätspolitik zunächst seinen Gläubigern und dann erst seinen Bürgern verpflichtet ist. Es geht nicht mehr ums Leben und Zusammenleben. Es geht um *mehr*.

Denn in dem weiten leeren Himmel ohne Gott, den Denker wie Nietzsche und Kierkegaard im 19. Jahrhundert durchschritten, prangt nicht mehr das Geld, das Simmel dort noch Anfang des 20. Jahrhunderts verortete. In der Mitte der Matrix steht kein Dollarzeichen, sondern eine Art schwarzes Loch. Die beruhigende Ewigkeit, für die der Christengott einst stand und garantierte, wurde nach seinem Ende zur allesverschlingenden Unendlichkeit, was nur ein anderer Ausdruck ist für das Loch, das sein Sturz in das Dach unseres Hauses gerissen hat. Die Ewigkeit fehlt. Die Sättigung fehlt, die Schwerkraft fehlt. Die Sogwirkung des Unendlichen verzerrt die Gestalt unserer Behausung bis zur Unkenntlichkeit und lässt seine Bewohner ohne Obdach, ohne Schutz und ohne Sinn zurück.

Das Ergebnis der exzessiven Bezifferung und Verwertbarmachung von allem und jedem ist ein psychotischer Verlust von Qualität, Differenz und Gestalt. Die damit einhergehende Unfähigkeit, Wichtiges von Unwichtigem zu unterscheiden, zeigt sich beispielsweise auf vielen Nachrichtenportalen, wo der Tod von 300 Geflüchteten einvernehmlich neben der unentdeckten

Schönheit Grönlands, neben dem unerwarteten Ableben eines kleinen Promihunds, neben dem Zornesausbruch eines Politikers, neben dem Transfer eines Fußballspielers steht, garniert mit einem zunehmend boulevardesken Jargon – auch das ein Zeichen von Grenzen, die mehr und mehr verwischen. Dadurch verstärkt sich auch das Gefühl, dass es letztlich gar nicht mehr um den Inhalt der Nachrichten geht, sondern um ihr unablässiges Strömen. Egal ob *good news* oder *bad news*, Hauptsache News. Hauptsache Aufmerksamkeit. Hauptsache Geld und zugleich Ablenkung davon, wie und womit genau dieses Geld verdient wird.

Die zunehmende Ununterscheidbarkeit von Relevantem und Irrelevantem spiegelt sich auch in der ebenfalls einvernehmlichen Koexistenz von Problem und Lösung. Schon bei oberflächlicher Beschäftigung mit aktuellen gesellschaftlichen Fragestellungen von Pflegenotstand über Kinderbetreuung hin zum Lehrermangel stößt man auf eine Fülle kluger Bücher, beweiskräftiger Studien und redlicher Einzelner, die oft aus der Praxis eines bestimmten Feldes wie der Altenpflege, dem Erziehungswesen oder der Bildungsbranche kommen und wirklich etwas Konkretes, Machbares und Brauchbares zu wünschen, zu hoffen und zu verbessern haben. Es mangelt weder an Kritik noch an Vorschlägen, wie es besser ginge, und es mangelt auch nicht an Menschen, die bereit sind, sich zu engagieren und Verantwortung zu übernehmen.

Es mangelt an *realen* Konsequenzen. Es mangelt an der gesellschaftlichen Möglichkeit von Teilhabe und Einflussnahme bei gleichzeitig anwachsenden politischen Problemen – von Fragen nach Integration und Abgrenzung hin zum Aufkommen nationalistischer Spaltbewegungen. Das wiederum ist genau der Moment, in dem eine generell im Sinne Luhmanns krisenhafte Situation psychotisch und damit dauerhaft unhaltbar wird. Denn letztlich mangelt es an der internen und folgenreichen Selbsthinterfragung, Selbstjustierung und Selbstkorrektur des Systems an sich – und genau dieser Mangel an »Geist«, also an Reflexion und Besinnung, diese *Geisteskrankheit* ist der Kern seiner Pathologie.

Der psychotische Mensch ist »aus dem Haus der Sprache verstoßen«, wie es der Psychoanalytiker Jacques Lacan in seinem Buch *Psychosen* beschreibt; er kann sich nicht symbolisch erfassen, geschweige denn neu oder anders erzählen. Er kann nicht mehr *handeln*. Und doch sagt er eben nicht nichts, sondern alles. Er spricht unablässig von seiner falschen Gewissheit, aber er kann sich weder zu sich noch zu seinem Gegenüber noch zum Gesagten verhalten.

In einer psychotischen Gesellschaft ist es analog dazu die Gesellschaft selbst, die nicht mehr fähig ist, einen Umgang mit sich zu finden, während ständig irgendwelche News auf uns alle einprasseln. Und obwohl fortwährend über alle Arten von Problemen berichtet wird, werden auch hier in Deutschland konkrete Lösungen für oben erwähnte Herausforderungen nicht mehr politisch umgesetzt.

Das *Reale* unseres Lebens und Zusammenlebens wird nicht mehr in Worten und Bildern, in Bedeutung und Sinn eingehegt und ausgedrückt, sondern verdrängt und ausgestoßen. Das betrifft nicht nur das »Andere« unseres Weltbezugs und die dadurch ausgelösten konkreten Lebensbedingungen anderer Menschen in anderen Ländern der Erde, sondern auch den Umgang mit unserer eigenen Lebendigkeit. Deren eigene Realitäten wie Krankheit, Abhängigkeit und Tod mögen zwar in einer erfolgsverrückten Leistungsgesellschaft zunehmend verdrängt werden, lassen sich aber keinesfalls auf Dauer missachten, sondern kehren ebenfalls auf existenzielle Weise beängstigend wieder. Diese fortgesetzte Rückkehr des ignorierten Anderen hat traumatische Qualitäten; sie ist der entzündete und entzündliche Kern einer psychotischen Gesellschaft.

Aus neurologischer Sicht erscheint eine Psychose bekanntlich als Resultat eines stressbedingten Dopaminüberschusses. Ein funktionierender Dopaminhaushalt arbeitet mit Salienzgefällen – Bedeutsames ist »salziger« als zu Vernachlässigendes und kann so leichter wieder abgerufen werden. Das betrifft Erinnerungen ebenso wie Werturteile und Pläne für die Zukunft – nur wer einen Unterschied zwischen den Dingen des Lebens, zwischen sich und der Welt, zwischen dem Notwendigen und dem Möglichen macht, kann seinem Leben selbst eine Richtung geben. Nur wer weiß, wer er ist, zu wem er gehört und was er braucht, ist fähig, sich hier auf der Erde gut einzurichten und mit anderen zusammenzuleben. Bei einer Psychose fällt diese Unterscheidungsfunktion aus. Alles hat die gleiche Salienz, alles bedeutet etwas und nichts zugleich. Dieser neuronale Waldbrand reduziert die komplexe Topographie einer individuellen Existenz auf eine sinnlose Anhäufung. Doch nicht nur die Differenzen innerhalb des eigenen Ichs, sondern auch die grundsätzlichen Unterschiede zwischen Ich und Du, Ich und Welt verschwimmen. Es gibt keinen Abstand, keine Reflexion, keine Distanz. Keinen *Geist*. Das gestaltlose Ich ist zugleich total geworden, der bloßen Tatsache seiner Existenz hilflos ausgeliefert.

Als Äquivalent dieses individuellen Dopaminüberschusses erscheint auf kollektiver Ebene die sinn- und zwecklose Dynamik des Profits, die keine Grenzen kennt. Einerseits macht die Ausbreitung der ökonomischen Sphäre alles gleich beliebig und jede kapitalisierte Einheit kann mit jeder anderen in Beziehung gesetzt und verglichen werden, andererseits verstärken sich soziale Gegensätze zwischen armen und reichen Menschen, zwischen Gewinnern und Verlierern, zwischen denen, die mithalten können, und denen, die das nicht können oder nicht wollen. Marktdenken begünstigt das sogenannte Matthäus-Prinzip, indem es eine spirituelle Formel in ihr ökonomisches Gegenteil verkehrt: »Denn wer da hat, dem wird gegeben, dass er die Fülle habe, wer aber nicht hat, dem wird auch das genommen, was er hat« (Matthäus 25,29).

Doch obwohl jeder Mensch eine einmalige Antwort auf die Frage nach dem Menschen ist und deshalb jedes Leben grundsätzlich den gleichen Wert hat, sind wir Menschen ganz und gar nicht gleich. Weder gleichgestellt noch gleich begabt, weder gleich fleißig noch gleich stark. Eine Gesellschaft lässt sich auch daran bemessen, wie sie mit diesen unvermeidbaren Unterschieden umgeht, die nicht nur zwischen den Einzelnen bestehen, sondern auch zwischen sozialen Gruppen oder den Generationen. So wie der Geist im Sinne Kierkegaards dem Einzelnen dazu dient, seine eigenen Widersprüche durch Reflexion und Besinnung immer wieder neu ins Gleichgewicht zu bringen, dient dieser Geist auch dem Kollektiven zu Balance, Justierung und Korrektur. Eine geisteskranke Gesellschaft verliert diese Vermittlungskompetenz, und nicht nur soziale Gegensätze verstärken sich, sondern Widersprüche aller Art existieren auf immer absurdere Weise nebeneinander: Naturschutz bei gleichzeitiger Naturzerstörung, die Allgegenwart der sozialen Medien bei zunehmender Vereinsamung, ungebremste Beschleunigung bei totaler Stagnation.

Eine psychotische Gesellschaft ist diesen Widersprüchen hilflos ausgeliefert. Die Stimmung, die damit einhergeht, ist existenzielle und zugleich folgenlose Angst, verstanden als Unfähigkeit, das kollektive Identitätsproblem zu lösen und reale Konsequenzen zu ziehen. Nur der Geist kann vermitteln, und nur ein geräumiges kulturelles Haus mit vielen unterschiedlichen Zimmern kann die vielen Differenzen zwischen uns in die ebenso fragwürdige wie notwendige Einheit eines bewohnbaren Lebensraums verwandeln.

Gesellschaftliche Widersprüche werden aber gegenwärtig nicht nur verstärkt, sondern, eben weil sie nicht mehr kollektiv gelöst werden, auf den Einzelnen abgewälzt, der deshalb selbst schuld ist an seiner Lage – besonders, wenn er zu denen gehört, die wenig oder gar nichts haben. Das wiederum ist kaum mehr thematisierbar. Der Übergang von der Disziplinargesellschaft des 19. und frühen 20. Jahrhunderts zu der ab dem späten 20. Jahrhundert vorherrschenden Praxis von Selbstdisziplin und -ausbeutung – »Ich muss« wird zu »Ich will« – verwandelt das komplexe Wechselspiel von Mensch und Welt in eine negative Bilanz zulasten der jeweiligen Ich-AG. Wer es nicht geschafft hat, im Meer der Möglichkeiten sicheres Land zu erreichen, hat sich einfach nicht genug angestrengt.

Doch Leistung ist eben nicht nur eine Frage des Willens, sondern genauso eine der eigenen Ressourcen, des sozialen und kulturellen Kapitals – so wie Erfolg oft unverdient, zufällig und generell ziemlich unberechenbar ist. Ganz davon abgesehen, dass ein Vermögen immer noch leichter wächst als das, was sich ein Mensch, der für seinen Lebensunterhalt arbeiten muss, auf die Seite legen kann. Dieser Verlust an realen Möglichkeiten für den Einzelnen wird kompensiert durch die Unendlichkeit virtueller Möglichkeiten, sich zu erzählen, zu zeigen und zu vergleichen. Wer will schon auf seinen echten Kontostand blicken, wenn es auf Facebook und Instagram und Pinterest auf immer überzeugendere Weise möglich ist, so zu tun, als hätte man Geld? Vor allem, wenn sich die Berichte häufen, dass sich diese virtuellen Kompetenzen durchaus wieder in echtes Geld verwandeln können und auch deutsche Influencer mittlerweile Millionen verdienen.

Jedem seine 15 Minuten Ruhm, ein bisschen Aufmerksamkeit, Bilder wie vom Fotografen. Wen scheren da noch ungerechte Löhne, mangelnde Altersvorsorge und die Verschwendung öffentlicher Gelder? Von den Angelegenheiten derer, die so arm und schwach sind, dass sie diese symbolischen Kompensationen nicht betreiben können, ganz zu schweigen. Nein, es ist schon genug verlangt, man selbst zu sein.

Diesen pragmatischen Egoismus für gut, wahr und gerecht zu halten heißt, zu funktionieren. Gerade bedeutet das, sein ganzes Leben zu objektivieren, zu optimieren und zu vergleichen. Selbstoptimierung ist ein Prozess, bei dem man aus sich heraustritt und auf das eigene Leben, den eigenen Körper, die eigenen Gefühle und Stimmungen wie auf etwas Äußerliches blickt. Man schaut auf sich wie ein Unternehmer auf seine Bilanz und versucht dabei, nicht nur alles in Schuss zu halten, sondern auch auf Linie zu bringen. Ein Produkt ist umso erfolgreicher, je eindeutiger es ist. Desto stärker ist die *Brand*. Denn ob Arbeitsmarkt, Datingmarkt, Gesundheitsmarkt – es zählt die Performance. Der Selbstwert ist zum Marktwert geworden. Und dieser soll, analog zum Profit, gesteigert werden.

Das betrifft natürlich auch den Umgang mit anderen Menschen, bei dem es nicht mehr darum geht, was der Andere ist, sondern was er oder sie für mich tun kann. Oder wie er oder sie wiederum mich beurteilt und einordnet. So wird das Soziale zur Ware und Konkurrenz zum Modus des Zusammenlebens. Permanenter Vergleich ersetzt lebendige Beziehungen. Alle lauern. Alle wollen etwas und jeder ist hungrig.

Marktdenken ist in den letzten Jahren zur Alltäglichkeit geworden. Für viele junge Menschen im Westen sind dieser große, grelle Ausverkauf, diese unendliche Leistungsshow und die totale Abhängigkeit von der Performancebeurteilung durch Andere das natürlich scheinende So-Sein der Welt. Eine Welt, die ihm oder ihr schon von Anfang an klarmacht, dass hier niemand auf ihn oder sie gewartet hat, dass er oder sie schon früh anfangen muss abzuliefern, um überhaupt einen Platz im Leben zu finden. Denn wie wollen diese quasi schon im Kindergarten mit Kompetenzerwerb beschäftigten jungen Menschen anders sehen lernen, anders denken, wo so viel von ihrer Energie aufgebraucht wird von Konsum und Selbstoptimierung und Internet? Wie sollen sie dahinkommen, sich selbst und Andere nicht als *Dinge* zu sehen, wo es doch das ist, was man eben so macht? Und was wiederum bedeutet dieses ökonomisch geprägte Menschenbild nicht nur für ihre eigene, sondern für unsere gemeinsame Zukunft?

AYN RANDS JURASSIC PARK UND DER GEIST DER ÜBERLEGENHEIT

Analog zum neoliberal geprägten Kapitalismus, der in seiner Emulsion, also der Vermischung zweier eigentlich nicht mischbarer Elemente, als neuartiges Hybrid der beiden typischen westlichen Weltanschauungen erscheint, hat auch das daraus hervorgehende Menschenbild hybriden Charakter. Hier werden jedoch nicht Öl und Wasser emulgiert, sondern ein *essenzialisiertes*, alle Bereiche des Lebens und Zusammenlebens umfassendes Marktprinzip vermischt sich mit den immer brutaler werdenden *Existenz*kämpfen derer, die zu schwach, zu verzweifelt oder zu arm sind, in einer ökonomisierten Gesellschaft eine befriedigende Rolle zu spielen. Wobei gerade in dieser seltsamen Mischung aus pseudotranszendenter Markttotalität und radikal irdischem Leistungsdenken die unheimliche Anpassungsfähigkeit dieser historisch gesehen relativ neuen Weltanschauung liegt.

Von Team »Transzendenz« stammt der Glaube an den Einen Markt mit Geld als höchstem Gut und zugleich an die eigenen geistigen Fähigkeiten, besagtes Geld auch zu verdienen. Team »Alles Glück ist irdisch« hingegen steuert auf körperlicher Ebene Dinge wie Durchsetzungsvermögen, Rücksichtslosigkeit und ein robustes Gemüt bei. Das Resultat ist ein Mensch, der keine Mittel scheut, seine eigenen Interessen durchzusetzen, vor allem, weil er sie tatsächlich für berechtigt hält.

Üblicherweise nennen wir diese Lebensform *homo oeconomicus*. Dieser Begriff stammt aus den Wirtschaftswissenschaften und der Spieltheorie und illustriert eine moderne Ausprägung des *homo sapiens*. Diese Selbstbestimmung des Menschen als rein rationales, kalkulierendes und vor allem eigennütziges Tier ist wissenschaftlich schon lange in Frage gestellt. Das betrifft nicht nur die irrationale Seite unserer menschlichen Natur, mit der sich vor allem die Verhaltensökonomie beschäftigt, sondern auch die evolutionsgeschichtliche Tatsache, dass unsere Spezies sich nicht nur durch Konkurrenz, sondern ebenso durch Kooperation weiterentwickelt hat. Doch wir leben nicht in wissenschaftlichen Erkenntnissen, sondern in Geschichten. Der *homo oeconomicus* ist daher nach wie vor der menschgewordene Mythos des Kapitals, er legitimiert die Ökonomisierung der Welt und vollendet sie zugleich in seinem eigenen Dasein. Diesen Helden, den das Geld gebiert, hat niemand schöner, sehnsüchtiger und folgenreicher besungen als die russische Schriftstellerin Ayn Rand. Sie wurde 1905 in Sankt Petersburg geboren und reiste 1925 in die USA, um bis zu ihrem Tod 1982 nie wieder zurückzukehren. Sie verachtete den Kommunismus so glühend, wie es nur denen zusteht, die ihn erlebt haben.

Ihr Hauptwerk *Atlas Shrugged*, auf Deutsch *Der Streik*, erzählt die Geschichte eines zukünftigen Amerikas, in dem sich kommunistische Ideen ausbreiten: »Jeder nach seinen Fähigkeiten, jedem nach seinen Bedürfnissen.« In diesem für Rand tendenziell apokalyptischen Setting folgen wir der Industriellentochter Dagny Taggard, die hinter dem Rücken ihres schwächlichen Bruders die transkontinentale *Taggard*-Eisenbahnlinie führt. Dagny ist klug, stark und diszipliniert. Diese Eigenschaften teilt sie mit den Männern, die ihr begegnen – freie Unternehmer, die nur das verlangen, was ihnen zusteht. Wer mehr leistet, soll auch mehr bekommen. Einige von ihnen haben ihr Geld geerbt, andere haben es sich erarbeitet, und beim Lesen liebt man sie fast so sehr, wie die Autorin sie beim Schreiben geliebt haben muss, diese schneidigen Burschen, edel, tapfer und gut. Rands Helden tragen Namen wie Hank Rearden, Stahlbaron. Francisco d'Anconia, Kupferminenbesitzer. Und John Galt, Erfinder des Generalstreiks. Der Titel des Buches ist dem zugrunde liegenden Gedankenexperiment geschuldet: Was passiert, wenn nicht das Proletariat, sondern die Stützen der Gesellschaft in Streik treten? Dabei darf man jetzt nicht an die höhere Gesellschaft denken, die bei Rand nur in Form verweichlichter Feiglinge und Sozialisten vorkommt, sondern an die echten Geistesleuchten, wagemutige, erfindungsreiche und durchsetzungsstarke Einzelne, die mit ihren Gedanken, Werken und Produkten die Zivilisation voranbringen.

Doch wie kann eine nivellierende Gesellschaft wie Rands kommunistisch angehauchtes Amerika weiterleben ohne diese herausragenden Agenten des Fortschritts? Bezeichnenderweise hat John Galt – Haare wie Kupfer, Augen wie Stahl – einen Motor erfunden, der Energie aus der Atmosphäre zieht, und noch bezeichnender ist es, dass er ihn ungenutzt lässt, weil die verkommene Gesellschaft, die ihre Größten – Rand hatte wie heutige amerikanische Politiker eine Vorliebe für das Wort »*greatness*« – zunehmend steuerlich schröpft und zu regulieren versucht, dieses Wunder nicht verdient hat. Stattdessen macht

Galt sich daran, den unsichtbaren Motor der Gesellschaft auszuschalten: Unternehmer, Denker, Wissenschaftler. Es gelingt ihm nach und nach, alle freien Unternehmer vom Streik zu überzeugen. Und das hat Folgen: Auf den letzten Seiten des Buches gehen in New York die Lichter aus. Die sozialistische Misswirtschaft hat den amerikanischen Kontinent völlig zugrunde gerichtet – und die Regierung und die Menschen sind nun bereit für kompetente Führung, was heißt, dass die Besten endlich wieder ihr Bestes geben können. Und dafür auch gerecht bezahlt werden: »Jeder nach seinen Fähigkeiten, und lass mich in Ruh mit den Bedürfnissen der Unfähigen.« Als John Galt am Ende des Buches seinen Mitstreitern – darunter seine Geliebte Dagny – verkündet, es sei Zeit, in die Gesellschaft zurückzukehren, »erhebt er seine Hand über die verwüstete Erde und malt das Zeichen des Dollars in die Luft«.

Ein paar Seiten Ayn Rand können tatsächlich genau das richtige Gegenmittel zu Lethargie, Bequemlichkeit und Jämmerlichkeit sein. Es ist nicht ganz verkehrt, sich ihre Prosa als eine Art Kokain vorzustellen – sie bläht das Ego auf und macht Weltherrschaft sexy. *Atlas Shrugged* ist weniger ein Roman als Rands philosophisches Vermächtnis: Rationalität, Individualität, Freiheit, verwirklicht in einem grenzenlosen Kapitalismus. Dazu gehören der Glaube an sich und die eigenen Fähigkeiten, an die Vernunft, den Willen und eiserne Entschlossenheit. An harte Arbeit, Disziplin, Erfindergeist und natürlich und vor allem an das Geld als Ausweis des eigenen Wertes. Hier haben alle Reichen es wirklich verdient, reich zu sein. Und vor allem ist es ihnen fast egal, denn sie wollen letztlich einfach nur tätig sein, Verantwortung übernehmen und die Welt voranbringen.

Rand hat mittlerweile weltweit über 20 Millionen Bücher verkauft. Ihre Philosophie, die das *Ayn Rand Institute* in Kalifornien weiterhin vertritt und fördert, heißt »Objektivismus«. Diese naturalistische Position geht davon aus, dass die Realität unabhängig von unserer Beobachtung existiert, wir sie aber mittels unserer Vernunft exakt wahrnehmen können. Rands Helden besitzen deshalb alle eine extreme Klarheit. Und es gelingt ihnen fast immer, aus dem Wahrgenommenen die richtigen Schlüsse sowie die notwendigen Konsequenzen zu ziehen. Auch die »objektivistische« Ethik ist klar: Eigennutz. Der Starke soll stark sein dürfen, nieder mit dem faulen Pack. Was durchaus verständlich ist nach Rands eigener Erfahrung mit Kollektivität und Sozialismus: Ich will endlich für mich leben und ich *kann* es auch, weil ich schlau, fleißig und begabt bin.

Aus dieser Perspektive erscheint das Marktdenken wie die Rache der Intelligenten an den politischen Ideologien der Welt. Auch Rand glaubt an einen *Laissez-faire*-Kapitalismus als gerechte und vernünftige Wirtschaftsform. Weg mit Steuern, Bürokratie und sozialer Sicherheit. Freiheit für den Einzelnen, Freiheit für den Unternehmer. Natürlich hängt das alles miteinander zusammen. Weil die Welt objektiv ist, können wir sie mit der Vernunft erkennen, weil wir der Vernunft folgen, vertreten wir unsere eigenen Interessen, weil wir dazu frei sein müssen, darf auch der Staat sich so wenig wie möglich in die Freiheit des Einzelnen einmischen. Das Lied haben schon Milton Friedman und die Chicago School angestimmt. Doch Rand haucht diesem Denken Leben ein, macht es nachvollziehbar, glaubwürdig und erstrebenswert. Was aber sind ihre Figuren eigentlich für Menschen? Wie blicken sie auf die Welt? Welche Antwort geben sie auf die Tatsache unseres Hierseins?

Dagny Taggard had no time to feel. Dieser Satz fällt ziemlich am Anfang und er setzt den Ton für alles Weitere. Rands Figuren sind emotionslos, kompetent und kontrolliert. Sie wissen, was das Beste ist, und mehr noch, dass sie selbst die Besten sind, nicht qua Geburt oder Stand, sondern allein durch Leistung. Sie erkennen die Welt, sie wissen, was zu tun ist, und sie tun es auch, Heroen der »instrumentellen Vernunft«. Mit diesem Begriff bezeichnete der Sozialphilosoph Max Horkheimer den einseitigen, sprich rein technisch-rationalen Gebrauch unserer geistigen Fähigkeiten. Schon Kant hat »Vernunft« und »Verstand« unterschieden, wobei man »Vernunft« – griechisch *nous* – als unseren angeborenen Sinn fürs Ganze bezeichnen könnte und den »Verstand« als Vereinzelungs- und Fokussierungskompetenz. Fehlt Letzterem allerdings der vernünftige Rückbezug aufs Ganze, sprich die Besinnung, ist das Denken nicht mehr umfassend und mitseiend, sondern Mittel zum Zweck: die ignorante und rücksichtslose Durchsetzung der eigenen Interessen.

Ayn Rand beschreibt also keine besonnene, sondern eine instrumentelle Vernunft und damit zugleich einen Verstand, der sich niemals irrt, geschweige denn sich vernünftig zweifelnd gegen sich selbst wendet. Für sie ist das kein Problem, sondern eine Tugend. Sie hat die Überschriften der drei Teile von *Atlas Shrugged* mit Prinzipien aus der aristotelischen Logik überschrieben, der wir im ersten Teil dieses Buches bereits begegnet sind: *Non-Contradiction. Either-Or. A is A.* Widerspruchsfreiheit. Entweder-oder. A ist A. Dass jeder Mensch zugleich B und vielleicht auch X ist, hat in diesem Denken keinen Platz, ebenso wenig wie unbeantwortbare Fragen, Überraschungen oder Mehrdeutigkeit. Bei ihr wissen alle ganz genau, wer sie sind und was sie zu tun haben, sie sind sich und einander transparent und handeln entsprechend. Wie beeindruckend. Wie unrealistisch. Der Mensch ist vielstimmig, schwankend, unfertig, intransparent und geheimnisvoll. Rationalität ohne Irrationalität gibt es nicht. Und deshalb ist auch der *homo oeconomicus* nichts als eine brauchbare, aber trügerische Phantasie. Oder etwa doch nicht?

Was wäre wohl seine Gestalt, wenn er zum Leben erweckt wird? Ich musste beim Lesen von *Atlas Shrugged* an einen Tyrannosaurus Rex denken, mit diesem riesigen Schädel, die Welt als Beute, das Medium ist der Blick. Keine Berührung, keine Wärme, keine Zärtlichkeit, die kleinen Hände hängen nutzlos herab. Die kräftigen Beine, der muskulöse Schwanz und die gewaltigen Kiefer, gemacht, die Welt zu zerbeißen. Man mag Rands Helden trotzdem. Hank Reardens stoische Miene, Francisco d'Anconias jugendliche Weisheit, John Galts unauslöschliches Feuer. Und natürlich Dagny Taggard, diese begabte, tapfere und zielstrebige Frau, die nach ihren eigenen Prinzipien lebt. Bis zur Selbstaufgabe. Denn Rücksicht wird weder erwartet noch gefordert. Das betrifft auch und vor allem den Umgang mit sich selbst. Woraus sich zwangsläufig die Frage ergibt, ob diese verfeinerte Brutalität, dieser exquisite Eigennutz keine legitime Antwort auf den leeren Himmel und die Kürze des Lebens sind?

Natürlich. Und das ist Teil des Problems. Rands liberales Denken steckt voller Annahmen, denen man zustimmen muss – der Glaube daran, dass ein jeder, unabhängig von Kultur, Familie, Religion und Geschlecht, allein durch Können, Zielstrebigkeit und Fleiß einen Platz in der Gesellschaft findet, dass Leistung sich lohnen und man sich anstrengen muss, um es im Leben zu etwas zu bringen. Nur kippt dieser so natürlich scheinende Zusammenhang schon seit längerem, und selbst diejenigen, die bereit sind, alles zu geben und alles richtig zu machen, müssen um ihren Platz in der Gesellschaft fürchten. Das wiederum ist genau das gebrochene Versprechen des Liberalismus, auf das wir später noch zu sprechen kommen. Aber auch bei Rand selbst zeigt sich, dass Talent, Entschlossenheit und Anstrengung noch lange keine Garantie für verdienten Erfolg und Anerkennung sind. Natürlich setzen sich ihre Helden durch, werden ihr Mut und ihre Hingabe jenseits aller Fragen der Herkunft belohnt. Dagny Taggard und Francisco d'Anconia sind Erben, während Hank Rearden und John Galt aus einfachen Familien kommen und sich hochgearbeitet haben. Hell strahlt das Licht des Geistes bei all denen, die es verdient haben, geliebt zu werden. Doch was ist mit den anderen?

Die interessanteste Figur von *Atlas Shrugged* ist Eddie Willers, die rechte Hand von Dagny Taggard. Sie sind zusammen aufgewachsen, seine Familie hat schon seit Generationen für die ihre gearbeitet. Er teilt Dagnys Haltung, ihre Visionen und Träume, und er hält ihr bei *Taggard Transcontinental* den Rücken frei. Eddie Willers macht alles richtig, und er gibt sein Allerbestes. Nur ist das Beste manchmal nicht gut genug. Eddie ist einfach ein bisschen farblos, Trabant statt strahlende Sonne. Im Lauf des Buches erfährt Dagny von John Galts Plänen für einen Generalstreik und wird eingeführt in den Zusammenschluss derer, die sich als Motor der Welt begreifen und in ein verstecktes Bergtal zurückgezogen haben. Dort steht ein goldenes Dollarzeichen als riesige Statue. Jeder zahlt für alles selbst, weil so jeder von seinen Fähigkeiten und denen der anderen profitiert. Natürlich wird Dagny diesbezüglich zur Verschwiegenheit verpflichtet und man kann verstehen, dass sie Eddie nichts davon erzählt. Andererseits kann man es auch nicht verstehen, denn als alles zusammenbricht, wird er von ihr alleingelassen.

Am Ende sitzt er in einem verlassenen Abteil eines nutzlos gewordenen *Taggard*-Zuges und beschwört den Geist seiner Chefin: »*Dagny, in the name of the best of us.*« Niemals hört er auf, an sie und ihre Vision zu glauben. Nur zum Gedanken, selbst Chef zu sein, ist er einfach nicht fähig. Deshalb ist es

Rands Logik zufolge auch nur fair, dass er niemals in den Club der Leuchtenden eingeladen wurde. Nachdem die Verschwörer zurückgekommen sein werden, wie es am Ende des Buches angedeutet wird, wird er wieder froh und glücklich an Dagnys Seite arbeiten. Oder genauer: unter ihr. Die Welt ist wieder in Ordnung, alle an ihrem Platz.

Rands Buch wirkt auf den ersten Blick gerecht und egalitär, teilt sie doch das liberale Credo, dass jeder es unabhängig von seiner Herkunft zu etwas bringen kann. Doch die Herrschaft der Intelligenten und Fähigen ist auf ihre eigene Weise kalt und erbarmungslos. Freundschaft, Loyalität, Verbindlichkeit schuldet man nur sich selbst. Die beeindruckenden Protagonisten verdecken das, worum es bei Rand wirklich geht: eine radikale Verachtung für alle Formen von Abhängigkeit und Schwäche. Für diejenigen, die nicht fähig sind, Leistung zu bringen, für die Bedürftigen und natürlich für die Faulen, Nutzlosen und Willensschwachen. Das kennen wir auch von der populären Auslegung von Adam Smiths bis hin zu Milton Friedmans Werken – der Markt ist keine Wohlfahrtseinrichtung.

Doch Rand macht Egoismus verführerisch, vor allem, weil ihre Helden nicht für sich selbst, sondern für ihre Visionen arbeiten. Sie wollen die Gesellschaft bereichern, gestalten und voranbringen und gut dafür bezahlt werden, woran erst einmal nichts Verwerfliches ist. Verwerflich ist der Umgang mit den Schwachen, das Schicksal derer, die sich zwar anstrengen, aber wie Eddie Willers einfach nicht begabt, interessant oder durchsetzungsstark genug sind. Widerwärtig sind die Verhöhnung des Sozialen und die Verneinung unserer wechselseitigen Abhängigkeit. Und gefährlich ist eine Welt, die auf dem aristotelischen Prinzip der Widerspruchsfreiheit aufgebaut ist und keinen Platz hat für die Tatsache, dass wir alle stark und zugleich verletzlich sind, dass wir uns durchsetzen und zugleich aufeinander Rücksicht nehmen müssen, dass wir also komplex, widersprüchlich und keinesfalls eindimensional sind.

Mit ihren sexy Sauriern porträtiert Rand nicht nur das vorherrschende Menschenbild des Neoliberalismus, sondern macht zugleich deutlich, was dabei auf der Strecke bleibt. Wesentlich klarer und zugänglicher als in ökonomischen Theorien zeigt sich in ihrem Werk der unmenschliche Kern des Ganzen: Nur die Besten und Stärksten überleben, weil nur sie es *verdient* haben.

Doch zugleich ist Rand eine ebenso unerwartete wie überzeugende Anwältin menschlicher Selbstbestimmung. Man sollte ihre *men and women of steel* nicht nur als bloßen Begabten-Faschismus deklassieren. In Rands Beschwörung menschlicher Größe liegt auch ein Aufruf zum bewussten Menschsein, der wie ein Laserstrahl durch Lethargie und Ohnmacht schneidet. In ihr liegt der Glaube, dass der Mensch fähig ist, sich auf Erden einzurichten, sich über die Verhältnisse zu erheben, seine Zukunft zu gestalten und die Welt mit Kunst, Technik und Innovation, neuen Geschichten und Schönheit zu bereichern. Die erhabensten Dinge haben die Menschen bisher für Gott gebaut, aber langsam wird es Zeit, dass wir uns füreinander anstrengen. Und das ist vielleicht die weitreichendste Folge der immer umfassender werdenden Selbstbezüglichkeit: Wer nur für sich lebt, ist durch ebendieses Selbst begrenzt, doch wer etwas für andere tut, kann dadurch auch die eigenen Grenzen erweitern.

Hier unterscheidet sich meine Vision ganz deutlich von Rands Reptilienpark, denn wir sind alle gemeinsam hier, jeder Einzelne ist notwendig, sinnvoll und unersetzlich. Niemand weiß immer genau, was er tun soll, geschweige denn, dass er oder sie immer das Richtige tut. Deshalb braucht es mehr Raum für Fragen als für Antworten. Doch die lässige Selbstgewissheit von Rands Helden ist nicht nur für uns als Menschheit, die sich großen globalen Herausforderungen gegenübersieht, sondern auch für den Einzelnen fruchtbar. Sein Leben zu fordern heißt, sein Leben zu wollen, sich anzustrengen und sich durchzusetzen. Und so singen wir alle gemeinsam: *The raptor in you is the raptor in me.*

Während der Liberalismus jedoch die Freiheit des Einzelnen fordert und fördert, zählt heute nur noch dessen Leistung. Auch Rands Philosophie ist letztlich nicht liberal, sondern neoliberal. Und obwohl der Glaube, dass freie Menschen freie Märkte brauchen, innerhalb bestimmter Wertsphären ebenso plausibel wie notwendig ist, muss im Umkehrschluss doch festgestellt werden, dass allzu freie Märkte nicht freie, sondern verzweifelte Subjekte und eine psychotische Gesellschaft befördern. In einer vollständig ökonomisierten Welt darf der Einzelne nicht mehr frei sein, er muss. Wenn man die Ausbreitung von Marktdenken und -glauben als postideologische Ideologie versteht, als gesellschaftliches Organisationsprinzip jenseits von Staat, Religion und Kultur, bleibt nichts als elitäre Überlegenheit. Der Starke gewinnt, der Schwache verliert. Und ist natürlich selbst schuld.

Die raubtierhafte Überlegenheit von Rands kaltherzigen Könnern zeigt sich in unserer Gegenwart vordergründig noch wesentlich schmuckloser: als saublöde Protzerei. Im Zeitalter digitaler Selbstdarstellung ist das Haben, Zeigen und Genießen von Reichtum zu einer stillosen Angelegenheit verkommen – bei der man sich trotzdem gerne beobachten lässt. Auf YouTube boomen Dokumentationen über eine neue Subspezies: die *super-rich*. Menschen mit drei bis zehn Millionen Dollar Privatvermögen werden heute als *middle class rich* bezeichnet –

das reicht eben hinten und vorne nicht für Personal, Privatjet und Zweityacht. Ab 50 Millionen, besser aber 100 Millionen ist man dabei im exklusiven Club. Diejenigen, die nicht geerbt haben, haben in den meisten Fällen ihr Geld mit anderer Leute Geld gemacht. Sie leben vom Geld und nicht von der Arbeit: Banker, Hedgefondsmanager, Investmentberater. Immobilienhändler, Unternehmer, Topmanager. Nette Menschen, die sich gerne filmen lassen, manche sehr bodenständig und in Sorge um die Kinder, einige mit Zwölf-Stunden-Arbeitstagen.

Wenn über sie berichtet wird, fällt immer wieder der Satz: »Was für uns normale Menschen Luxus ist, ist für sie einfach nur (unterster) Standard.« Was dann gezeigt wird, ist so glänzend wie geistlos: Autos, Jets, Zimmerfluchten, Pferde, Yachten, die obligatorische Kunstsammlung, der spektakuläre Blick, der Pool, das Heimkino, der begehbare Kleiderschrank mit den farbsortierten Schuhen, Taschen, Designerkleidern. Die Bäder im Fünf-Sterne-Standard, das Funkeln der goldenen Armaturen, die weißen Handtücher und Betttücher und natürlich die wichtigsten aller Accessoires: der eigene Körper, der Partner und die Kinder. Alles in einer Atmosphäre höflicher Beflissenheit, kontrastiert von gesundem Stolz – viele haben sich diesen Lifestyle ja auch hart erarbeitet. Das Ganze hat nichtsdestotrotz die existenzielle Tiefe eines Kindergeburtstags, wenn überhaupt. Es ist nicht mal irgendwie aufregend oder verkommen, obwohl junge Russen und Chinesen und sonstige *rich kids of Instagram* immer wieder versuchen, aus einer oder 20 Magnumflaschen Champagner noch den Geist des Exzesses heraufzubeschwören. Es gelingt nicht. Vielmehr ist die Selbstdarstellung der Reichen und Superreichen im 21. Jahrhundert so dermaßen öde und banal, dass man sich fast fragen muss, ob hier eine Art Verschwörung im Gang ist: »Seht alle her, wir haben wirklich nichts zu verbergen.«

Aber das stimmt eben nicht. Es macht etwas aus, ob man Gläser poliert oder aus ihnen trinkt, ob man Befehle befolgt oder Befehle gibt, ob man Schlösser besitzt oder welche besichtigt. Es macht etwas aus, ob man von seiner Arbeit leben muss – bei unveränderten Löhnen und gestiegenen Lebenshaltungskosten – oder von seinem Geld leben kann bei immer ausgefeilteren Investmentmöglichkeiten.

Und die *super-rich* werden mehr. Im Jahr 2015 gab es laut *Forbes* 1826 Milliardäre. Für die Selbstinszenierung der Protagonisten vom *The Fabulous Life of Filthy Rich Billionaires* und wie sie alle heißen hätte Rand jedoch nur Verachtung übrig. In *Atlas Shrugged* gibt es sehnsüchtige Schilderungen von altem Reichtum, von Diskretion, gedämpfter Lautstärke, feinstem Tuch und erlesenster Qualität. Und obwohl ihre Helden den Reichtum zu genießen wissen, ist er ihnen nicht wirklich wichtig, ist er nur Ausweis ihres inneren Reichtums, ihrer Überlegenheit und ihres Willens zur Macht. Aber auch die ebenso glatt wie harmlos wirkenden Selbstinszenierungen der heutigen Reichen verdecken nur das, was dahintersteckt: den Willen zum Status quo. Auch wenn sich die neuen Reichen zum *Daten* als arme Schlucker verkleiden, wenn sich der Chef mal unter die Belegschaft mischt oder gar mehrere soziale Schranken übersprungen werden, weil jemand wie Paris Hilton zum Sozialdienst antritt, darf die dahinterliegende Ordnung der Dinge niemals hinterfragt werden.

Doch auch dieser Gedanke ist zu einfach. Es wird hinterfragt und hingeschaut und es werden Schlussfolgerungen gezogen. Zum Beispiel von dem französischen Wirtschaftswissenschaftler Thomas Piketty in seinem 2014 erschienenen Buch *Das Kapital im 21. Jahrhundert*. Seine Kernthese lautet, dass die Kapitalrendite, also das durch vorhandenes Geld verdiente Geld, größer ist als das Wirtschaftswachstum, was bedeutet, dass die Löhne in wesentlich geringerem Maße steigen als die Renditen. Oder von dem amerikanischen Ethnologen David Graeber, der in seinem 2012 erschienenen Buch *Schulden. Die ersten 5000 Jahre* unter anderem das Prinzip der notwendigen Rückzahlung von Schulden hinterfragt. Was wäre, wenn die modernen Nationalstaaten sich an ihre Souveränität erinnerten und einfach beschließen würden, ihre Schulden nicht mehr zu begleichen?

Piketty und Graeber wurden von dem britischen Journalisten und Filmemacher Jacques Peretti für seine 2015 erschienene BBC-Dokumentation *The Super-Rich and Us* interviewt. Im Kern dieses Zweiteilers steht das gebrochene Versprechen der Liberalisierung, nämlich dass es eben nicht mehr reicht, sich einfach anzustrengen, und dass man mittlerweile Geld braucht, um welches zu verdienen. Das war so nicht abgemacht. Die damalige britische Premierministerin Margaret Thatcher, die einem von Rands Texten entstiegen zu sein scheint und eine wesentliche Rolle bei der Neoliberalisierung Europas spielte, sagte Anfang 1980 in ihrem ersten Fernsehinterview über ihre politische Vision eines neuen Großbritannien einen Satz, der direkt aus *Atlas Shrugged* hätte kommen können: »A society which enables the able to earn more.« Eine Gesellschaft, welche die Fähigen befähigt, mehr zu verdienen. Eine neue, eine bessere Gesellschaft also, die jenseits aller politischen Ideologie, jenseits von Herkunft, Religion und Geschlecht endlich nur das reine Talent und Können, den Fleiß, den Willen und die Durchsetzungskraft belohnt.

Das ist die zugleich richtige und falsche Essenz liberalen Denkens und seiner neoliberalen Konkretion. Denn obwohl Intelligenz und Einsatz belohnt werden sollen, ist es doch eine sehr einseitige Überlegenheit, die letztlich von einem neoliberal geprägten Gesamtsystem gefordert und gefördert wird –

kalte Intelligenz, nützlichkeitsorientiertes Talent und oft genug auch selbstausbeuterischer Fleiß. Von der Ausbeutung der Anderen ganz zu schweigen. Der stählerne Saurier kennt keine Gnade, kein Mitgefühl und keine Solidarität. Als der Interviewer bei Thatcher nachfragt, ob diese neue Ausrichtung nicht ungerecht sei, ob sich gesellschaftliche Unterschiede dadurch nicht extrem verschärfen würden, antwortet sie: »If opportunity and talent is unequally distributed then allowing people to exercise that talent and opportunity means more inequality, but it means you drag up the poor people because there are the resources to do so.« Wenn Gelegenheit und Begabung ungleich verteilt sind, bedeutet die Befähigung der Fähigen natürlich mehr Ungleichheit, aber es nützt letztlich auch den armen Leuten, weil es zugleich mehr Ressourcen für alle gibt. Das klingt gut. Aber es stimmt nicht.

35 Jahre später sind die Reichen reicher geworden und die Armen ärmer. Die Flut hebt doch nicht alle Boote, sondern meistens nur die, die schon auf dem Wasser sind. Laut einer 2017 veröffentlichten Studie von Oxfam besitzen acht Individuen – darunter Bill Gates, Microsoft, Amancio Ortega, Zara Fashion, Mark Zuckerberg, Facebook – zusammen so viel Geld wie die ärmsten 50 Prozent der Weltbevölkerung. Auch in Deutschland besitzen 45 Superreiche so viel wie die Hälfte der restlichen Bevölkerung zusammen, wie eine 2018 veröffentlichte Studie des Deutschen Instituts für Wirtschaftsforschung ermittelte.

Peretti besuchte seinerseits die Reichen in London – Großbritannien ist seit 1988 ebenso wie Irland und Malta eine Steueroase für superreiche Immigranten, die unabhängig von ihrem sogenannten *net worth*, also ihrem Reinvermögen, pro Jahr nur zwischen 30 000 und 90 000 Pfund Steuern zahlen müssen. Das, so bemerkt ein Protagonist, sei ungefähr so viel, wie man in diesen Kreisen für einen Kindergeburtstag oder eine anständige Sause ausgebe. Das übrige Geld – gerade kommt es meist aus Russland, China oder dem Mittleren Osten – stecken die *super-rich* lieber in Grundbesitz. In London werden 70 Prozent aller neu auf den Markt kommenden Immobilien an ausländische Investoren verkauft. In den letzten 30 Jahren hat sich die britische Gesellschaft von einer Hausbesitzergesellschaft zu einer Mietergesellschaft gewandelt – wobei das neueste Geschäftsmodell der Reichen im Erwerb lukrativer Mietshäuser besteht.

Wie soll ein junger Mensch, der von einer Arbeit lebt, deren Bezahlung seit Jahren stagniert, beim Wohnungskauf mit jemandem konkurrieren, der Millionen zur Verfügung hat? Und weil die *super-rich* auch untereinander um die beste Lage und die schönste Aussicht wetteifern, steigen die Preise einfach weiter, analog zu ihren Vermögen. In dieser Situation ist es dann auch schon egal, wenn dieser junge Mensch, der von seiner Arbeit leben muss, unglaublich talentiert und fleißig und entschlossen wäre. Denn in diesem Spiel hat er schon von vornherein verloren. Vor allem, wenn er etwas anderes machen möchte, als in der Finanz- oder Immobilienbranche zu arbeiten.

Wie soll es also weitergehen? In Perettis Dokumentation fällt an einer Stelle das Wort *Hunger Games*, der Titel der prominent verfilmten Romantrilogie von Suzanne Collins, in Deutschland *Die Tribute von Panem* genannt. Darin müssen Repräsentanten der armen Landbevölkerung zur Erheiterung der reichen Hauptstadtbevölkerung in einem tödlichen Wettstreit ums Überleben kämpfen. Thomas Piketty stellt fest, dass ein von solchen massiven Ungleichheiten geprägtes System eigentlich nur zwei Möglichkeiten habe: Revolution und Umverteilung oder Erstarrung zum Polizeistaat. Aus dieser Perspektive bekommt die immer umfassendere Überwachung gleich einen etwas anderen Beigeschmack, besteht doch die Rolle des Staates in einer ökonomisierten Gesellschaft hauptsächlich in der Sicherung von Zahlungsvereinbarungen und Eigentumsrechten. Da ist die Sicherheit derer, die für sie auch gut bezahlen können, nur ein paar Gedanken weiter, und dann wären wir langsam wirklich bei den dystopischen Filmen und Serien, mit denen die Filmindustrie gerade ihre Umsätze macht.

Zurück zum Kommunismus will allerdings auch niemand. Piketty würde Thatcher sogar zustimmen, dass ein gewisses Maß an gesellschaftlicher Ungleichheit produktiv sei, weil Wettbewerb im liberalen Sinn Innovation, Entwicklung und soziale Mobilität befördert. Ganz zu schweigen davon, dass die Wurzeln des Marktes selbst in der Arbeitsteilung liegen, im Tausch und Austausch sozialer und materieller Ressourcen. Dieses im umfassenden Sinne vernünftige Denken existiert, die nötigen Schlussfolgerungen sind gezogen. Allein die Konsequenzen bleiben aus. Das liegt nicht nur an der krisenhaften Ausbreitung der ökonomischen Sphäre und der damit einhergehenden Konzentration wirtschaftlicher Macht in den Händen weniger, sondern berührt den Kern der psychotischen Gesellschaft: den kollektiven Realitätsverlust.

JENSEITS VON RAUM UND ZEIT, HINEIN IN DIE UNENDLICHKEIT

Wie und wodurch ist uns aber die Realität des Lebens abhandengekommen? Diese Frage lässt sich aus verschiedenen Blickwinkeln beantworten, von der Einseitigkeit des westlichen Weltbezugs hin zu dem noch wesentlich einseitigeren Marktdenken. Doch vor allem ist in der dem Marktdenken zugrunde liegenden Logik des Profits eine unausweichliche Potenzierung eingebaut, denn Gewinn kann man nie genug machen. Diese mittlerweile schier allumfassend gewordene Verankerung im unendlichen und zugleich ortlosen *Mehr* löst nach und nach die tragenden Strukturen unseres gemeinsamen Hauses, wobei die damit verbundene scheinbare Aufhebung der existenziellen Schwerkraft eine Weile funktioniert. Aber nicht auf Dauer. Denn die Sogwirkung des Unendlichen beschleunigt alle Prozesse so lange, bis sie ihre Gestalt und damit auch ihren für uns Menschen fassbaren Sinn verlieren.

Zu dieser fortwährenden Erosion unserer Behausung kommt die Tatsache, dass so etwas Umfassendes wie Sinn sich nicht künstlich *herstellen* lässt, sondern sich – langsam – nachträgt, sich also *einstellt*. Wie der Soziologe Hartmut Rosa in seinem 2013 erschienenen Buch *Beschleunigung und Entfremdung* ausführt, ist das Medium Sinn angesichts der allgemeinen Beschleunigung schlicht zu langsam. Der Einzelne hat nicht mehr die Zeit, sein Leben zu hinterfragen, zu erzählen und zu gestalten, weil er zu beschäftigt damit ist, die in ihm kontinuierlich auftretenden Anforderungen zu erfüllen. Ebenso mangelt es einer ökonomisierten und auf stetigem Wachstum beruhenden Gesellschaft an Freiräumen für Besinnung, Reflexion, Korrektur und damit an der Möglichkeit, die Angelegenheiten des Zusammenlebens bewusst wahrzunehmen, zu ordnen und zu gewichten. Das Gegenstück zu Beschleunigung ist Entschleunigung, doch wo das eine alles Maß verliert, muss auch das andere aus dem Takt geraten. Das individuelle Entschleunigen mit Yoga, Wellness, Achtsamkeit kann sowohl Ablenkung von sich als auch Rückkehr zu sich bedeuten, aber das, was Rosa »strukturelle und kulturelle Erstarrung« nennt, illustriert bestens kollektive psychotische Phänomene wie die Normalität der Krise, folgenlose Kritik und die Problematik struktureller Selbstjustierung.

Wir drehen uns um uns selbst, weil wir den Kontakt zum Ganzen verloren haben und deshalb nicht mehr wissen, wo wir innerhalb des Lebensganzen stehen und was unsere realen Möglichkeiten und Grenzen sind. Wir sind nicht mehr *geerdet*. Das, woran es deshalb mangelt, ist die Qualität, die Sättigung, die allein in der Rückbesinnung auf die wechselhafte Dauer des Lebens, unsere *Endlichkeit* und seine *Ewigkeit* zu finden ist. Diese ist zeitlose Gegenwart und eine Art von Ruhe, die sich nur innerlich begreifen lässt, so wie man nach einem guten Essen oder einem tiefen Gespräch einfach spürt, dass man satt ist. Die Logik des Profits hingegen hat keine natürliche Grenze. An dieser empfindlichen Stelle kippt die verbindende und befreiende Kraft des Marktes in eine unheilige Gefräßigkeit, die uns vereinzelt und versklavt und sich damit nicht nur gegen unsere kollektiven Interessen, sondern mittlerweile auch gegen das Leben selbst wendet.

Diese Abkehr unserer Kultur von der Realität des Lebens hat sich, angetrieben durch marktbefreiende Ereignisse wie die Aufgabe eines internationalen Währungsabkommens – nach seinem Entstehungsort »Bretton-Woods-System« genannt –, inklusive der Abkehr vom Goldstandard in den 70er-Jahren oder der Digitalisierung des Börsenhandels seit den 80er-Jahren des letzten Jahrhunderts, beschleunigt und potenziert. Und obwohl es danach rasend weiterging, stammen die hellsichtigsten Analysen unseres kollektiven Wirklichkeitsverlusts aus genau dieser Zeit.

Denken ist immer auch eine Verbeugung vor dem bereits Gedachten, und ohne postmoderne Philosophen wie Jean Baudrillard, Paul Virilio und Jean-François Lyotard wären heutige kritische Positionen entwurzelt und unfruchtbar. Baudrillard beispielsweise verdanken wir eine luzide Beschreibung des kollektiven Schwerkraftverlusts, der grob gesagt in den späten

1970er-Jahren seinen Anfang nahm und, ebenfalls grob gesagt, seit den späten 1990ern, unter anderem durch das Internet, so richtig Fahrt aufgenommen hat. Um diese Entwicklung nachzuzeichnen, spricht Baudrillard in seinem 1982 erschienenen Buch *Der symbolische Tausch und der Tod* von drei Ordnungen des Zeichengebrauchs. Jede Ordnung steht für ein bestimmtes Verhältnis von Welt und Haus. Der Begriff »Zeichen« verweist dabei auf alle Arten von Wörtern, Bildern und Symbolen, die wir benutzen, um das »Draußen« abzubilden und zu erfassen.

Die erste Ordnung beschreibt den Zeitraum zwischen Renaissance und industrieller Revolution. In ihr imitierten die Menschen die vorgefundene Natur, so wie eine Landkarte eine Landschaft nachbildet. Die zweite Ordnung beginnt mit der Industrialisierung und beschreibt die damit aufkommende Möglichkeit, Vorhandenes exakt zu kopieren wie im Fall von Fließbandware. Es geht also von der »Imitation« zur »Produktion«, um dann – und das ist die dritte Ordnung – zur »Simulation« zu werden.

Während man vor der industriellen Revolution Porträts von Menschen malte, war die analoge Fotografie das Medium des produktiven Zeitalters und das erst retuschierte und später auch digital bearbeitete Bild entspricht dem Zeitalter der »Simulation«, dessen Anfänge Baudrillard in den 1970er-Jahren verortet. Während diese Epoche immer noch andauert, ist unsere Gegenwart zusätzlich dadurch gekennzeichnet, dass alle vorhergegangenen Weltbezüge und Medien ebenfalls präsent sind. Es werden nicht nur weiterhin Porträts angefertigt und ausgestellt, sondern auch die analoge Fotografie ist, ebenso wie die Vinyl-Schallplatte oder der Polaroid-Film, gerade wieder ziemlich modern.

Die mit dem Übergang zur Simulation verbundene kulturelle Abkehr von allem natürlich Gegebenen verbindet sich mit einer inneren Abkehr von allem Ewigen, Gültigen und Dauernden nach dem Tod unseres selbstgeschaffenen Gottes. Doch dort, wo einst der alte weiße Mann im Himmel *thronte* und dabei alles, was ist, zugleich *begründete*, bleibt ein Loch zurück. Nach dem Verlust Gottes fehlt dieser entfernteste und zugleich konkreteste Grund, und aus dem Loch pfeift uns das kalte Nichts entgegen. Denn auch die Zeichen und Bilder sind entwurzelt; übrig bleibt ein sinn- und gestaltloser Reigen von Tauschbeziehungen: Zeichen beziehen sich nicht mehr auf Reales, sondern nur noch auf andere Zeichen. Die dadurch entstandenen Einheiten – Baudrillard nennt sie »Simulakren« – stabilisieren sich gegenseitig zu einer ebenso bruchlosen wie beliebigen »Hyperrealität«. In ihr ist alles sag- und darstellbar, aber nichts bedeutet mehr wirklich etwas. Diese psychotische Verflüssigung des Sinns steht im Kern des kollektiven Realitätsverlusts, denn die Simulakren eröffnen ganz neue Formen, über sich, sein Leben und seine Taten zu lügen.

Soziale Medien leben von dieser Lüge, und obwohl alle wissen, dass niemand so gut aussieht und so viele besondere Dinge erlebt, werden diese geschönten Bilder doch langsam zu einem neuen Standard, an dem sich das eigene kleine Leben zu messen hat. Dabei bringt Instagram zugleich den Gegentrend des Pseudo-Authentischen hervor, bei dem sich beispielsweise berühmte Influencer, Schauspielerinnen oder sonstige Promis in ungünstigen Posen mit Speckröllchen oder Pickeln zeigen. Dabei ist jedoch nicht mehr die Wahrheit unseres ebenso einmaligen wie unperfekten Körpers die Bezugsgröße, sondern die falsche Authentizität bezieht sich auf die digital bearbeitete, also überhöhte Wirklichkeit der sozialen Medien, die man dadurch zugleich aufdeckt und affirmiert.

Aber nicht nur das individuelle Leben verwandelt sich im Zeitalter der Simulation in einen falschen Film, sondern auch das kollektive Verständnis von Objektivität und Wahrheit geht den Bach hinunter. Im Kontext einer Hyperrealität sind Worte, Fakten und Tatsachen nicht mehr wahr, weil sie mit dem, was ist, korrespondieren, sondern weil irgendjemand sie irgendwann geäußert hat. Alles wird selbstreferenziell. Aussage beweist Aussage, Verweise beweisen Verweise, und die Unordnung der Dinge zieht sich zunehmend selbst als letzten Grund heran, vermag sich aber nicht mehr zu stützen, geschweige denn sinnvoll zu verankern.

Damit erfüllt die Hyperrealität, was viele postmoderne Denker als überzeugte Anhänger des Teams »Alles Glück ist irdisch« sowohl beschrieben als auch gefordert haben, nämlich die Abkehr von jeglicher Vorstellung eines übergeordneten Sinns, Prinzips oder einer Richtung und dem daraus folgenden theoretischen Verbot, jenseits der ewigen Zeichenbewegung noch irgendeine Bedeutung zu sehen. Also: Adieu, du falsche Welt, und willkommen, großes Kopfkino. Zurück bleibt eine vage Sehnsucht. Baudrillard schreibt dazu: »Wo das Reale nicht mehr ist, was es war, bemächtigt sich die Nostalgie seines Sinns.«

Wo Menschen scheinbar keine Geschichte mehr haben, weil sie nicht mehr in verschiedene Tiefen geschichtet und dadurch in der Wahrheit ihres eigenen und gemeinsamen Lebens verankert sind, gibt es auch kein Verhältnis zur Geschichte mehr, nur noch ihre Verwertung im Retro-Loop. Dazu passen die neuen Fernsehserien, die uns eine noch nie dagewesene Gegenwart der Vergangenheit erleben lassen, ebenso wie die Mode, die seit den späten 90er-Jahren verlässlich zwischen den glamourösen 20er-Jahren, den individuellen 80er-Jahren und natürlich allem dazwischen hin- und hertaumelt.

Doch auch diese Bewegung hat sich mittlerweile dermaßen beschleunigt, dass eigentlich alles auf einmal Trend ist, Hauptsache, man kann ein hübsches Foto davon online stellen. Dass dabei nicht nur unsere eigenen Posen, sondern auch die Serien und die Werbung zum aktuell siebten oder zehnten Seventies-Revival irgendwie authentischer aussehen als beispielsweise echte Fotos oder Gebäude aus der Zeit, illustriert, dass Baudrillards Hyperrealität schon lange zu unserer Wirklichkeit geworden ist – Schwindelgefühle inklusive.

Aber gibt es wirklich keine Alternativen mehr? Natürlich gibt es die, zum Beispiel Unternehmer, die versuchen, von anderen Werten geleitet zu wirtschaften, wie es der Autor Harald Welzer mit seinem 2012 gestarteten Projekt *Futur Zwei. Stiftung Zukunftsfähigkeit* zugleich anstößt und dokumentiert oder wie es der Autor Christian Felber mit seiner 2010 initiierten *Gemeinwohlökonomie* zugleich fordert und illustriert. Auch kulturell gibt es immer noch einen Untergrund: Künstler, die bedeutsam sind, bevor sie berühmt sind, Theaterstücke, Bücher, Kunstwerke, die andere Lebensweisen und eine andere Welt für möglich halten. Doch während alle Formen anderen Denkens früher zumindest hoffen konnten, irgendwann tatsächlich den Mainstream zu verändern, werden sie heute einfach nur von ihm vereinnahmt, sobald eine bestimmte Aufmerksamkeitsschwelle überschritten ist.

Man kann alles verkaufen, und nichts verkauft sich besser als Alternativen, Kritik und Formen des Widerstands. Auch und vor allem, weil der Einzelne sich dadurch seiner persönlichen Verantwortung zugleich bewusst wird und entledigt. Man hat es ja zur Kenntnis genommen. Man hat etwas dazu gepostet. Man weiß Bescheid. Mehr kann wirklich niemand verlangen. Deshalb dienen alle Formen alternativen Denkens, Hoffens und Träumens mittlerweile hauptsächlich der Stabilisierung des ökonomisierten Gesamtsystems.

Doch eine Outdoorjacke ist kein Ausweis der eigenen *Survival*-Kompetenz. Vielleicht ist sie sogar das Gegenteil davon. Die Folge dieser endlos anschwellenden Behauptungspornographie zeigt sich am deutlichsten in dem Verlust von Urteilskraft. Denn wenn ich auf die Realitätseffekte der Simulakren hereinfalle und sie dann noch für meine eigenen geschönten Darstellungen benutze, weiß ich irgendwann nicht mehr, was wahr und was falsch ist; vielmehr habe ich den Zugang zu diesem Wissen verloren.

Darauf beruht die vage Debilität unserer Tage, diese Unfähigkeit, die Konsequenzen des eigenen Handelns abzuschätzen. Das wiederum befördert eine blühende Expertenkultur, die der Schriftsteller Rainald Goetz in seinem 2012 erschienenen Roman *Johann Holtrop* beschreibt: »Der Boom der Beraterindustrie seit den eben vergangenen 90er-Jahren des XX. Jahrhunderts hatte auch darin seine Ursache, dass den Leuten in Entscheiderpositionen das Urteilszutrauen verloren gegangen war, es fehlte die Freude daran und der Mut, das Wirre der Realität mit eignen Urteilsintuitionen erfassen zu wollen. Lieber wurden vier Gutachten eingeholt, je teurer, desto besser, als dass man sich in der irrational witternden Weise, so wie die Vernunft der Urteilskraft es vorgab, selbst ein Bild vom zu beurteilenden Gegenstand (...) gemacht hätte.«

Dieser Verlust der eigenen Urteilskraft ist eine der schlimmsten Formen von Unmündigkeit und zugleich einer der Gründe, warum das Wissen und Bescheid-Wissen nicht zu konkreten Handlungen, sondern nur zu Lethargie und Ohnmacht führten. Wenn man nicht weiß, wer man ist und was einen betrifft, kann man auch keine relevanten Informationen herausfiltern. Zudem besteht eine Hyperrealität nur noch aus *simulierten* Differenzen, die kein Ausdruck existenzieller Gegensätze mehr sind, geschweige denn irgendwelche realen Konsequenzen haben. Dadurch ist es fast unmöglich geworden, tatsächlich Position zu beziehen. Widerstand und Gehorsam, Rechts und Links, Aktivität und Passivität sind aus dieser Perspektive nur noch eine Frage der Konfiguration, nicht mehr Ausdruck von Wahrheit oder Haltung. Das wiederum schafft Voraussetzungen für weit bedenklichere Zustände, denn wie Hannah Arendt in ihrem 1955 erschienenen Buch *Ursprünge und Elemente totalitärer Herrschaft* ausführt, ist deren ideales Subjekt weder der überzeugte Nazi noch der glühende Kommunist, sondern derjenige, für den der Unterschied zwischen Fakt und Fiktion, wahr und falsch, nicht mehr länger existiert.

Baudrillards Analysen markieren den Moment, in dem sich das westliche Haus einem Raumschiff gleich in die Lüfte erhob, was nur ein anderer Ausdruck dafür ist, dass das heilige Band zwischen Wort und Ding über alle Maßen hinaus gedehnt wurde und wir dabei kollektiv die Realität aus den Augen verloren haben. Diese Abkehr von der Wahrheit des Lebens wiederum hat reale Folgen: von unserem Umgang mit der Natur bis zu unserem Umgang mit unserer eigenen Natur. Von den Auswirkungen, welche diese irren Höhenflüge auf das arme Haus hatten und immer noch haben, ganz zu schweigen.

Man kann sich die seit den späten 70er-Jahren des letzten Jahrhunderts rapide fortschreitende begriffliche und theoretische Selbstbezüglichkeit/Abkehr vom Realen wie einen Sog von oben, aus der Gotteslücke, vorstellen, der die eingesaugten Teile allerdings nicht ins Weltall beamt, sondern einfach nur aus ihrem Zusammenhang löst und danach achtlos fallen lässt. Das Resultat ist deshalb keine schicke Raumstation, sondern ein unordentlicher Haufen, der seinen Bewohnern weder Heimat noch Sinn mehr bieten kann, wobei beides das Gleiche meint. Denn die falsche Schwerelosigkeit der gottesfernen »Luftwurzelung« führt letztlich zu einer »Implosion des Sinns«, also einer Vervielfältigung von Sinn bei dessen gleichzeitiger Auflösung. Das damit einhergehende unablässige Recycling des Bekannten entkoppelt nicht nur das Ding von seinem Wert, sondern auch das Soziale und seine Bedeutung. Und auch dieses Karussell dreht sich schneller und schneller: Zurück zur Natur oder hinein in die 3-D-Brille? Protest oder Peeling? Bewusster Konsum oder bewusster Verzicht? In diesem Reigen hat wenig Bestand – außer der Bewegung selbst.

»Dromologie« hat Paul Virilio seine »Lehre von der Beschleunigung« getauft. Während Baudrillard sein Augenmerk auf die Implosion des Sinns gelenkt hat, untersucht Virilio in seinem 1990 erschienenen Buch *Der rasende Stillstand* die Implosion von Raum und Zeit, die den Boden bereitete für das, was wir jetzt als die endlose Gegenwart der psychotischen Gesellschaft erfahren.

Virilio beobachtet bereits in den 90er-Jahren eine Zunahme von Überwachungskameras, wobei Satelliten schon seit Mitte der 50er-Jahre damit begonnen haben, die Welt zu scannen und aufzunehmen. Ihre Perspektive macht Lebendiges zweidimensional und flach, denn der Maschinenblick kennt wie die maschinelle Erfassung nur binäre Logik, Null und Eins, An und Aus, Hell und Dunkel. Die mit dieser neuen Art der Erfassung einhergehende Allgegenwart der Bildschirme verwischt die Grenzen zwischen Inhalt und Oberfläche, Wirklichkeit und Abbild, Nähe und Ferne. Mittlerweile machen Smartphones alles zum Bild – Erfahrungen, Soziales, einen selbst. Zugleich stehen sie immer häufiger zwischen dem Einzelnen und seiner Umgebung, und der Blick auf das Smartphone *ist* zum Blick auf die Welt geworden.

Bemerkenswert früh stellt Virilio fest, dass diese maschinell –

heute eher digital – erzeugten Bilder nicht nur immer allgegenwärtiger werden, sondern beginnen, die Dinge, die sie abbilden, zu verdrängen. Diese zunehmende Irrealität der Zeichen korrespondiert mit seinem Befund, dass sich der Raum zugunsten der Zeit zusammenfaltet, dass sich die perspektivische Tiefe des Raumes hin zu einer ausdehnungslosen »Raumzeit« verschoben hat. Während »Raum« verhindert, dass sich alles am gleichen Ort befindet, beschreibt »Raumzeit« die Aufhebung dieser Trennung, also die Akkumulation aller Dinge an einem einzigen Punkt. Alles existiert nebeneinander, alles ist jetzt. Auch dieser Verlust von Zeitqualitäten, temporalen Markierungen und strukturierenden Ordnungskriterien lässt sich als psychotischer Zustand »gleicher Salienz« beschreiben. Und analog zum Wuchern der bezugslosen Zeichen wird auch diese ausdehnungslose Akkumulation beschleunigt. Mehr und mehr und mehr vom Gleichen – »der Stillstand rast«.

Abschließend verbindet Virilio den Gedanken der Beschleunigung mit dem Gedanken der Beherrschung: »Die Allgegenwart der Kontrolle zielt darauf ab, aus ihr das Substitut der Umwelt des Menschen zu machen, seine Erde, seine alleinige Umgebung.« Mit dem Ausdruck »Substitut der Umwelt« beschreibt er unser altes Haus als dysfunktionales Raumschiff, das von Natur und Leben weggerückt, also ver-rückt ist. Die allgegenwärtigen Bildschirme verschleiern, dass wir selbst schon fast Bildschirm geworden sind, eindeutig, lesbar und anschlussfähig. Der Distanzverlust, den diese kontrollierende Nähe verursacht, wäre unvollständig ohne sein Gegenteil – eine wachsende Distanz zu allen Dingen der Welt, was nur ein anderer Ausdruck ist für Kälte, Entfremdung, Gleichgültigkeit.

Dieser Verlust an Substanz, an unabhängigem *Wert an sich*, den das zum ständig verfügbaren Bild gewordene Leben erleidet, der objektivierende und reduzierende Blick durch die

Linse der eigenen Kamera und die damit verbundene Wahrnehmung einer Welt, die sich als orbitale Übersicht und nicht mehr als eine sich erstreckende Landschaft präsentiert – all das sind Antworten auf die Frage, wie uns die Realität des Lebens abhandengekommen ist. Aber auch hier ist dieser Verlust das Ergebnis eines Blicks, genauer gesagt das Ergebnis des Maschinenblicks, den wir nachzuahmen gelernt haben, um uns seiner Gewalt zu entziehen, weil wir vergessen haben, dass wir es sind, die alle Dinge in die Welt gesetzt haben und verantworten. In Wahrheit ist alles noch da. Nur wir selbst scheinen mehr und mehr zu verschwinden.

Und in der Tat war es nie leichter, vor sich selbst wegzulaufen. Denn mittlerweile haben sich die realitätslosen Zeichen der Baudrillard'schen Hyperrealität zu »Unendlichkeitsmaschinen« zusammengeschlossen. Diese sind eine Anlehnung an die von den Kulturwissenschaftlern Markus Metz und Georg Seeßlen in ihrem 2011 erschienenen Buch beschriebenen *Blödmaschinen*. Blödheit ist für die Autoren eine Kombination aus Dummheit und Benommenheit, die es verhindert, aus dem, was passiert, die richtigen Schlüsse zu ziehen. Blödmaschinen wie die *Bild-Zeitung* sind als eine Art Interface zwischen Mensch und Welt zu verstehen, das dem Menschen die Arbeit abnimmt, sich selbst über die Welt ein Urteil zu bilden, indem es Ereignis, Emotion und Bewertung zu einem undefinierbaren Brei vermatscht, der nur noch geschluckt, aber nicht mehr hinterfragt werden kann.

Auch Unendlichkeitsmaschinen übernehmen die Rolle des selbst-bewussten Geistes und urteilen so *für* uns, doch ihre wichtigste Aufgabe besteht darin, den Menschen dabei auch schön beschäftigt zu halten. Es ist unendlich leicht, sich von ihnen davon ablenken zu lassen, ein eigenes Leben zu haben, man selbst zu werden und sich um seine Seele zu kümmern. Ihre unermessliche Gefräßigkeit verbündet sich mit unserer Faulheit, unserer Feigheit und dem ebenfalls allen Menschen vertrauten Wunsch, sich vor der Verantwortung für sein oder ihr eigenes Leben zu drücken. Unendlichkeitsmaschinen wie die News oder die sozialen Medien sind Hamsterräder für unseren Geist und unsere Lebenskraft, die uns in einen unendlichen Abstand zur Welt und zugleich in eine unendliche Teilhabe an diesem Abstand einschließen und damit nicht nur den echten Kontakt zu unserem eigenen Leben, sondern auch den echten Kontakt zum Anderen und zugleich zum Ganzen des Lebens erschweren.

Man kann sich diese Umschlagplätze realitätsloser Zeichen als kleine schwarze Löcher vorstellen, die unsere Aufmerksamkeit an sich binden, indem sie unser Begehren auf immer neue Objekte der Begierde richten. Ob Social Media, Shopping oder Selbstoptimierung – es ist nie genug, nie befriedigend, niemals abgeschlossen. Unendlichkeitsmaschinen machen *süchtig*. Zugleich überschwemmen sie die Welt mit mehr vom Gleichen in immer neuen Konfigurationen. Überall, wo mehr und mehr produziert wird, ohne dass sich qualitativ etwas ändert, also Anderes, Fremdes, Neues in die Welt kommt, ist eine Unendlichkeitsmaschine am Werk. Dabei sind sie alle, auch wenn sie so vertraut erscheinen wie Konsum oder Medien, letztlich nur Schatten des ökonomischen Steigerungszwangs, der Logik des Mehr. Durch deren innere Unbegrenztheit dreht sich das Mögliche immer schneller um sich selbst, ohne jemals beim Notwendigen anzukommen. Dieses endlose Sprechen – ohne wirklich etwas Interessantes oder gar Folgenreiches zu sagen – gleicht dem irren Gebrabbel eines Verrückten; auch das ist eine Facette des psychotischen Zustands der Gegenwart. Unendlichkeitsmaschinen verklumpen Worte und Bilder zu entleerten und bedeutungslosen Einheiten, die beliebig miteinander kombiniert und aufeinander bezogen werden können. Das geschieht beispielsweise in Promi-Magazinen, die irgendwelche Paparazzi-Fotos von irgendeiner Sängerin/Schauspielerin/Royal mit ihrem Mann/Freund/Liebhaber abdrucken und unter diese Fotos einen Text schreiben, der den Eindruck erweckt, man wäre live dabei gewesen, als die beiden sich stritten/versöhnten/über die Adoption eines kleinen Affen unterhielten.

Die Erkenntnis, dass der Umsatz in den Medien mit Lügen, Verleumdungen und allem, was Aufmerksamkeit verspricht, gemacht wird, ist so alt wie die ersten Graffiti auf irgendwelchen Höhlenwänden. Doch diese mittlerweile vollkommen freihändige Bilderdeutung ist ein relativ modernes Phänomen, das letztlich den kollektiven Realitätsverlust einfach nur spiegelt. Ganz abgesehen davon, dass es mittlerweile möglich ist, bewegte Bilder zu bearbeiten und diese fiktiven Inhalte als authentisches Material zu verbreiten. So scheint alles für alles zu stehen, denn Kommentare, News und Informationen und alle anderen Formen medialer Narration können sich mittlerweile völlig losgelöster Werturteile bedienen – also wahr, gut, gerecht und schön oder eben hässlich, ungerecht, böse und falsch sein –, weil trotz dieser kurzlebigen Sinneffekte in einer in sich selbst gekrümmten Welt ohne Erdung und reale Konsequenzen gar nichts mehr irgendetwas bedeutet. Was natürlich falsch ist, aber angesichts der alles umfassenden Oberfläche, in die sich die Baudrillard'sche Hyperrealität dank Digitalisierung und Beschleunigung knapp 40 Jahre später verwandelt hat, tatsächlich kaum mehr thematisierbar. Denn obwohl in dem gestaltlosen Haufen Gegenwart irgendwie alles mit allem zusammenzuhängen scheint, kann man genau das wiederum nicht sagen, weil man alles ja auch ganz anders sehen könnte. Und obwohl man in Unendlichkeitsmaschinen nicht wohnen kann, verführen sie zu einem Leben in Bildern, zu einer herstellbaren, optimierbaren und vergleichbaren Wahrheit über sich und seine Existenz. Weil diese private Realitätsflucht so gut und sogar immer besser funktioniert und andererseits so viel Arbeit macht, kann es gut sein, dass man gar nicht dazu kommt, sich zu fragen, was dieses gefälschte und geschönte Leben eigentlich kostet.

Mit ihrer Fähigkeit zur Umwandlung von Qualität in Quantität und Narration in Akkumulation sind Unendlichkeitsmaschinen als Zirkulationspumpen realitätsloser Zeichen die perfekte Verkörperung dessen, was der Philosoph Jean-François Lyotard in seiner kleinen, aber wirkmächtigen 1979 veröffentlichten Studie *Das postmoderne Wissen* genannt hat. Lyotard war von der kanadischen Regierung beauftragt worden, eine Einschätzung für zukünftige Formen des Wissens in den Universitäten postindustrieller Gesellschaften zu geben. Sein kurzer Bericht verwandelte sich in eine Art Gründungsmanifest für das postmoderne Zeitalter, getragen von Lyotards beredter Diagnose, dass solche Gesellschaften durch das Ende aller großen Erzählungen bestimmt seien.

»Große Erzählung« ist ein anderer Ausdruck für den Begriff »Mythos« und verweist damit auf den Sinn unseres Lebens und Zusammenlebens. Hier treffen wir wieder auf die beiden grundsätzlichen westlichen Weltanschauungen: die Verteidiger des Körpers und die Anwälte des Geistes, die Existenzialisten und die Essenzialisten, Team »Alles Glück ist irdisch« und Team »Transzendenz«.

Was die Sinnfrage angeht, verweigert sich Team »Alles Glück ist irdisch« dem großen Ganzen und beharrt auf der unreduzierbaren Vielfalt von Perspektiven und Lebensformen. Deshalb hängt auch ihre Vision für die Zukunft nicht an einem immer schon fragwürdigen universellen Humanismus – denn wem steht es zu, für alle zu sprechen –, sondern an den konkreten Lebensbedingungen der vielen unterschiedlichen Menschen und dem damit verbundenen Kampf um soziale Gerechtigkeit und politische Teilhabe und der wiederum damit zusammenhängenden Befreiung des Menschen aus seiner selbstverschuldeten Unmündigkeit.

Team »Transzendenz« hingegen hält auch in seiner weltlichsten Form an einer Entwicklungsgeschichte des menschlichen Geistes und damit an einer Idee von allgemeinen und für alle Menschen verbindlichen humanistischen Werten fest, die idealerweise von immer mehr Menschen verstanden und gelebt werden. Am Ende dieser Vision steht – ganz im Sinne von *Star Trek* oder anderen Weltraumserien – eine globalisierte Menschheit, die ihre unterschiedlichen Mitglieder als Teil eines gemeinsamen Ganzen begreift.

Team »Alles Glück ist irdisch« liest unsere mögliche Zukunft also als Emanzipationsgeschichte, die möglichst vielen Menschen ein möglichst freies und selbstbestimmtes Leben ermöglicht. Für Team »Transzendenz« hingegen ist unsere Geschichte eine Geistesgeschichte, an deren Ende eine neue Einheit steht. Mit seiner Rede vom Ende der großen Erzählungen jedoch beerdigte Lyotard *en passant* diese beiden nach dem Tod Gottes verbliebenen Mythen der westlichen Welt, also den irdisch-kritischen und den transzendent-universellen Humanismus.

Es ist schwer zu sagen, was folgenreicher war. Die Absage an ein Verständnis unseres Zusammenlebens als Emanzipationsgeschichte führt letzten Endes dazu, sich für die Lage der Benachteiligten und Schwachen nicht mehr verantwortlich zu fühlen und die Idee einer gemeinsamen Verantwortung für eine bessere Welt zu verwerfen. Der daraus folgende pragmatische Nihilismus ist schon ziemlich bitter. Doch die Negation der zweiten großen Erzählung hat noch weiter reichende Konsequenzen. Mit ihr beginnt die Abwertung des Geistes und damit ein Verlust an Kritik, Reflexion und Urteilskraft, welcher im Zentrum der zeitgenössischen Unfähigkeit steht, einen bewussten und angemessenen Umgang mit unserem Leben und Zusammenleben zu finden.

Indem es dem menschlichen Fortschritt durch irdische Emanzipation oder durch transzendenten Geist, diesen beiden Quellen von Sinn, Richtung und gemeinsamer *Zukunft*, kurzerhand den Hahn abdrehte, hat das postmoderne Denken in der Nachfolge Lyotards unser westliches Haus auf theoretischer Ebene luftdicht versiegelt. Und dass seine Bewohner, also wir, gut 40 Jahre später dem inneren Erstickungstod nahe sind, ist kaum verwunderlich. Denn die Welt, die Lyotard beschreibt, ist klinisch tot, nur künstlich am Leben gehalten durch die immer schnellere Zirkulation realitätsloser Zeichen. In ihr verschmilzt die theoretische Ausweglosigkeit der Postmoderne mit der Allgegenwart der ökonomischen Perspektive, auf den Erstere antwortet, indem sie beschreibt, wie Marktbefreiung und Realitätsverlust zusammenhängen, was dann dazu führt, dass diese schon etwas verlorenere Realität wiederum weiter vom Marktdenken vereinnahmt wird, was wiederum bestätigt, dass sie tatsächlich unrettbar verloren ist und so weiter und so fort. In der Psychologie nennt man das beobachterabhängige Urteilsverzerrung oder »sich selbst erfüllende Prophezeiung«.

Natürlich ist es unfair, die postmodernen Denker für den kollektiven Realitätsverlust des Westens an den Pranger zu stellen. Und doch zeigt besonders der Zusammenhang von kapitalistischer Weltverwertung und denkerischer Weltentwertung, dass es bedeutungsvoll ist, wie und auf welche Weise man über das Leben und Zusammenleben spricht. Und so sind diejenigen, welche die Macht des Denkens und des Sprechens so wortreich und wirkmächtig in Frage gestellt haben, der beste Beweis dafür, dass sie in Wahrheit ungebrochen ist. Es liegt an uns, diese Macht anzuerkennen und zu benutzen, um beispielsweise darauf zu bestehen, dass es nötig ist, dafür zu kämpfen, dass alle Menschen genug zu essen und zu trinken haben und weder seelischer noch körperlicher Gewalt ausgesetzt sind. Das wiederum ist natürlich leichter gesagt als getan, vor allem, wenn man noch 200 Mails beantworten, ein paar neue Bilder produzieren, bearbeiten und hochladen und etwas Gesundes zum Abendessen besorgen muss. Es gibt einfach unendlich viel zu tun.

Und so hoffen alle, dass endlich etwas passiert. Dass endlich alles zusammenbricht oder einfach so besser wird, und während wir hoffen, vergeht die Zeit. Unsere Lebenszeit. Die wahre Katastrophe ist, dass die Katastrophe nicht kommt. Die Welt ist ziemlich gut eingerichtet für diejenigen, die von der herrschenden Unordnung der Dinge profitieren. Die aktuelle Weltordnung wird von Interessen, Machtverhältnissen und Gesetzen zusammengehalten, die mittlerweile stark genug sind, auch Finanzkrisen, Naturkatastrophen und humanitäre Katastrophen zu überdauern. An allem lässt sich verdienen: an Ordnung und an Chaos, an Freude und an Leid, an Krieg und an Wiederaufbau. Und von allein ändert sich gar nichts. Wir können der unbestreitbaren Rationalität der Märkte nicht mit der ebenfalls unbestreitbaren Rationalität von Solidarität, Mitgefühl und Verantwortung kommen – sagte doch schon Albert Einstein, man könne Probleme niemals mit derselben Denkweise lösen, durch die sie entstanden sind. Es ist an der Zeit, wieder neu zu *fühlen*.

OHNMÄCHTIG AM ABGRUND

In einer psychotischen Gesellschaft jedoch sind die Gefühle entfremdet, die Körper erschöpft und die Menschen vereinsamt. Während die kollektive Identitätskrise existenzielle Angst erzeugt, führt die Sogwirkung des Unendlichen zu historisch neuen Formen individueller und kollektiver Ohnmacht. Dabei fungiert der Kapitalismus als *pharmakon* – griechisch für »Gift« ebenso wie »Heilmittel«, aber zugleich heißt es auch »Sündenbock« –, denn letztlich sehen wir uns in allem, was wir auf die Welt gebracht haben, nur selbst ins unbestimmte Angesicht. Während wir im letzten Teil des Buches deshalb darüber nachdenken, wie das uns alle verbindende Potential der Ökonomisierung sinnvoller gedacht werden kann, verweilen wir noch kurz bei ihrer Pathologie.

Das kapitalistische Wirtschaftssystem liegt schon seit Marx und Engels auf der Couch, und mindestens ebenso lange wird im Westen über Widerstand und die Möglichkeit eines anderen Weltbezugs nachgedacht. 1972 veröffentlichten der Philosoph Gilles Deleuze und der Psychoanalytiker Félix Guattari ihr gemeinsames Buch *Anti-Ödipus. Kapitalismus und Schizophrenie I.* Darin wenden sie sich gegen das freudianische Libido-Modell, welches das menschliche Begehren auf frühkindliche Sexualität reduziere, und beschreiben eine immer noch von patriarchalen und zugleich zunehmend ökonomisierten Strukturen geleitete Gesellschaft, die ihre Mitglieder entweder gleichschalte oder verrückt mache. Doch in dieser Ver-rücktheit, sprich einem fundamentalen Nicht-einverstanden-Sein und So-nicht-leben-Können, liege zugleich die Chance, ein anderes Begehren zu artikulieren – der »Schizo«, schreiben Deleuze und Guattari, ist eine »Wunschmaschine«. Einer ökonomisierten und entfremdeten Welt hält er seine Wahrheit, seine Empfindsamkeit und sein Gefühl für ein anderes Leben und Zusammenleben entgegen.

Auch der Kulturkritiker Mark Fisher, der sich 2017 das Leben nahm, beschäftigt sich in *Capitalist Realism. Is There No Alternative?* mit den kranken Seiten des Systems und zugleich mit der Frage, ob der Kapitalismus krank macht. Dieser Zusammenhang wird vielfach und aus unterschiedlichen Perspektiven bejaht – ob in Oliver James' *The Selfish Capitalist. Origins of Affluenza* von 2008, Alain Ehrenbergs *Das erschöpfte Selbst: Depression und Gesellschaft in der Gegenwart*, ebenfalls von 2008, oder Byung-Chul Hans *Müdigkeitsgesellschaft* von 2010. Fisher, der selbst an Depressionen litt und Schreiben immer auch als Form des persönlichen und gesellschaftlichen Widerstands verstanden hat, fügt der populären Diagnose des depressiven und zugleich depressiv machenden Kapitalismus die Beobachtung seiner bipolaren Möglichkeiten hinzu, präzise gefasst als Hoffnung auf das Neue, Andere des unermüdlichen Gewinnstrebens. Diese Hoffnung jedoch wich im Fall Fishers einer zunehmenden Resignation über ihre Nichterfüllung und den damit verbundenen Gefühlen von Ohnmacht und Alternativlosigkeit. Denn während das globale Wirtschaftssystem beispielsweise nach dem Börsencrash von 1929 jahrelang geschwächt darniederlag, ging es nach der Finanzkrise 2008 trotz aller gegenteiligen Erwartungen ziemlich schnell und munter weiter.

Diese unholde Vitalität und die damit zusammenhängende Unmöglichkeit einer »kohärenten Alternative« sind der *capitalist realism*, die Realität des Kapitalismus, an der Fisher – stellvertretend für eine ganze Tradition linken Denkens – litt. Doch wie vor ihm Deleuze und Guattari bleibt er nicht bei dieser Diagnose stehen, sondern nutzt seine Beschreibungen der Gegenwart, um von dort aus eine andere Zukunft zu denken. Der sich selbst erfüllenden Prophezeiung der kapitalistischen Alternativlosigkeit setzt er die Vision einer sich selbst verwirklichenden Zukunft entgegen, ein Vorgang, der in Anlehnung an *superstition* – englisch für Aberglauben – »Hyperstition« genannt wird. Die Zukunft soll aber nicht nur herbeigedacht werden, sondern es gilt, ihr zugleich bewusst entgegenzugehen. Diesbezüglich verweist Fisher auf das in den 1990er-Jahren an der britischen Universität Warwick entwickelte Denken des »Akzelerationismus«. Diese philosophische Strömung macht es sich zur Aufgabe, die vorhandenen technologischen Bedingungen so zu begreifen und zu verwenden, dass sie soziale Probleme lösen, anstatt neue zu schaffen. Das kann auch bedeuten, die technische Beschleunigung zur Dezentralisierung wirtschaftlicher Macht zu benutzen und so den Kapitalismus mit dessen eigenen Mitteln zu schlagen.

Die Sphäre der Technik ist eine der zentralen Ausdrucksformen der menschlichen Schöpfungskraft und wird deshalb in ihrer Rolle und Ausrichtung hauptsächlich durch unseren Umgang mit ihr bestimmt. Gefährlich, sprich lebensfeindlich wird Technik meist nur, wenn sie ihrer Eigenlogik überlassen und blind vorangetrieben wird. Doch die ihr innewohnende Beschleunigung oder eben Akzeleration kann ebenso in einem ganzheitlichen Sinne genutzt und verstanden werden.

Wir können nicht zurück in die Natur, aber wir müssen zurückfinden zu einem Zusammenleben *mit* der Natur. Denn kollektive Herausforderungen wie der Umgang mit unserer Energieversorgung, unseren Abfallprodukten oder schlicht der Nahrung für unsere eigene, rasant anwachsende Spezies lassen sich jenseits aller nötigen inneren Besinnung in den meisten Fällen nur durch technische Innovationen – von Solar- und Wasserkraftwerken über die Züchtung plastikfressender Bakterien hin zur digitalen Erfassung und Umverteilung »übrig« gebliebener Lebensmittel – meistern. Auch soziale Medien können Gleichgesinnte verbinden und dabei kollektive Energien nicht nur für exklusive Privatwelten erschöpfen, sondern ebenso in reale gemeinsame Aktionen wie konkrete Nachbarschaftshilfe, privaten Tausch und Austausch oder auch politischen Protest umlenken. Das Internet ermöglicht uns Menschen zudem nicht nur neue Formen der Selbstdarstellung und -verfehlung, sondern gibt uns in Blogs und Beiträgen ebenso einen historisch so noch nie dagewesenen Raum, selbst von der eigenen Daseinserfahrung zu sprechen. Damit eröffnet es auch neue Möglichkeiten, uns in unserem Menschsein zu verstehen und zu begegnen.

Doch gerade weil die Technik uns Menschen hier auf der Erde auf neue Weise miteinander verbindet, sind die kollektiven Ohnmachtsgefühle einer psychotischen Gesellschaft umso schmerzlicher. Und umso realer. Denn sie verdanken sich keiner Krise des »Wie«, sondern einem Verlust des »Warum« und damit einer ebenso schwer fassbaren wie folgenreichen inneren Ausweglosigkeit.

Auch heute noch ist die Beschreibung dieser scheinbaren Ausweglosigkeit der erste Schritt zu ihrer Überwindung. Das betrifft nicht nur denkerische Ausweglosigkeiten wie die postmoderne Sackgasse, sondern vor allem das, was der desolate Zustand der Gesellschaft für die existenzielle Ökonomie ihrer Mitglieder bedeutet.

Die wichtigste Aufgabe eines Hauses besteht darin, unser menschliches Identitätsproblem auf eine zwar niemals endgültige, aber doch tragfähige Weise zu lösen, indem das »Wie« und das »Warum« unseres Lebens und Zusammenlebens auf sinnvolle Weise verknüpft werden. Doch es dient uns nicht umsonst. Seinen Preis kann man sich als eine Art Blutzoll vorstellen, den Obolus ans Haus: Wir geben etwas auf von unserer ursprünglichen Lebendigkeit, und dieses Opfer nährt die Struktur, macht die Worte und Bilder bedeutungsvoll, gibt ihnen Schwerkraft und Sinn. Da sich der Westen allerdings in den letzten Jahren auf vielfache Weise von den eigenen elementarsten Bedürfnissen entfernt hat – von mangelnder Fürsorge für Junge, Kranke und Alte bei zunehmender Selbst- und Naturausbeutung hin zu einer ebenso alters- wie folgenlos scheinenden Existenz in zunehmend digital erzeugten Bildwelten –, erscheint auch den westlichen Menschen die Selbstverständlichkeit ihres eigenen Daseins zunehmend fragwürdig. Das wiederum führt dazu, dass beispielsweise Lebensfreude und Selbstwert oder einfach nur die Möglichkeit eines kleinen Flirts nicht mehr gegeben sind, sondern auf immer ausgefeiltere Weise produziert und konsumiert werden müssen, was wiederum sehr erschöpfend ist, aber viel Profit verspricht für alle, die dabei zu helfen wissen.

Doch diese unendlichen Verschiebungen eigener existenzieller Angelegenheiten auf kollektive Hilfs-, Moderations- und Verwaltungsangebote halten zwar die Konsumkultur am Laufen, lösen aber nicht das Grundproblem. Denn die Seele des Hauses ist der Mythos, und wenn da auf einmal statt eines gütigen Gottvaters, der für seine auserwählten Schäfchen alles schön eingerichtet hat, die Rede von radikaler Sinnlosigkeit, bedeutungslosen Unterschieden und frei flottierenden realitätslosen Zeichen ist, ist es kein Wunder, wenn ein solcherart entgründetes Haus selbst eine Art »Identitätskrise« bekommt. Das wiederum führt dazu, dass sich ein grundlegendes Verhältnis langsam umdreht: Wo einst die Struktur für ihre Subjekte stand und für sie garantierte und träumte, sollen mittlerweile die Menschen für die Matrix garantieren und träumen, was nichts anderes heißt, als dass nicht mehr die Struktur, sondern der Einzelne die Welt begründen muss.

Für einen abwesenden Gott zu leben und zu sterben war schon eine Aufgabe, die allenfalls Heilige und Märtyrer zu Ende brachten, aber für so ein baufälliges Haus, das man völlig zu Recht für eine Erfindung des menschlichen Geistes hält? Nein, danke, ich möchte lieber nicht. Doch der Verzicht auf dieses den Einzelnen überfordernde und zugleich notwendige »Bewusstsein der persönlichen Verantwortung für die ganze Welt« führt nicht nur zu Erd-, Heimat- und Sinnverlust, sondern zu weit subtileren Formen struktureller Ohnmacht, begonnen mit der Unmöglichkeit, überhaupt noch irgendetwas Folgenreiches zu denken oder zu sagen.

Doch wenn wir die Struktur, in der wir leben und die zugleich in und durch uns lebt, nicht mehr bewusst verkörpern und korrigieren, weil sie eben kein bewohnbares Haus mehr ist, sondern nur noch ein gieriger Haufen, füllt sie sich mit unserem Leben. Durch Unendlichkeitsmaschinen künstlich beatmet erobert ihre nur noch selbstreferenzielle oder besser gesagt sich selbst fütternde Oberfläche nach und nach alle Ressourcen unseres Lebens, von unseren Beziehungen zu unseren Körpern bis hin zu unseren Gefühlen. Dieser um sich greifende Kannibalismus – denn die Struktur *sind* letztlich wir selbst – entfremdet uns immer mehr vom Leben. Und das Leben von uns.

Nur noch gucken, aber nicht mehr anfassen. Nur noch zeigen, aber nicht mehr machen. Konkret bedeutet das beispielsweise, dass Kulturtechniken wie Online-Dating die private Praxis der sexuellen Begegnung zunehmend durch die Erforschung, Beschreibung und Darstellung der eigenen Sexualität ersetzen. Was wiederum erklärt, dass mittlerweile zwar unendlich viel über das eigene Begehren und Wollen gesprochen wird, die Leute aber tatsächlich weniger echten Sex haben als noch in den vorgeblich so prüden 1950er-Jahren. Ein ähnlicher Zusammenhang zeigt sich bei der sogenannten *Quantified-Self-*

Bewegung, die alle Arten von körperlichen Rhythmen wie Schlaf- und Essgewohnheiten oder das eigene Bewegungsprofil aufzeichnet, vergleicht und natürlich zu optimieren versucht, während die derart an ihre technischen Geräte Gebundenen mehr Zeit mit der Erfassung und Auswertung ihrer Lebensfunktionen zu verbringen scheinen als mit dem Leben selbst.

Auch die sozialen Medien verwandeln das Soziale in etwas Mess- und Darstellbares, ebenso allgegenwärtig wie substanzlos, während die Menschen in Europa und Amerika immer einsamer werden oder besser gesagt sich immer einsamer fühlen, was in Großbritannien schon zur Gründung eines Einsamkeitsministeriums geführt hat. Und auch in Deutschland sind laut einer 2018 vom *Spiegel* zitierten Studie vier von fünf Menschen einsam, weshalb nun auch bei uns über so ein Ministerium nachgedacht wird.

Solche Beispiele illustrieren, wie sich selbstverständliche Lebenspraxis in komplizierte Probleme verwandelt, die dann wiederum durch noch mehr Daten und Produkte gelöst werden sollen. Dass diese Selbst-Erfassungen auch befreiend und hilfreich sein können, ist ebenso wahr wie die Tatsache, dass das eigene Leben sich durch die vielen neuen Zugriffe in etwas verwandelt, das nicht mehr natürlich gegeben ist, sondern in immer kleinteiliger werdenden Einzelaspekten immer aufwendiger hergestellt werden muss. Das reicht vom Thematisieren immer spezifischerer Köperregionen – zum Beispiel Achselhöhlenfettabsaugung oder allen Formen genitaler Schönheitsoperation – zu komplett gegensätzlichen Megatrends wie Einkaufen und Aufräumen oder Konsum und Minimalismus, wobei beides zusammengehört: Einerseits muss man das ganze Zeug ja auch irgendwie verstauen und andererseits schafft nur Verzicht neuen Platz, der sich dann schon wieder füllen wird – mit besseren, teureren und edleren Dingen.

Diese immer umfänglichere Erfassung und Regulierung unserer Lebendigkeit führt nicht nur zu Erschöpfung und Lethargie, sondern befördert ebenso die vage Debilität unserer Tage. Einfache Dinge des täglichen Lebens, die wir zu Hause, in der Schule oder in der Arbeit voneinander lernen – wie man sich die Haare hochbindet, einen Fleck rauswäscht, einen Nagel in die Wand schlägt –, werden zu sensationellen Life-Hacks, mit denen die mediale Sphäre neue Aufmerksamkeit generiert. Bei dieser schrankenlosen Kapitalisierung des Alleralltäglichsten können wir wohl bald die neuen Megatrends Unterhose-Anziehen und Allein-die-Schuhe-Zubinden erwarten. Letztlich geht es auch hier um einen bewussten Umgang mit der anwachsenden Flut von Lebensfakten, doch dieser wiederum benötigt eben die Urteilskraft, die durch Kommerzialisierung und Entäußerung des Lebens von vornherein geschwächt wird.

Angesichts dieser unendlich in sich selbst gekrümmten Figur, die an einen *Ouroboros* erinnert – eine Schlange, die ihren eigenen Schwanz verschlingt –, ist es überlebensnotwendig, sich daran zu erinnern, dass wir Einzelnen die Struktur nicht nur verkörpern, sondern auch verändern können. Dass die fortschreitende Erfassung und Beraubung zuerst und hauptsächlich eine Selbsterfassung und -beraubung sind und dass man jederzeit beschließen kann, zu sich, seinem Geist, seinem Urteilsvermögen und seinem Gewissen zurückzukehren, was ein anderer Ausdruck dafür ist, sein Leben zu fordern und zu leben.

Denn die allumfassende Oberfläche, in die sich Baudrillards Hyperrealität verwandelt hat, ist nur auf den ersten Blick ein Meer der Möglichkeiten. Tatsächlich aber verdeckt die damit einhergehende Illusion der Wahlfreiheit den Umstand, dass alle Wahlmöglichkeiten vorgegeben sind und nur noch das Ganze gewählt werden kann. Dieses »Ja zu allem« nimmt den Einzelnen in eine existenzielle Verantwortung, die einer Begründung und Legitimation dieses Ganzen ziemlich nahe kommt.

Natürlich nützt diese verdrehte Konstruktion denen, die sie zu bedienen wissen. Die Konsum- und Kulturindustrie lebt davon, den Einzelnen immer wieder neu an diese leere Stelle zu rücken – man kauft ja nicht nur Dinge, sondern Haltungen, Lebensgefühle, eine ganze Welt mit sich selbst im Mittelpunkt. Doch diese beiläufige Weltbegründung ist für jeden, der bei Verstand ist, nicht befriedigend, sondern erdrückend und lähmend, denn sie ermächtigt nur scheinbar, in Wahrheit macht sie *ohnmächtig*.

Gleichzeitig erklärt diese seltsame Umkehrung der Verhältnisse auch, warum in solchen Zeiten nicht nur religiöse, sondern auch politische Führer wieder aus ihren Löchern kriechen. Denn jeder, der auf den Wunsch des »leeren Throns«, jemand möge ihn doch wieder besetzen, selbstgewiss antwortet: »Ich bin es. Ich bin der oder die, auf die ihr gewartet habt, ich bin die Antwort auf alle eure Fragen, denn ich führe euch in ein besseres Leben, in eine glänzende Zukunft!«, ist natürlich vollkommen gaga, und doch sind es vor allem Wahnsinnige, die eine psychotische Gesellschaft angemessen verkörpern.

Aber der einzelne Mensch ist nicht dafür gemacht, die Welt zu begründen. Diese Übernahme einer gottähnlichen Position geht nicht lange gut – weder für den konsumkranken Einzelnen, der nach jeder künstlichen Aufblähung ermatteter und stumpfer zurückbleibt, noch für die Auserwählten, die in Übereinstimmung mit dem eigenen Größenwahn und der Verblendung ihrer Anhänger antreten, ein für alle Mal das Volk in Freiheit und Eigentlichkeit zu führen.

Es geht nicht gut, weil auf dem leeren Thron in der Mitte der Matrix eine dem Menschen abträgliche Atmosphäre herrscht, die ihn zunehmend in Mitleidenschaft zieht. Beim

Einzelnen heißt das nur Burnout, doch wenn große und größere Gruppen damit beginnen, sich vor lauter Ohnmacht und Verzweiflung auf einen sogenannten »Führer« zu beziehen, und damit Welten bauen, die von einer echten Person verbürgt und strukturiert werden, und das irgendwann vorhersehbarerweise eben nicht mehr gut geht, fliegen wirklich die Fetzen. Manchmal zerreißt es sogar eine ganze Welt.

Der einzelne Mensch kann kein großer Anderer, kein Gott und kein Allgemeines werden. Versucht er es, wird er meist nur ein großer Diktator. Oder ein kleiner Tyrann. Oder einfach nur ein Mensch, der seine Menschlichkeit verloren hat, seine Urteilskraft, sein Gewissen und sein Mitgefühl. Doch obwohl es nie leichter schien, sich von seinem eigenen Leben abzulenken, ist das Leben selbst ebenso unverlierbar wie gegenwärtig. Mehr noch, es zeigt sich uns auf eine neue Weise, die einerseits beängstigend, gar lähmend ist, aber andererseits jeden Einzelnen dazu aufruft, seine eigene Rolle darin zu überdenken. Das beginnt damit, die eigene Verantwortung für das Ganze nicht als Druck oder Sog, sondern als Chance zu Bewusstsein, Kreativität und Gestaltung zu begreifen. Denn ebenso wie der technische Fortschritt wird auch unser kapitalistisches Wirtschaftssystem in seiner Gestalt und Ausrichtung von all denen bestimmt, die sich bewusst damit auseinandersetzen.

Während wir im letzten Teil darüber nachdenken, wie diese kollektive Wiederaneignung von Welt und Leben gelingen könnte und wodurch man zu einem planetaren Bewusstsein kommt, beschäftigen wir uns im Folgenden mit den »Figuren des Übergangs«, die auf je eigene Weise auf den psychotischen Zustand der Gesellschaft und die damit verbundenen Gefühle reagieren.

III FIGUREN DES ÜBERGANGS

FORMEN DER VERZWEIFLUNG

In einer ökonomisierten und beschleunigten Welt nur zu machen, was man so macht, verrät nicht nur das eigene, sondern zunehmend auch das gemeinsame Leben. Um stattdessen selbstständig und bewusst zu leben, muss man, wie wir im ersten Teil bei Kierkegaard gesehen haben, seinen Geist benutzen, um das »Ungleichartige«, aus dem wir Menschen zusammengesetzt sind, immer wieder individuell auszubalancieren: Körper und Geist, Notwendigkeit und Möglichkeit, Endlichkeit und Ewigkeit. Lebenssinn entsteht, wenn es uns gelingt, unsere widersprüchlichen Existenzebenen sowohl auszudrücken als auch aufzuheben. Diese Aufhebung, die Kierkegaard »Synthese« nennt, verwandelt unsere Ungleichartigkeiten und Widersprüche in eine Gestalt und gibt uns dadurch eine tragfähige Identität, die uns im Ganzen positioniert und dabei unsere persönliche Geschichte sowie unsere Zukunftsmöglichkeiten mit einschließt. Obwohl es jedem Menschen jederzeit möglich ist, zu sich zurückzukommen und er selbst zu werden, neigen viele dazu, zu »funktionieren« und den bewussten Umgang mit dem eigenen Leben durch die vorgegebenen Synthesen des Zeitgeistes zu ersetzen.

Kierkegaard bezeichnet dieses Abwehren und Verdrängen eines bewussten Umgangs mit dem, was es bedeutet, ein Mensch zu sein, als »Verzweiflung«. In seinem 1849 erschienenen Buch *Die Krankheit zum Tode* unterscheidet er drei Formen der Verzweiflung nach dem Grad ihrer Bewusstheit. Am schlimmsten verzweifelt und damit am unbewusstesten ist derjenige, der gar nicht weiß, dass er verzweifelt ist. Ein solcher Mensch ist geistlos, ein unreflektierter Diener des »man«. Etwas bewusster ist der zweite Zustand, in dem man zwar weiß, wer man ist, aber dennoch – vielleicht auch deswegen – verzweifelt nicht man selbst sein will. Am bewusstesten sind schließlich diejenigen, die stattdessen verzweifelt sie selbst sein wollen, was ihnen ebenfalls nicht gelingt, weil sie sich vor allem, was nicht zu ihrem Selbstbild passt, »dämonisch verschließen«.

Wie aber äußern sich die drei Kierkegaard'schen Verzweiflungen im Zeitalter der Unendlichkeit? Wie gehen die Bewohner einer destabilisierten Matrix mit der strukturellen Ohnmacht und der damit einhergehenden Angst um? Wodurch finden sie in diesen ungewissen Zeiten Sinn, Heimat und Identität?

In der Gegenwart entspricht die unbewussteste Form der Verzweiflung einem Bewusstseinszustand oder einer Figur, die ich »Kurator« nenne. Der »Kurator« weigert sich, die Anforderungen der Gegenwart zu hinterfragen, sondern tut im Gegenteil alles dafür, um mit ihnen mitzuhalten. Diese latent depressive Lebensform mit ihrer »Obrigkeitshörigkeit« ist am gefährdetsten, denn die Missachtung des Lebens, von der unser ökonomisierter Zeitgeist geprägt ist, wird zur Missachtung des eigenen Lebens, das optimiert, präsentiert und beschleunigt, aber nicht mehr wirklich gelebt wird. Ganz davon abgesehen, dass diese fortwährende Verdinglichung auf Dauer einsam, krank und unglücklich macht.

Die Verzweifelten wiederum, die wissen, wer sie sind, aber dennoch nicht sie selbst sein wollen, nenne ich »Spirituelle«. Der »Spirituelle« als tendenziell hysterische Lebensform verliert sich in seinen Möglichkeiten, weil er sich weder wählen kann als denjenigen, der er bereits geworden ist, noch seine Möglichkeiten als eigene von der unendlich scheinenden Fülle der Möglichkeiten unterscheiden kann. Und obwohl in diesem Bewusstseinszustand die Gegenwart hinterfragt wird, führt das Leiden an ihr nicht zu Engagement und konkreten Veränderungen, sondern zum Rückzug in die eigene Innerlichkeit und zu folgenlosen Schwärmereien von einer besseren Welt.

Den dritten Bewusstseinszustand als einen, der sich anstatt an das eigene Werden ebenso einseitig an das eigene Sein klammert, nenne ich »Fanatiker«. Der »Fanatiker« als jemand, der verzweifelt er selbst sein will, hat von den dreien das größte Selbst-Bewusstsein und ist zugleich am unheilvollsten, weil er sich »dämonisch verschließt«. Nicht nur vor der Wahrheit über sich selbst als endliches und zugleich werdendes Wesen, sondern ebenso vor allem Anderen, was sein eingekapseltes und erstarrtes Weltbild bedroht. Doch wenn wir Kierkegaard folgen, ist sich diese eher zwanghafte Figur ihres Leides an der Welt und ihrer Verzweiflung am meisten bewusst und hat damit die größte Chance, zu sich und ihrem Leben zurückzufinden.

Die drei Kierkegaard'schen Verzweiflungen lassen sich aber auch als missglückte Synthesen – denn genau das sind Identitätsprobleme – und damit als Verdrängungsformen beschreiben: Der Kurator verdrängt eigentlich alles und versucht, vor dem Vergehen der Zeit in eine rasende Betriebsamkeit zu flüchten. Der Spirituelle verdrängt die Freiheit, sich selbst als Gewordenen zu wählen, und somit das Notwendige zugunsten des Möglichen. Und der Fanatiker verdrängt seine Freiheit zu wählen und somit das Mögliche zugunsten des Notwendigen.

Allen drei Figuren ist gemein, dass sie keine Beziehung zum Ganzen und Ewigen haben, denn alle drei sind Subjekte einer Un-Ordnung, die nur noch von Unendlichkeiten strukturiert wird. Der Kurator ist unendlich ausdifferenziert, der Spirituelle ist unendlich widersprüchlich und der Fanatiker ist unendlich verbohrt. Doch zugleich sind auch Fanatiker zutiefst widersprüchlich, ebenso wie der Narzissmus und die Nabelschau des Kurators oft ebenso fanatisch verbissen sind wie die Sinn- und Erleuchtungssuche des Spirituellen. Letztlich ist alles in Wirklichkeit viel unordentlicher und zugleich aufregender als alle Versuche, unsere vielfältigen Bewusstseinszustände zu ordnen und zu beschreiben. Denn sich im kuratorischen, im spirituellen oder im fanatischen Bewusstseinszustand zu befinden ist keine unveränderliche Seinszuschreibung, sondern eine Wahrnehmungs- und Weltangewohnheit. Eine Gewohnheit, die von dem Gebrauch der (in sich bereits essenzialisierenden) Substantive »Kurator«, »Spiritueller«, »Fanatiker« der notwendigen begrifflichen Vereinfachung wegen unterlaufen wird und deshalb immer wieder mitgedacht werden muss.

Die drei aktuellen Lebensformen der Verzweiflung sind deshalb unbedingt als Holzschnitte, Karikaturen und Überzeichnungen zu verstehen, scharfkantig und eindimensional. Die vielen Menschen, mit denen ich im Laufe der Jahre über die Themen des Buches gesprochen habe, sind das nicht. Die meisten haben eine bewusste Haltung zum Leben, denken über sich, die Welt, die Krise und das Unbehagen nach, suchen und finden Glück und Sinn, Austausch und Liebe.

Jeder einzelne Mensch ist deshalb Anlass zu einer Hoffnung, die über alles Erwartbare hinausreicht. Dennoch geben die vorgeschlagenen Charakterisierungen dem Chaos für einen Moment Gestalt, indem sie Linien ziehen, Differenzen schaffen und etwas in Begriffen zusammenfassen, Begriffen, die wiederum kritisiert und in Frage gestellt werden können. Dabei geht es vor allem darum, dass ein Gespräch weitergeht, dessen Wert nicht in einer Lösung, sondern in immer neuen Perspektiven, Denkräumen und Begegnungen besteht. Denn Lebensformen im Modus der Unendlichkeit sind auf fundamentale Weise einsam, ausgeschlossen von der Teilhabe an unserer geteilten Lebendigkeit. Die unendliche Ausdifferenzierung der Oberfläche, die mit der unendlichen Ausdifferenzierung der eigenen Konsumwünsche korrespondiert, verdeckt unseren gemeinsamen Innenraum, weil sie individuelle Unterschiede betont anstatt das, was alle Menschen gemeinsam haben.

Zugleich sind sie Figuren des Übergangs, da jede Krise eine Zuspitzung ist und den entscheidenden Moment beschreibt, bevor sich etwas hierhin oder dorthin entwickelt. Jeder der drei Weltbezüge steht deshalb auch für eine besondere Perspektive auf das Ganze, von jeder kann man etwas lernen. Ebenso kann jeder und jede Einzelne von jedem beliebigen Punkt aus immer wieder zum Ganzen aufbrechen, um zu werden, wer er oder sie ist. Diese Rückkehr zum Leben beginnt, wenn sich das Eigene dem scheinbar Anderen öffnet, um irgendwann – und genau das steht im Zentrum von Kierkegaards Denken – zu begreifen, zu fühlen, zu *wissen*, dass beides aus der gleichen Quelle stammt und uns alle deshalb immer mehr verbindet als trennt.

DAS MÄDCHEN MIT DEN BLAUEN HAAREN

Tatjana Büschke blickt in den Spiegel und bürstet ein paar verklebte Wimpern auseinander. Sie drapiert ihre langen blauen Haare über der linken Schulter und atmet in ihren Brustkorb, so dass sich ihr feinknochiges Schlüsselbein ein wenig hebt. Sie presst die Schulterblätter zusammen und zieht die Luft nach innen, damit ihr schmaler Hals noch ein bisschen schmaler wirkt, formt mit ihren sorgsam geschminkten Lippen einen Kussmund, dreht sich nach links und verändert den Kamerawinkel des Smartphones, als sie merkt, dass auf dem Display noch der Stapel schmutzige Wäsche zu sehen ist, den ihre Mutter eigentlich längst weggeräumt haben sollte. Dann drückt sie ab, nochmal, nochmal, nach ungefähr 20 Versuchen nickt sie sich kurz im Spiegel zu und wirft sich theatralisch auf das große ungemachte Bett, aus dem Kater Otto mit einem erschreckten Satz verschwindet. Tatjana lacht, Pech gehabt, blöder Kater! Seit ihr klar wurde, dass aus Otto durch keine Macht der Welt eine brauchbare Internetkatze werden würde, weil der kleine Teufel jedes Mal um sein Leben gekratzt und gebissen hat, als sie ihn kostümieren, drapieren oder einfach nur fotografieren wollte, ist er ihr fast lästig, und sie schaut auf ihn herab, wie sie auf vieles herabschaut.

Tatjana ist vor vier Monaten 18 Jahre alt geworden, sie geht in die elfte Klasse eines Gymnasiums, das nur zwölf Klassen hat. Ihre Mutter Hera ist Krankenschwester und ihr Vater Wolfgang arbeitet bei einem großen Autohersteller, bei dem fast alle arbeiten, die es nicht geschafft haben, aus dieser mittelgroßen Stadt in der Mitte Deutschlands abzuhauen. Ihr Vater scheint mit seinem Leben und seiner Arbeit sogar zufrieden zu sein, aber Tatjana will unbedingt »weg«. Sie fühlt sich zu Großem bestimmt und betrachtet ihre schöne Mutter, die so glücklich scheint mit ihrem schlecht bezahlten Job und ihrem schweigsamen Ehemann, mit zunehmendem Unverständnis. Früher wollte Tatjana auch Krankenschwester werden, und einige der Stofftiere und Puppen, die sie in der hintersten Ecke ihres Kleiderschranks verwahrt, tragen noch Pflaster und Verbände.

Das ist lange her. Tatjana hat jetzt andere Ziele, genauer gesagt nur ein Ziel, aus dem sich dann alles andere ganz natürlich ergibt: Sie will berühmt werden. Wenn sie in den Spiegel blickt und ihre fein geschwungenen Lippen sieht, die großen Augen, die zarte, fast überschlanke Gestalt und die Haare wie Meereswellen, kann sie sich beim besten Willen nicht vorstellen, warum das nicht klappen sollte. Schließlich heißt sie nach einem Model, ihre Mutter war in den 90ern ein großer Fan von Tatjana Patitz. Aber Model will sie nicht werden, obwohl sie natürlich modeln würde, wie sie auch alles andere machen würde, wenn es nötig wäre: moderieren, Interviews geben, vorführen, verkaufen und natürlich verkörpern.

Tatjana will ins *Licht*, sie spürt einfach, dass sie dorthin gehört, und nachdem sie den besten der soeben angefertigten Schnappschüsse gepostet hat, mit einer süßen Bildunterschrift, ein paar Emojis und drei ironischen Hashtags, ist jeder der sekündlich eintrudelnden Likes Ansporn und Bestätigung zugleich. Tatjanas Instagram-Account hat 8964 Follower, eine Zahl, die sie fast ebenso gut kennt wie ihr Gewicht, das sie mehrmals täglich überprüft. Im Netz heißt sie Ana_Polar_98. Sie postet jeden Tag mindestens drei Bilder, oft mehr. Das Hauptobjekt ihres Blickes ist sie selbst, ebenso wie sie das Objekt ihrer Anstrengungen, Sehnsüchte und Gedanken ist – und wenig anderes.

Tatjana hat das Gefühl, dass sie nur im Netz wirklich lebt. Ihre Bilder sind realer als das kleine Zimmer, in dem ein Bett, ein Schreibtisch und ein alter Schrank stehen, realer als das Essen mit ihren Eltern, realer als der langweilige Unterricht und die dummen Mädchen aus ihrer Stufe, die sich mit den dummen Jungen vergnügen. Tatjana spart sich auf. Wenn man nur sich selbst besitzt, hat man ein gutes Gefühl für die eigenen Vermögenswerte. Ihre Unschuld ist ihr Kapital, diese verführerische Mischung aus Ahnungslosigkeit und den üblichen sexualisierten Posen. Sie hat schon ein paar erotische Bilder gepostet, das gehört einfach dazu. Ihr Hintern in einem weißen String, ihre Brüste im Schatten, Rehblick über einem hochgepushten Dekolletee. Tatjana ist nicht verklemmt – es gab einfach noch keinen Grund für Sex. Niemand, der ihr Herz zum Flattern brachte, niemand, von dem sie das Gefühl hatte, er würde sie fördern, unterstützen. Sie unterscheidet nicht zwischen Dingen, die ihr guttun, und Dingen, die sie weiterbringen.

Otto ist auf das Bett zurückgekehrt, und Tatjana streichelt ihn hinter den Ohren. Sein Schnurren lässt ihr fast die Tränen in die Augen steigen, sie weiß nicht, warum. Sie schubst den Kater vom Bett und schüttelt die Kissen auf, um es sich mit dem Laptop im Schoss bequem zu machen. Zeit für ihre tägliche Dosis Kylie. Auch das ist eines von Tatjanas vielen Geheimnissen. So wenig, wie ihre Eltern wissen, dass sie Ana_Polar_98 ist, so wenig wissen die Fans und Follower von ihrem anderen Account, tati889. Tatjana weiß, dass alles an einem Account Information ist, und hat selbst schon Stunden damit verbracht, die Accounts anderer zu scannen – wem sie folgen, was sie liken und natürlich, wer ihnen folgt. Ana_Polar_98 folgt Kendrick Lamar, FKA twigs und Solange Knowles. tati889 ist ihr *guilty pleasure account*. Sie folgt Selena Gomez, Miley Cyrus und Justin Bieber. Und ihrem heimlichen Idol – Kylie Jenner, der jüngsten Halbschwester von Kim Kardashian, die zu ihrem 18. Geburtstag von ihrem damaligen Freund Tyga, einem Rapper, einen weißen Ferrari bekommen hat.

Tatjana verfolgt Kylies Leben schon seit mehr als zwei Jahren. Sie hat gesehen, wie sich das junge Mädchen mit kantigem Kinn und dünnen Lippen verwandelt hat, wie es sich Kinn und Nase richten ließ, die Lippen aufspritzte und begann, unwiderstehlich schön zu sein. Kylies fast stündlich gepostete Selfies sind zugleich billig und exquisit, Kopien der Posen ihrer Halbschwester Kim und doch ganz eigen. Die Gleichaltrige rührt Tatjanas Herz, weil sie das Gefühl hat, sie zu verstehen.

Was soll man auch machen, wenn die ältere Schwester, Kendall, ein weltberühmtes Model ist und Kim Kardashian, die »Königin der Selfies«, die alles überstrahlende Halbschwester? Wo ist Platz für Kylie? Dass sie ihn sich macht, dass sie auf ihren Erfolg und ihr Glück in der Welt besteht, inspiriert und beeindruckt Tatjana zutiefst. Tatjana besitzt vier von Kylies berühmten Lip-Kits aus Konturen- und gleichfarbigem Lippenstift, denn dass die junge Frau es mit ihrem Style und ihrer Kosmetik geschafft hat, mehr als ihre Supermodelschwester zu verdienen, macht Tatjana seltsam stolz. Ihre Kylie.

Sie kopiert Kylies Posen für ihre eigenen Bilder, ihren Gesichtsausdruck, die Marotte, niemals zu lächeln. Auch ihre blauen Haare verdanken sich der jungen Amerikanerin – Tatjana hat ein Selfie von Kylies neuem Style gesehen und sofort gespürt, dass es »das ist«. Doch wenn jemand Tatjana nach ihren Haaren fragte, sagte sie, es sei ihr einfach so eingefallen. Nachdem sie einige Zeit später ein Interview mit einem skandinavischen Singer-Songwriter gelesen hat, der über seine türkisfarbenen Haare sagte, dass sei »Wave-Punk«, sagt sie das jetzt auch manchmal und übersetzt mit einem fast entschuldigenden Lächeln: Wellen-Punk. Die Leute mögen das, und Tatjana mag, dass sie es mögen. Aber in Wahrheit ist es Kylie Jenner gewesen, die längst wieder andere Haare hat. Man muss den Leuten schließlich etwas bieten.

Kylie Jenner hat mehr als 50 Millionen Follower. Diese Zahl entmutigt Tatjana nicht, so wie die die 23 887 Follower des deutschen Mangamädchens AnouKK entmutigen, sondern sie inspirieren sie, ist der Beweis, dass jeder es schaffen kann, wenn er nur will. Tatjana klickt sich durch Kylies Account. Jedes Bild hyperreal, eine in sich gültig scheinende Welt. Kylie als Blondine mit Augen wie Kim Kardashian und dem Style von Fergie von den *Black Eyed Peas*, Kylie mit langen dunklen Locken und rostrotem Lippenstift als Lookalike der Sängerin Lorde, Kylie mit schwarzen Haaren und Pony, ein Touch Uma Thurman in *Pulp Fiction*. Kylie mit blauen, grünen, gelben Haaren, Kylie mit Sonnenbrille, Kylie mit einem ihrer äußerst erfolgreichen Haarfärbe- und Haarextension-Produkte in der Hand. Kylie in ihrer millionenteuren ersten eigenen Villa, Kylie mit Taillenkorsage wie ihre Schwester Khloé, Kylie halbnackt vor einem Spiegel, die riesigen aufgespritzten Lippen perfekt geschminkt und leicht gekräuselt. Jedes Bild stützt sich auf die anderen Bilder, ein Bilderkosmos, der stündlich wächst.

Tatjana betrachtet die letzte Selfie-Strecke ihres Idols – Kylie ganz natürlich in einem weißen Unterhemd, die Brüste prall und die Lippen wie eine bebende Wunde – und umfasst ihre eigenen Brüste, die man gut pushen kann, aber die eigentlich zu klein sind. Könnte man machen lassen, mal sehen. In der schützenden Präsenz von Kylies letzten Fotos zieht Tatjana wie fast jeden Tag Bilanz. Ihre schönsten Körperteile sind ihr Mund – sie findet Kylies Lippen fast ein bisschen zu groß, ihre eigenen sind lieblich geschwungene Halbmonde, die jeder rote Lippenstift verführerisch verwandelt –, ihre dünnen, festen Oberarme und ihre langen, schlanken und völlig makellosen Beine. Ihre Augenfarbe ist ein langweiliges Braun, geerbt von ihrem Vater, das sie gerne mit farbigen Kontaktlinsen überdeckt. Die hohen Wangenknochen hat sie von ihrer Mutter, die vor vielen Jahren aus Rumänien abgehauen ist und nach einer langen wilden Jugend mit einem deutschen Bauingenieur ihr Glück gefunden hat. Tatjanas Haare reichen bis über ihre Brüste, sie leuchten in einem fahlen Blau. Sie blickt auf ihre rechte Hand, die eine Strähne aufwickelt. Hände und Füße, ihre Sorgenkinder. Zu groß, zu grob, zu ungelenk. Auch die verdankt sie ihrer Mutter, und plötzlich erinnert sie sich an eine Zeit, in der sie gemeinsam darüber gelacht haben, die »Big-Foot-Familie«, und ihr Vater, der schöne schmale Hände hat, wie gedrechselt, hatte immer wieder die Rechte in die Luft gehoben, spöttisch und voller Liebe.

Tatjana legt die linke Hand auf ihren Bauch. Flacher Bauch, schmale Hüften, 172 Zentimeter groß. 54 Kilo, Schuhgröße 42, natürliche Haarfarbe dunkelblond. Sehr fotogen, Tatjana lächelt. 926 Euro gespart, Notendurchschnitt 2,9, Bodyfettanteil 13 Prozent, Stand der letzten Messung, die zweimal pro Woche in dem Fitnessstudio in der Nähe der Schule vorgenommen wird. Sie nickt zufrieden. Dann schaut sie auf Otto, der wieder seinen Weg in ihr Bett gefunden hat. »Wir schaffen das schon«, sagt sie zu ihm, »wir kriegen das hin.« Die Katze schenkt ihr einen Basiliskenblick und fängt an, ihre Vorderpfoten zu lecken.

Es sind ein paar Monate vergangen, Tatjana ist nach einer kurzen Phase mit hellrosa-platinblondem Farbverlauf wieder bei blauen Haaren gelandet, dunkler diesmal, wie die tieferen Stellen des Meeres. An dem Tag, an dem Tatjana 9000 Follower hatte, ist Otto gestorben, er ist ja schon sehr alt gewesen. Danach war für einen Moment wieder alles wie früher, die kleine Familie vereint in Trauer um den Kater, der ihr Leben seit fast 20 Jahren begleitet hatte. Hera war untröstlich und baute einen kleinen Altar aus Bildern und seinem liebsten Spielzeug. Tatjana erinnert sich daran, dass ihre Mutter den Kater nach der männlichen Hauptfigur des Films *Die Liebenden des Polarkreises* des spanischen Regisseurs Julio Médem getauft hatte. Hera liebt Julio Médem, und Tatjana ist mit seinen Filmen aufgewachsen. Wenn sie an Médems verzauberte Geschichten denkt, melancholisch, bedeutungsvoll, spürt sie eine vage Sehnsucht. Sie mag diese Sehnsucht nicht, das Leben ist nicht so. Vielleicht gehören Médems Filme zu den Dingen, die sie ihrer

Mutter am meisten übelnimmt. Während sie über Ottos Namen nachdenkt, um nicht darüber nachzudenken, dass er nie wieder auf ihrem Bett sitzen wird, schafft sie es, nicht zu bemerken, dass Ottos große Liebe »Ana« heißt.

Die Trauer geht vorbei, die Leere bleibt. Wolfgang und Hera wollen eine neue Katze anschaffen, Tatjana weigert sich und spürt, wie ihre Eltern nachgeben, weil sie daran denken, dass die gemeinsame Zeit mit ihrem einzigen Kind begrenzt ist und langsam abläuft. Sie wollen diese Zeit genießen, aber Genießen ist etwas, das Tatjana langsam und gründlich verlernt hat. Dafür werden ihre Selfies immer besser. Gerade ist Frühling draußen, und Tatjana trägt gerne ganz kurze Shorts, die ihre schönen langen Beine betonen. Sie hat eine »Frühlingsreihe« auf Instagram gepostet und ein paar Trends vorgeführt, sehr sexy, eine zarte Erscheinung mit blauen Haaren, übergroßer blauer Iris und sorgfältig zerrissenem Oberteil, ein bisschen Punk, ein bisschen Manga. Sie kriegt so viele Likes wie nie zuvor. Tatjana spürt, wie sie langsam ihren Stil findet, perfekte *roughness*, unangreifbare Zerbrechlichkeit.

Sie isst nur wenig. Ihre Mutter hat versucht, mit ihr über Ernährung zu sprechen. Hera, die mit Ende 40 wie ein Hollywoodstar aussieht, eine Mischung aus Vivien Leigh und Bette Davis, die glänzenden dunklen Haare in sanften Wellen, die Lippen kirschrot und die leuchtenden Augen so voller Leben, dass sich Tatjana manchmal fragt, ob es neben ihrer Mutter überhaupt Platz gibt für eine andere Frau. Aber dann schämt sie sich sofort, denn Hera ist so gut, unschuldig und heiter wie ein Kind, und Tatjana liebt und hasst sie mit schmerzlicher Intensität. Sie beruhigt die Mutter, die nach der Lektüre eines Artikels über magersüchtige junge Mädchen mit argwöhnischen Augen auf die schmalen Hüften ihrer Tochter blickte. Tatjana, die sich ihrer wenigen Aktivposten mehr als bewusst ist, würde sich niemals diese kräftezehrende Krankheit zuziehen. Sie ist nur sehr, sehr dünn. Perfekt für die Kamera.

Die Frühlingslooks haben ihr einige neue Follower eingebracht, und ein Bild, auf dem sie in mühsamster Verrenkungs- und Drapierarbeit ein Foto von Kendall Jenner nachgestellt hat, die Spitzen der langen blauen Haare zu Herzen gebogen, hat über 1000 Likes bekommen. 1000 Likes! Wem soll sie das bloß erzählen? Ihre Eltern will sie nicht einweihen, ihre früheren Freundinnen reden nur von Jungs, Clubs, DJs und dem *numerus clausus* ihrer angestrebten Studiengänge. Tatjana weiß, dass sie einsam ist, aber sie ist fest davon überzeugt, dass es so sein muss, und wenn sie durch Kylies und Kims und Kendalls Selfies blättert, fühlt sie sich bestätigt und getröstet zugleich.

Drei Monate vor ihrem Abitur hat Tatjana 9967 Follower. Sie spürt, dass etwas in der Luft liegt, und sie taucht ein in die Wellen des Netzes, um ihr Schicksal zu lesen – die Stimmung der Kommentare, die Emotionalität der Emojis und Hashtags. Sie fühlt sich mehr und mehr geschätzt, ihre Mühen werden gewürdigt, die besondere, exquisite, feine Person, als die sie sich zeigt, wird erkannt und gesehen. Geliebtes Netz. Ganz weit weg von Hera, ihrem Glück und ihren aufdringlichen Träumen.

Tatjanas Noten sind ein bisschen schlechter geworden, wenn es so weitergeht, wird sie mit einer Drei abschließen. »Damit kannst du nicht mal Sozialpädagogik studieren«, hat Olivia gesagt, die in der siebten Klasse Tatjanas beste Freundin gewesen ist, aber sich bald darauf in eine unerträgliche Streberin verwandelte, wie Tatjana findet. Jetzt zeigt sich, dass Olivia, die schon damals unbedingt Psychologie studieren wollte, das wahrscheinlich auch erreichen wird. Tatjana mustert ihre alte Freundin, die unmodernen Klamotten, das klare Gesicht und das zurückgebundene Haar, und hat für einen Augenblick das

Gefühl, einen schrecklichen Fehler zu machen. Dann denkt sie an ihr virtuelles Leben und zuckt mit den Schultern. Sie ist für Größeres bestimmt. Wer will schon studieren?

Zweieinhalb Monate vor ihrem Abitur hat Tatjana 9991 Follower. Sie ist in einer besonderen Stimmung, fast Erwartung. Die Zeichen stehen günstig. Sie weiß nicht, wie der Erfolg aussieht, sie weiß nur, dass sie ihn erkennt. In der Nacht von Mittwoch auf Donnerstag hat sie einen seltsamen Traum – sie träumt vom Meer, von einem großen Kraken, der in einer Höhle lebt und versucht, sie mit seinen starken Armen zu packen. Sie wacht auf, trinkt ein Glas lasches Zitronenwasser, schläft wieder ein und träumt von einem Ball. Sie erwacht kurz vor dem Wecker, noch mit der Musik in den Ohren. Tatjana greift nach ihrem Computer und ihr Herz setzt für einen Moment aus: 10002 Follower, einfach über Nacht. Sie checkt den Background der neuen Follower, und ihr Herz schlägt schneller, als sie den gutaussehenden und durchtätowierten Lukas »Luke« Wehrmeister entdeckt, der angibt, für das Magazin *Vice* zu arbeiten. Als sie von der Schule nach Hause kommt, findet sie eine Nachricht von ihm vor. Er fragt an, ob sie Lust habe, sich für ein Honorar von 200 Euro für eine ziemlich freizügige Modestrecke – »so Terry-Richardson-meets-American-Apparel-mäßig«, schreibt Luke – in der *Vice* fotografieren zu lassen.

Tatjana kann ihr Glück kaum fassen. Sie sitzt allein in ihrem Zimmer und vermisst Otto so sehr, dass es wehtut. Er würde sich so für sie *freuen*. Denn sie spürt mit allen Fasern ihres Seins, dass das der lang erwartete erste Schritt ist, der Anfang ihres neuen Lebens. Ihres echten Lebens.

VON COOLEN KURATOREN UND SEHNSÜCHTIGEN SPIRITUELLEN

Es ist möglich, in der Hyperrealität zu leben. Doch ist das wirklich ein Leben, so wie wir es kennen? Diese Frage verweist auf eine offene Zukunft. Denn man kann sein (Über-)Leben nicht nur auf die Unmöglichkeit von Sinn bauen, sondern auch auf die Unmöglichkeit des Ankommens: Wer sich von der Unendlichkeit bestimmen lässt, ist unabgeschlossen, ruhelos, nach außen gerichtet. Wer bereits in der Unordnung der Dinge aufgewachsen ist – hier gibt es Überschneidungen mit der soziologischen Gruppe der Digital Natives oder der Millennials, also mit denen, die zugleich mit dem Internet groß geworden sind –, passt sich an, schafft sich ein Leben, macht weiter. Im Meer der Möglichkeiten muss man surfen, nicht rasten. Und wem es gelingt, die Wellen gut zu nehmen, der kommt schneller und anders voran als vor gar nicht allzu langer Zeit.

Kuratoren haben das Marktdenken verinnerlicht, funktionieren im Modus von Konkurrenz und Nützlichkeit und sind dabei Unternehmer und Produkt zugleich. Sie verkaufen sich, und wenn sie alles richtig machen, verkaufen sie sich gut. Als zeitgenössische Form des *homo oeconomicus* teilen sie dessen hybride Struktur und glauben an sich selbst und ihr Recht, das Leben auf Erden zu genießen, ebenso wie an die Allmacht des Marktprinzips. Dabei wird der Glaube an sich und seine Möglichkeiten immer wieder erschüttert durch Versagen, Schwäche und schlichtes Älterwerden. Im Gegensatz dazu übersteht der Glaube an den Einen Markt oft auch diese individuellen Krisen, denn er dient der kuratorischen Existenz als hausgemachter Platzhalter für die Ganzheit des Lebens. Dadurch mangelt es ihnen nicht nur an einer Beziehung zum Ewigen, sondern ebenso an Eigenständigkeit und Entschlossenheit angesichts der eigenen Endlichkeit. Stattdessen sourcen sie ihre Urteilskraft an Experten und Coaches aus, tauschen ihre eigenen Möglichkeiten gegen die Teilhabe an Unendlichkeitsmaschinen wie Facebook oder Instagram und lassen andere mit Klicks, Likes und Aufmerksamkeit ihren Marktwert bestimmen. Für sie stimmt die Diagnose der Soziologin Eva Illouz, welche sie in ihrem 2011 erschienenen Buch *Warum Liebe weh tut* ausgeführt hat: Wenn der Selbstwert zum Marktwert geworden ist und weder Tugend und Charakter noch Status und Stellung das Subjekt stabilisieren, wird bei jeder sozialen Interaktion gleich der ganze Mensch verhandelt.

Diese innere Leere aber versteckt der Kurator nicht, sondern stellt sie aus. Sie dient ihm als White Cube, in dem Meinungen, Lebensstile und Produkte präsentiert und verkörpert werden. So kommen jeder Trend und jedes Trendchen zu ihrem Recht – Shapetember!, Movember!, No Pants Day! –, gerne ironisch, mit dieser kleinen Distanz, die einem hilft, zu vergessen, dass man ohne diese von der globalen Konsum- und Unterhaltungskultur in unendlicher Vielzahl zur Verfügung gestellten Bezugspunkte ganz und gar verloren wäre. Diese ironische Aufmerksamkeit erfüllt einen mit der paradoxen Befriedigung, zugleich mitzumachen und Widerstand zu leisten, dazuzugehören und darin doch ganz und gar man selbst zu sein.

Ein gelungen kuratiertes Leben muss man sich vorstellen wie einen beneidenswerten Instagram-Account, ein selbstironisches Tinder-Profil oder eine durchgestylte Facebook-Seite. Dass es davon bereits unendlich viele gibt, illustriert nicht nur, dass die Flucht ins Bild zu dem gehört, was man gerade eben so macht, sondern auch, dass diese Flucht eine teilweise sogar gelingende Strategie im Umgang mit dem allsehenden Maschinenblick darstellt. Doch zugleich ist diese ständige Nabelbeschau ein wenig kannibalistisch, eine fortlaufende Selbst- und

Weltverwertung, bei der immer die Gefahr besteht, dass Sinn und Sinnlichkeit vollkommen auf der Strecke bleiben.

Der Strom der Kommunikation ist endlos, eine Bewegung, die nie an ihr Ziel kommt. Zugleich machen es die dort unablässig aktualisierten Minireize immer schwieriger, bei der Sache zu bleiben. Oder nachzudenken, größere Zusammenhänge zu erfassen, sich auf sein eigenes Leben zu besinnen. Freiheit heißt eben auch, gewählt zu haben. Wahlfreiheit jedoch heißt, niemals anzukommen.

Doch die Verzweiflung sitzt tiefer. Denn alles, was keine Substanz hat, sondern nur eine Oberfläche, entwertet sich schon beim Ansehen. Jedes Bild lebt nur für den Moment seiner Betrachtung. Ein unendlicher Kosmos von Bildern formt keine sinnhafte Gestalt, sondern nur einen sinnlosen Haufen. Ganz zu schweigen davon, dass diese ausschließlich nach außen orientierte Konstruktion so instabil ist, dass sie beständig von immer neuen Bildern, Events und Highlights gestützt werden muss – Ablenkung ist deshalb tatsächlich Pflicht und Notwendigkeit zugleich. Ein unablässiger Strom an Referenzen und Verweisen ersetzt Eigenständigkeit, Urteilskraft und Tugenden wie Empathie, Mitgefühl oder Solidarität, und das wiederum ist die kuratorische Form der Einsamkeit.

Dabei ist der Kurator als unbewusster Novize des Lebens zugleich locker und verkniffen, gehorsam und strategisch exzessiv, weil der wahre Exzess, nämlich die Unendlichkeit und Unabschließbarkeit des Projekts Selbstoptimierung, so lange vor sich selbst versteckt und geheim gehalten werden muss, bis man vor Erschöpfung zusammenbricht. Das nennt man dann Burnout. Oder Depression. Oder Midlife-Crisis. Wie soll man auch ein eigenes Leben, geschweige denn so etwas wie soziales Bewusstsein haben, wenn man sich so selbstverständlich zur Sache macht, dass man sich fragen muss, ob man unsterblich scheint, weil man tatsächlich niemals endet, oder weil man einfach noch nie gelebt hat?

Auch der Spirituelle flieht vor seiner Endlichkeit. Während der Kurator der Sogwirkung des Unendlichen seine eigenhändig hergestellte und immer schneller aktualisierte Welt entgegenhält, tritt der Spirituelle einen Schritt zurück und blickt nach innen. Allerdings nicht auf sich und seine existenziellen Aufgaben, sondern auf das Ich, das er oder sie gerne hätte – auratisch, einmalig, bedeutungsvoll. Und während in jedem Kurator zugleich ein kluger Kritiker steckt, differenziert und distinguiert, ist die Figur des Spirituellen mit ihrer Sehnsucht nach einer schöneren Seele in einer bedeutungsvolleren Welt zugleich ein Grund, ebendiese Welt für möglich zu halten. Doch andererseits ist diese zeitgenössische Lebensform mittlerweile weniger Weltverbesserer als ihre eigene Parodie.

Tendenziell Team »Transzendenz« zugeneigt, wollen die Spirituellen zwar an Ewiges und Dauerndes glauben, aber der Glaube darf nichts kosten, vor allem nichts vom eigenen Leben. Statt ihrer Sehnsucht nach dem Ganzen nachzugehen, verharren sie in der Sehnsucht wie junge Liebende vor den Profilen der Angebeteten, denn diese Position ermöglicht ihnen, sich besagte Sehnsucht zu bewahren und sich gleichzeitig mit dem für sie interessantesten Menschen zu beschäftigen: ihnen selbst. Auch ihnen geht es letztlich um Selbstoptimierung, was in dieser Form bedeutet, dass man Innerlichkeit und Äußerlichkeit so lange vertauscht, bis es denkbar scheint, Seelenfrieden käuflich erwerben oder durch eine Art andauernder Selbsthypnose wenigstens beschwören zu können.

Wenn es nicht gelingt, wird weiter konsumiert. Die Lücke, die Gottes Abwesenheit zurückgelassen hat, füllt sich mit ständig neuen Glaubensangeboten und für jeden Verzweifelten ist etwas dabei. Ob Ayurvedakur oder Yogilates, ob Schweigekloster oder Tantramassage, ob rituelles Fasten oder der lange Marsch zu sich selbst, auf dem Jakobsweg oder als kleine Gehmeditation in der Mittagspause. Achtsam zu sein, rücksichtsvoll und gegenwärtig zu leben, gehört sowieso dazu. Doch ist das nicht alles an sich erst einmal richtig? Fällt nicht ein Licht in die Seele, egal, mit welcher Motivation man sich um inneres Wachstum bemüht?

Nicht unbedingt. Schon Aristoteles betont, dass die Absicht den Taten eingeschrieben sei wie ein Wasserzeichen. Und oft genug erweist sie sich als stärker denn die heilende Kraft der spirituellen Exerzitien. Meditation funktioniert. Man kann sie ebenso dazu verwenden, den Geist leer und offen zu machen, wie dazu, die eigene Entschlossenheit und Durchsetzungskraft zu erhöhen und so das eigene Ego für den kapitalistischen Überlebenskampf zu stärken. Sich auf das Gute, Wahre, Schöne zu konzentrieren, funktioniert. Doch das Traurige, Ungerechte, Hässliche geht nicht weg, nur weil man ihm keine Aufmerksamkeit mehr schenkt. Achtsamkeit funktioniert. Sie kann den oder die Suchende in das Gewahrsein der Gegenwart führen – oder immer tiefer in das eigene Weltbild hineinstoßen. Und wer die Welt nur noch hinnimmt, denkt nicht mehr darüber nach, sie zu verändern, geschweige denn Verantwortung für die eigene und die gemeinsame Zukunft zu übernehmen.

Diese grundsätzliche Verfehlung der Wahrheit des Lebens geht mit einer gewissen Geistesschwäche einher, verstanden als Unfähigkeit, dieses Leben und sich selbst angemessen zu begreifen. Spirituelle sind weder Herr ihrer eigenen Geschichte noch Teilnehmer der allgemeinen. Stattdessen haben sie es sich in einem nahen und zugleich unendlich fernen Abstand zur Gegenwart bequem gemacht, einem Abstand, der sie ebenso von der tätigen Verantwortung für das eigene Leben wie von der für die gemeinsame Welt entbindet. Ihre apolitische Haltung verdankt sich ihrer an höheren Dingen orientierten Grundausrichtung, denn wer glaubt, braucht nicht mehr zu wissen. Zudem sind ihnen die Anderen in Wahrheit unheimlich, vor allem die, die anders sind als sie selbst, weil sie nicht sehnsüchtig und hoffnungsvoll sind, sondern klar, bestimmt und hungrig.

Wer keinen Sinn für das Eigene hat, kann das Fremde nicht begreifen. Doch trotz dieser Ungereimtheit sind die Spirituellen noch am nächsten an sich und an den Anderen dran. Viele von ihnen sehnen sich nach einem liebevolleren Umgang, bemühen sich um Respekt vor der Schöpfung sowie vor ihren Mitmenschen und spüren dabei eine diffuse Verantwortung. Dabei blicken sie allerdings auf den Zustand der Welt wie ein Kind in ein Schaufenster, anstatt zu begreifen, dass sie es sind, denen das Geschäft gehört. Natürlich ist es vollkommen verrückt, sich für die Vermüllung der Ozeane verantwortlich zu fühlen, für die Lage der syrischen Bevölkerung oder die Rechte saudi-arabischer Frauen, für das Schicksal geschredderter Küken, für das Schmelzen der Polkappen und für das Überleben obskurer Stammeskulturen. Das Einzige, was noch verrückter ist, ist, es nicht zu tun.

Deshalb liegt in dem vagen Schuld- und Verantwortungsbewusstsein für das Ganze, welches die Spirituellen von ihren egozentrischeren Mitmenschen unterscheidet, trotz der latent fatalistischen Haltung und trotz alles inneren Rückzugs tatsächlich die Chance eines anderen Umgangs mit dem Leben. Viele Spirituelle haben bereits ein Gefühl dafür, dass der Wandel, um den es dabei gehen müsste, vor allem ein innerer ist, nämlich das Ergebnis eines veränderten *Bewusstseins*, und damit eines neuen Verhältnisses zu sich, den Anderen und der Welt.

DIDO LÄSST LOS

»Loslassen, loslassen, loslassen«, schreibt Didos Geschäftspartnerin Nele unter die Mail, mit der sie sich bei ihr für die Links zu diesem neuen indischen Guru bedankt. Nithyananda, den seine Anhänger für eine Verkörperung kosmischen Bewusstseins halten, sieht aus wie eine fette glückliche Katze. In seinen millionenfach angeklickten YouTube-Videos spricht er über inneres Erwachen, das dritte Auge und die Illusion einer getrennten Wirklichkeit. »Let go off the ego«, sagt er mit seiner warmen, festen Stimme, »let go, let go.« Das Ego überwinden, die Anhaftungen loswerden, erkennen, dass du eines mit allem bist. Loslassen. Loslassen. Loslassen. Die Worte hallen in Didos müdem Kopf noch ein wenig nach, als sie ihr Tablet wieder sinken lässt und die runde, feste Schulter ihres schlafenden Mannes Ian betrachtet. Ihr Blick wandert weiter zu den verstreut liegenden Anziehsachen von gestern und vorgestern und vielleicht auch von letzter Woche, und kurz spürt sie eine unerklärliche Wut auf den friedlich schlafenden Ian.

Das Haus ist ganz still. Kurz überlegt Dido, ob sie aufstehen und alles aufräumen soll, aber dann fällt ihr Blick wieder auf ihr Tablet und sie öffnet ihren Instagram-Account. SpiritualTruth postet ein Bild von einem sternenbeschienenen Berg, dazu das Zitat »Givers need to set limits, because takers rarely do«. Dido nickt, ohne es zu merken. Wenigstens ist sie nicht allein. Dann findet sie ein Zitat von Rumi, das tief in ihr etwas erklingen lässt: »Jenseits von Gut und Böse gibt es einen Ort – dort treffen wir uns.« Dido nickt wieder. Die Menschen müssen immer werten, werten, werten. Dido spürt, dass Rumi recht hat, dass das Leben mehr ist als das, was man sieht und zu wissen glaubt.

Die Stimme ihrer Tochter Kia lässt sie einige Zeit später

hochschrecken, und wieder spürt sie eine tiefe, brennende Wut. Kann sie denn keinen Augenblick für sich sein? Alle wollen immer etwas, immer muss sie zur Verfügung stehen. Sie schaut auf die Uhr. Viertel nach sieben. Ian schläft noch, und Kias Rufe werden lauter. Sie blickt auf ihren Mann, sein kantiges Gesicht ungewohnt weich im Schlaf, und sie lächelt nachsichtig. Noch eine Viertelstunde gebe ich dir, denkt sie, während sie sich leise erhebt und in Kias Zimmer geht, wo die Zweijährige mit rotem Gesicht in ihrem kleinen Gitterbett steht und immer lauter nach ihrer Mami ruft. »Pscht, Kiki, pscht, der Papa schläft noch«, flüstert sie ihr zu, während sie die Kleine aus dem Bettchen hebt und an ihre schmale Brust drückt.

Kia ist schwer und riecht nach Wiese, Nacht und Pipi. Dido wechselt ihre Windel und dann gehen sie zusammen in die Küche, wo sie Kaffee kocht, Porridge aufsetzt, eine frische Birne und ein paar Bananen schält und entdeckt, dass sie gestern vergessen hat, die Wäsche aufzuhängen. Die Wäsche riecht nach Seife und Moder, und Dido überlegt eine ganze Weile, ob sie sie noch einmal waschen soll. Sie schaut aus dem Küchenfenster und sieht, dass ein neuer, strahlend schöner Frühlingstag angebrochen ist, und beschließt, die nassen Sachen auf dem Balkon vor der Küche aufzuhängen.

»Die Sonne wird es richten, die Sonne wird es richten«, summt sie dabei, bis sie bemerkt, dass es verdächtig still geworden ist. Sie wirft die restliche Wäsche auf den Boden, stürmt in die Küche und sieht, wie Kia den Rest des Papiermülls auf dem Küchenboden verteilt. Die Kleine lächelt ihrer Mutter fröhlich und zugleich schuldbewusst entgegen, und Dido muss sich beherrschen, sie nicht zu schütteln. Stattdessen seufzt sie tief und hörbar, rafft eilig alles wieder zusammen, reißt Kia einen Prospekt aus der Hand und ruft dabei laut »Frühstück« in Richtung des Schlafzimmers.

Als Kia, die mittlerweile brav auf ihrem weißen Hochstuhl sitzt, ihren Vater hereinkommen sieht, strahlt sie vor Glück. Dido beobachtet dieses immer stärker werdende Band zwischen Vater und Tochter mit wachsendem Misstrauen. Das ist nicht immer so gewesen. Als Dido erfuhr, dass sie schwanger war und dass es ein Mädchen werden sollte, war sie überwältigt vor Glück. Endlich würden sie eine richtige Familie werden. Ian war die Liebe ihres Lebens, daran bestand kein Zweifel. Sie hatten sich durch gemeinsame Freunde vor mehr als zehn Jahren kennengelernt, als Ian noch studierte und Dido ihre erste Fortbildung zur NLP-Trainerin abschloss. Nach fünf Jahren hatte er ihr einen Antrag gemacht, und Dido, die ebenso subtil wie entschlossen auf diesen Augenblick hingearbeitet hatte, nahm überglücklich an.

Dann kam Kia. Die Schwangerschaft war leicht gewesen, danach gab es Probleme. Die Milch reichte nicht, Kia schrie oft grundlos, und Dido brauchte lange, um sich von der komplizierten Geburt zu erholen. Am unverzeihlichsten war vielleicht die Sache mit der Narbe, deren immer noch leicht gerötete Überreste bis heute Didos milchweiße Mitte kreuzen. Denn Dido ist schön. Aufsehenerregend, herzzerreißend, unvergesslich schön. Dido weiß, dass sie schön ist, und will es zugleich nicht wissen, weil sie um anderer, innerer Dinge willen geliebt werden will. Die Narbe jedoch erinnert sie daran, dass ihre Schönheit, die ihr so vertraut ist wie der Klang ihrer Stimme, nicht unverlierbar ist, und das ärgert sie, selbst wenn sie es niemals zugeben würde.

Auch Kia hat begonnen, sie zu ärgern. Aus dem schreienden Baby ist ein kräftiges Kleinkind geworden, das gerne spielt und alle Aufmerksamkeit auf sich zieht. Wenn Dido ihre Tochter anblickt, sieht sie nichts von sich, nur dieses satte und saftige Wesen, das jede Gelegenheit nutzt, seinen Willen durchzusetzen. Kias respektlose Lebenslust erscheint ihr mehr und mehr wie ein persönlicher Angriff auf ihre Freiheit, vor allem, wenn sie bemerkt, dass Ian davon ganz hingerissen ist. Das Gefühl, von ihrer eigenen Tochter ausgestochen zu werden, macht Dido ganz klein und kalt. Sie lässt es selten an die Oberfläche kommen, vor allem, da sie natürlich weiß, dass es vollkommen lächerlich ist, dass Ian sie und nur sie begehrt. Er sagt ihr immer wieder, wie schön sie ist, und er will sie, am liebsten jeden Tag. Auch daran ist Dido gewöhnt, und sie entspricht meistens seinem Verlangen, obwohl sie noch nie besonders viel Lust dabei gespürt hat.

All diese Dinge wabern in Dido, während sie Ian Kaffee nachschenkt und Kia nachlässig den Mund abwischt. Die Küche ist hell und lichterfüllt. Dido blickt auf ihren Mann und die heitere Kleine und schimpft mit sich. Wie kann sie nur so gemein sein, so herzlos, oberflächlich und undankbar? Sie hat doch alles – einen guten Mann, der sie und Kia von ganzem Herzen liebt, ein wunderbares kleines Mädchen, das gerade vor Vergnügen aufjuchzt, weil ihr Vater eine komische Grimasse schneidet, und einen tollen Job, der sinnvoll ist und auch noch gut bezahlt, dazu viele Menschen, mit denen sie sich verbunden fühlt. Du bist eine Närrin, Dido, tadelt sie sich, und räumt wie zur Buße rasch den Küchentisch ab.

Wie jeden Morgen gibt Ian seine Tochter auf dem Weg zur Arbeit in der Kita ab. Vor drei Jahren, kurz nachdem er erfahren hatte, dass Dido schwanger war, hat er sich mit seinem alten Freund Maximilian und dessen Bruder Konstantin selbstständig gemacht. Gemeinsam betreiben sie einen Concept Store, in dem man Fahrräder reparieren und Ersatzteile kaufen kann, alles ebenso edel und teuer wie der handgebrühte japanische Kaffee, der auf der rechten Seite des geräumigen Ladens serviert wird. *Brew & Bike* hatte einen schweren Start, aber mittlerweile ist das kleine Café mit dem schnellen WLAN und dem köstlichen Filterkaffee schon vormittags mit Laptoparbeitern und Fahrradliebhabern aus allen Teilen der Welt gefüllt, was ebenso an *Brew & Bike's* fabelhaftem Bike-Blog liegt wie an der Fachkompetenz der Inhaber.

Ian ist ein Fahrradjunge. Er hat wie seine Kompagnons Politik und Geschichte studiert, aber seine wahre Leidenschaft hat Räder. Schon als Kind hat er die Tour de France geguckt, und sein erstes Taschengeld hat er nicht für Computerspiele ausgegeben, sondern für ein BMX. Heute besitzt er je nach Stimmung und Auftragslage drei bis fünf verschiedene Räder, die er regelmäßig wieder verkauft, um sich neue und bessere selbst zusammenzubauen. Sein Geld damit zu verdienen, mit seinen beiden Kumpels abzuhängen und mit Leuten aus aller Welt über die besten Teile, Routen und Ausrüstungen zu sprechen, ist ein wahr gewordener Kindheitstraum, wessen sich Ian durchaus bewusst ist und was ihn mit großer und langanhaltender Dankbarkeit erfüllt. Auch sonst hat Ian, der auf den ersten Blick still, reserviert, fast zurückhaltend wirkt, ziemlich gute Laune. Didos Schönheit ist ein Geschenk, das nicht aufhört, ihn zu entzücken. Und seine kleine Tochter erfüllt ihn mit einer heiligen Liebe und einem Staunen, das er vorher nicht für möglich gehalten hätte. Ian weiß, wer er ist, was er will und wohin er gehört.

Dido hingegen flucht oft heimlich auf die verdammten Fahrräder. Dabei war sie es, die ihn damals ermutigte und sogar eine Weile alles finanzierte, damit er sich bei den Brüdern einkaufen konnte. Träume muss man unterstützen, das hat sie immer gesagt. Auch wenn es nicht die eigenen sind. Denn die Wahrheit ist: Dido mag keine Fahrräder. Seit Ian mit seiner Arbeit mehr verdient als sie mit ihren Coachings, ist ihre Ablehnung einem widerwilligen Respekt gewichen, hinter dem sich immer noch eine unausgesprochene Verachtung verbirgt. Die radeln doch alle vor sich selbst davon, denkt sich Dido, wenn sie sich erlaubt, zu denken, was sie wirklich denkt. Trotzdem lässt sie Ian machen und nickt einfach nur freundlich, wenn er wieder für ein langes Bike-Wochenende irgendwo in Europa verschwindet. Was du liebst, das lasse ziehen, ist ihr Wahlspruch, wer bekommen will, muss loslassen. Loslassen, loslassen, loslassen. Sie hingegen muss jetzt endlich hinnemachen. In einer Stunde trifft sie Nele, um den gemeinsamen Abend im *East of Eden House* zu besprechen, einem eleganten *Members Only Club* in der Mitte der großen Stadt, in dem die beiden Frauen einmal im Monat eine exklusive Gruppenmeditation anbieten. Diesmal will Dido über radikale Selbstliebe sprechen, während Nele es zurzeit mehr mit der Entdeckung der Stille hat. Dido wird sich durchsetzen. Dido setzt sich immer durch.

Kia ist zwei Jahre, fünf Monate und sieben Tage alt, als ihrer Mutter das erste Mal richtig die Hand ausrutscht. Das kleine Mädchen ist auf einen Stuhl geklettert, um an Didos Schminktisch ranzukommen, und hat dabei die Balance verloren. Jetzt sitzt sie heulend in Tiegeln und Scherben, und Dido, die herbeigestürmt kommt, würde am liebsten mitweinen. Da liegt ihr geliebter blauer Schmetterling, ein aufgespießter und gerahmter prächtiger Morpho, den ihr Vater der kleinen Dido von einer Asienreise mitgebracht hat, zerfetzt, das Schutzglas zerbrochen, daneben sickert ein teures Parfum in das alte Parkett und taucht alles in einen herben, viel zu intensiven Geruch.

Kia heult und heult und heult, und während Dido in das rote, verweinte Gesicht blickt, verwandelt sich ihr Mitleid in Wut. Sie reißt die Kleine hoch und schreit sie an, und Kia, die sowieso schon nicht mehr weiß, wohin mit ihrer Angst und ihren Schuldgefühlen, heult nur noch lauter, bis ihre Mutter ihr eine kräftige Ohrfeige gibt. Kurz ist es still. Beide mustern sich einen Augenblick lang, dann fängt Kia wieder an zu weinen, und Dido, die sich ebenfalls tief erschrocken hat, wiegt sie zärtlich in ihren Armen und murmelt tröstende Worte. Als sie später neben ihrer Tochter im großen Bett liegt – Ian ist noch irgendwo in Sachen Fahrrad unterwegs –, mustert sie das schlafende Kind und spürt tiefe Traurigkeit. »Ich mache es wieder gut, ich werde es wiedergutmachen«, murmelt sie, während der kleine Körper warm und ruhig atmend neben ihr liegt.

Dido hat es wiedergutgemacht. Und dann hat sie es wieder getan. Und wieder. Nie mehr so heftig wie bei diesem ersten Mal, aber ab und zu schüttelt sie Kia oder schreit sie an. Dann hasst sie sich, und dann vergisst sie alles wieder, und unmerklich, ganz unmerklich, wandert der Hass von ihr zu Kia, dem Kind, mit dem doch etwas ganz Grundsätzliches nicht stimmen muss, wenn es einer so herzensoffenen Mutter wie Dido so schwerfällt, es zu lieben. Dafür gelingt es ihr immer besser, sich selbst zu lieben. Zusammen mit Nele hat sie eine Serie von Bewusstseinsworkshops vorbereitet, die gestressten Städtern neue Arten von Selbsterfahrung ermöglichen. Auch das transformative Coaching hat wieder angezogen, vor allem nachdem Dido ihre Website und ihren Auftritt in den sozialen Medien neu aufgestellt hat. Dabei sind die neuen Fotos mindestens ebenso hilfreich wie der täglich frisch bebilderte Instagram-Account.

Denn die Coaching-Szene ist ein Haifischbecken. Jeder kennt jeden, und vor allem wissen alle, was die verdienen, die es geschafft haben. Das Problem ist, dass es zwar durchaus renommierte Lehrer und Ausbildungen gibt – Dido hat jetzt, mit Mitte 30, mehr als zehn solcher Kurse hinter sich, vom systemischen Coaching über Hypnosetherapie zu spirituellem Transformationscoaching –, aber jeder Coach mit seinem Aussehen und Auftreten zugleich so etwas wie die eigene Visitenkarte darstellt. Wer will sich schon von einem dicken, unglücklichen Menschen in schlechter Kleidung etwas über Lebenserfolg und die Erfüllung aller Träume erzählen lassen?

Auch hier punktet die schöne Dido mit ihrem entspannt-durchdachten Boho-Look und den cleanen, frischen Bildern. Und sie ist wirklich gut; ihre helle, klare, trainierte Stimme führt ebenso sicher in einen ruhigen meditativen Zustand wie zurück zu einer Erinnerung an eine Zukunft, die man sich mal erträumt und dann wieder vergessen hat. Mit ihren Coachings, Vorträgen und Workshops hat sie schon vielen geholfen, wieder mit sich ins Gespräch zu kommen und eine reichere Perspektive auf ihr eigenes Leben zu finden. Dido hat ein Händchen für Menschen, für vergessene Träume, für das, was die Anderen wirklich brauchen. Sie spürt die Sehnsucht vieler Menschen nach Sinn und Bedeutung, nach den tieferen und geheimnisvolleren Seiten des Lebens, nicht abstrakt, sondern ganz konkret, weil diese Sehnsucht auch die ihre ist. »Das Göttliche ist in dir. Du selbst bist das Geheimnis, das du suchst«, schreibt sie unter die bezaubernde Miniatur einer kambodschanischen Tempeltänzerin, bevor sie beides zusammen postet. Ihr Smartphone vibriert, und Dido lächelt.

Ian lächelt auch. Er kann gar nicht anders, denn der Mensch, der sich Selenas Charme entziehen könnte, muss erst noch geboren werden. Seit die Studentin damit betraut wurde, im *Bike & Brew* Kaffee auszuschenken, geht Ian noch lieber zur Arbeit. Er liebt seine Frau. Aber seitdem Dido diese neue berufliche Offensive gestartet hat, ist sie irgendwie abwesend, weit weg. Ian weiß immer noch genau, wer er ist und zu wem er gehört, er hat nur, ohne Hintergedanken, ja fast ohne selbst davon zu wissen, angefangen, ein bisschen Platz für etwas Anderes, Mögliches freizuräumen. Selena studiert Philosophie.

Ihre langen mausbraunen Haare färbt sie seit Jahren schwarz, und ihr Mund ist groß und rot und lacht viel. Sie schreibt an ihrer Masterarbeit über Formen der Lebenskunst bei Nietzsche und Foucault. Gerade sitzt sie an einem Kapitel über die Rezeption der »Ästhetik der Existenz«, ein Ausdruck, der tief in ihrer Seele etwas zum Klingen bringt. Selena liebt das Leben, ihr Leben. Ihre größte Leidenschaft gilt den alten weißen Männern und Frauen, deren Worte sie inspirieren und begleiten auf eine Weise, die ihre netten bürgerlichen Eltern weder verstehen noch bieten können, was diese aber nicht davon abhält, ihr einziges Kind zu lieben, zu unterstützen und ein wenig zu bewundern.

Selena liebt Bewunderung, und sie weiß, wie man sie bekommt. Sie ist geistreich, witzig, ein bisschen frivol und eine gute Zuhörerin. Sie trinkt gerne Gin Tonic, raucht viele selbstgedrehte Zigaretten und schläft mit allen Männern, die ihr gefallen. Der melancholische Ian, wie sie ihn nennt, gefällt ihr auch. Sie weiß, dass er verheiratet ist und ein Kind hat, aber sie findet, das ist ganz allein seine Entscheidung. Vor allem, weil sie weiß, dass es ihr letztlich nichts bedeuten würde, dass sie nichts von ihm will außer dieser zugleich vagen und verbindlichen Begegnung, die dauern kann, aber nicht muss. Selena flirtet nicht. Stattdessen gibt sie ihrem Gegenüber freimütig zu verstehen, ob er Chancen hat oder nicht, und so weiß Ian jenseits aller Zweifel, dass ihn dieses exotische und selbstbewusste Geschöpf gerne mal näher kennenlernen würde. Auch das vergisst er wieder, aber er vergisst niemals, es zu genießen.

»Sie haben ihn in die Klapse gesteckt.« Die Stimme seines alten Freundes Maximilian lässt ihn hochschrecken. »Er ist nackt mit einem Messer durch die Stadt gelaufen, kannst du dir das vorstellen? Ausgerechnet Konstantin mit seinem Eso-Tick.« Ian schüttelt den Kopf und versucht dabei, das tiefe

Unbehagen abzuschütteln, das ihn bei diesen hastig hervorgesprudelten Worten ergreift. Ein anderer Teil von ihm überlegt bereits, wie man Konstantin für eine Weile ersetzen kann, wer den Blog betreut, wer mit dieser italienischen Firma wegen des handgeschmiedeten Rahmens spricht. Dann wird ihm bewusst, was er da tut, und er wendet alle Aufmerksamkeit seinem aufgelösten Gegenüber zu, der dadurch langsam wieder zur Ruhe kommt.

Konstantin bleibt für eine Weile in Behandlung. Sein unerwarteter Ausnahmezustand hat die zwei Übrigen und Selena in eine verschworene Gemeinschaft verwandelt. Sie haben beschlossen, Grund und Ausmaß der Erkrankung für sich zu behalten, auch der rasch eingestellte Praktikant weiß nur, dass der dritte Chef ein wenig Abstand braucht. Wenn der Kleine nach seinem Acht-Stunden-Tag in die nächtliche Großstadt verschwindet, sitzen die beiden verbliebenen Chefs noch lange mit Selena in dem geschlossenen Café und reden über Wahnsinn und Gesellschaft, diskutieren die Unterschiede von Psychose, manischer Depression und Schizophrenie und überlegen, ob und unter welchen Vorsichtsmaßnahmen ein Verrückter in einem Fahrradladen arbeiten kann. Manchmal bleiben Ian und Selena gemeinsam noch ein wenig länger, und in diesen ruhigen Abendstunden wird aus dem Platz ein Raum und aus der Möglichkeit eine Gewissheit.

Dido hat unterdessen die beste Zeit ihres Lebens. Ihre Workshops mit Nele sind so erfolgreich, dass ein großes Modeunternehmen angefragt hat, ob man sie auch für seine Mitarbeiter abhalten könnte. Ihre ehrenamtliche Arbeit mit drei Flüchtlingsmädchen, die sie aus einer Laune, besser gesagt aus einem Schuldgefühl heraus anfing, weil sie sich wieder einmal so oberflächlich und undankbar gefühlt hat, erfüllt sie mit einem Gefühl tiefster Zufriedenheit. Auch ihr Umgang mit Kia hat sich gebessert, und sie hat damit begonnen, ihrer Tochter jeden Tag zu sagen, wie sehr sie sie liebt. Was seltsamerweise dazu führt, dass sie tatsächlich immer wärmere Gefühle für die Kleine entwickelt, die ihrerseits ihrer Mutter dadurch entgegenkommt, dass sie ihr langsam ein wenig ähnlicher sieht. Auch Ian ist zu ihr zurückgekehrt, das fühlt sie, er hört ihr mit neuer Aufmerksamkeit zu und liebt sie mit lang vergessener Heftigkeit.

Dido fühlt sich angekommen, sie spürt sich in der Mitte ihres Lebens. Das muss gefeiert werden! Und zwar mit der Erfüllung eines wahren Herzenswunsches: einem Workshop zum inneren Erwachen mit dem erleuchteten Guru Nithyananda in seinem Ashram in Indien. Sie hat es verdient. Sie kann es sich leisten. Sie ist bereit. Ians Mutter wird zusammen mit ihm auf Kia aufpassen, Nele übernimmt für zwei Wochen ein paar Klienten und die syrischen Mädchen. Und so macht sich Dido mit wenig Gepäck und großen Erwartungen auf nach Indien. Sie wird nicht enttäuscht. Und während sich am achten Morgen tatsächlich die versprochene innere Schau einstellt und sie des Kreisens der Unendlichkeit in allen Dingen gewahr wird, lässt auch Ian los, endlich, mitten hinein in die keuchende Selena, und alle drei spüren im gleichen Augenblick, dass die Welt tatsächlich ein staunenswerter Ort ist, voller Geheimnis, Zufall und Wunder.

DIE FUNDAMENTE DES FANATIKERS

Während Spirituelle und Kuratoren noch versuchen, im Meer der Möglichkeiten irgendwie mitzuschwimmen, zieht sich der Typus des Fanatikers auf festeren Grund zurück. Dieser Grund ist natürlich fiktiv und deshalb umso glaubwürdiger: *Credo, quia absurdum est*, ich glaube, weil es unvernünftig ist. Dieses geflügelte Wort aus der christlichen Theologie formuliert den ewigen Widerspruch zwischen der menschlichen Vernunft und der Notwendigkeit, als gläubiger Christ Dinge wie die unbefleckte Empfängnis oder die Auferstehung Christi gegen alle Natur- und Welterfahrung nicht nur metaphorisch, sondern faktisch für wahr zu halten. Auch der Fanatiker glaubt an Sachverhalte, die nicht unbedingt mit der Realität übereinstimmen müssen. Damit ist er in der eigenen Weltanschauung gestrandet, was bedeutet, das alles, was anders ist – Perspektiven, Lebensweisen, Menschen –, abgewehrt und abgewertet wird. Dabei sind Fanatiker zugleich unendlich offen – auch noch der absurdeste Mist kann geglaubt werden – und unendlich beschränkt, weil alles, was das jeweilige Weltbild stört, nicht nur nicht wahrgenommen wird, sondern grundsätzlich nicht sein darf.

Der schillernde Kurator ist vielleicht das typischste Subjekt der Gegenwart, der düstere Fanatiker das unvermeidlichste. In dieser Weiterentwicklung – oder auch Rückentwicklung – des *homo oeconomicus* trifft irdische Rücksichtslosigkeit auf einen unerschütterlichen Glauben an die eigene Weltsicht, die den Fanatikern ebenso selbstverständlich erscheint wie dem klassischen *homo oeconomicus* der Glaube an die eigenen Fähigkeiten und die Allmacht des Einen Marktes. Zudem werden die meisten Fanatiker trotz aller Abgrenzungstendenzen von einem geheimen Verschmelzungswunsch beherrscht, der sie davon erlösen soll, ihr eigenes Leben zu leben und zu verantworten. Auch sie treibt also eine Sehnsucht nach dem Ganzen, doch dieses Ganze ist weder wahrhaftig universell noch spirituell, sondern allenfalls totalitär, eine bestimmte Gruppe betreffend. Im schlimmsten Fall können sich Denken und Handeln dabei irgendwann auf einen simplen Satz reduzieren: »Wer nicht für mich ist, ist gegen mich.«

So vermischt sich wahnhaft-paranoide Selbsterhöhung mit der Aufwertung des eigenen Ichs durch Abwertung alles Anderen. Die mühsame Arbeit, man selbst zu werden, wird durch Abgrenzungen ersetzt, die umso besser funktionieren, je schärfer sie das fanatische Ich konturieren. Der andere Mensch ist dadurch weder Gegenüber noch Publikum, sondern Podest, also etwas, auf dem man stehen kann, um die eigene Position zu verbessern. Das Resultat sind Verachtungsketten, die sich durch alle Milieus und Altersgruppen ziehen, ist doch nichts einfacher, als jemanden aus diesen oder jenen Gründen zu entwerten. Denn auch wenn man nichts Reales hat, auf das man stolz sein kann, ist es doch möglich, auf jemanden herabzuschauen. Das ist die fanatische Form der gegenwärtigen Einsamkeit, die einerseits am Anderen oft genug das verachtet, was sie von sich selbst nicht wissen will, und andererseits bewusst negiert, was uns Menschen miteinander verbindet.

Fanatiker sind grundsätzlich elitär; ihre tiefste und manchmal auch verborgenste Überzeugung besteht darin, besser als irgendwelche »Anderen« zu sein. Das kann von einem auf den ersten Blick volkstümlich wirkenden Nationalismus über linke Systemverachtung bis hin zu offen zur Schau gestellter Leistungsprotzerei reichen. Deshalb ist der fanatische Bewusstseinszustand zugleich kaum *gesprächsbereit* – konfrontieren uns doch schon die einfachsten Auseinandersetzungen mit einem anderen Denken mit der schlichten Tatsache, dass man das Leben auf viele Weisen wahrnehmen kann. Ebenso wie sich selbst. Doch genau für diese Zweifel hat das fanatische Denken keinen Platz – nicht an der eigenen Weltanschauung und schon gar nicht an sich selbst.

Wenn wir diesen Glauben an die eigene Überlegenheit als eine Grundkonfiguration fanatischen Denkens bestimmen, sind auch die leistungsbereiten Winner wieder mit im Boot. Denn obwohl eine arbeitslose Identitäre oder ein dahinkrebsender Linksextremer verglichen mit einem erfolgreichen *new rich* mit der Behauptung ihrer Überlegenheit eine ziemlich lächerliche Figur abgeben können, geht es beim fanatischen Denken nicht um den Beweis der Überlegenheit, sondern um ihr emotionales Vorhandensein, also darum, sich über seine Mitmenschen zu erheben und das irgendwie moralisch oder intellektuell zu rechtfertigen. Dabei ist dieses Beharren auf die eigene Sonderstellung die einzige Erzählung, für die es keiner Legitimation bedarf. Denn anders als der Kurator muss sich der Fanatiker nicht verkaufen. Sein Selbstwert ist nicht sein Marktwert, sondern seine Überlegenheit, die ebenso beständig bestätigt werden muss wie die Performance des Anderen beklatscht. Allerdings kann das dieser Verzweifelte tatsächlich selbst leisten; er braucht die Anderen nicht direkt, sondern indirekt, als etwas, das er verachten, missbilligen und im schlimmsten Fall auch bekämpfen kann.

In dieser grundsätzlichen Autonomie zeigt sich nicht nur das menschliche Vermögen, in evidenzfeindlicher Dumpfheit zu verharren, sondern ebenso die Kraft, sich an Einbildungen und Geschichten entlang selbst aus dem Sumpf zu ziehen. Doch zugleich schließt sich die fanatische Weltanschauung meistens an eine vorgegebene Ideologie an. Auch Fanatiker weigern sich, selbst zu denken, zu wissen und zu wollen. Letztlich geht es ihnen sowohl um Zugehörigkeit als auch um Macht, denn jeder und jede, der oder die von einer neuen alten Ordnung träumt, setzt sich heimlich an deren Spitze. Außerdem ist fanatisches Denken schlicht eine Angstreaktion, nicht nur, aber auch verursacht von der Unordnung der Dinge.

Weil die Fundamente des Allgemeinen schwanken, erstarkt der Fundamentalismus. Weil das Haus keine Heimat mehr ist, bilden sich Parallelwelten und -gesellschaften. Und weil die alten Antworten nicht mehr tragen, suchen und finden Menschen neue Antworten. Typisch für fanatisches Denken ist dabei die Ablehnung alles Vieldeutigen und Widersprüchlichen, ob unbestimmte Geschlechtsidentität wie Inter- oder Transsexualität oder nicht fortpflanzungsorientiertes Begehren wie Bi- oder Homosexualität. Denn derjenige, der verzweifelt er selbst sein will, ist zugleich »dämonisch verschlossen«. Verschlossen vor dem Ganzen und vor dem Anderen, vor dem Sozialen und damit auch vor seinem eigenen Leben und den Folgen seiner Taten. Der Fanatiker will um nichts in der Welt wahrhaben, dass der Andere, Fremde in Wahrheit so ist wie er selbst, dass unsere Unterschiede angesichts unserer gemeinsamen Lage nichtig sind, dass wir Menschen uns verstehen können und verstehen müssen. Denn dieses Denken bedroht sein schwaches Ich, das nur durch Abwertung von Anderen aufrechterhalten wird.

Wenn einer oder eine jedoch nur die Behauptung der eigenen Überlegenheit hat, um ihm oder ihr Sinn, Identität und Sicherheit zu geben, wird er oder sie diese Überlegenheit erbarmungslos verteidigen. Zugleich steckt in jedem Fanatiker ein hypothetischer Widerstandskämpfer, und auch dieses revolutionäre Potential sammelt sich als Reaktion auf die zunehmende Sinnlosigkeit und Unbewohnbarkeit unserer zugleich schier omnipräsenten westlichen Kultur. Das Problem liegt in den Alternativen. Der Fanatiker will keine offene Zukunft für alle, sondern eine geschlossene Gesellschaft für wenige, die so sind wie er oder sie. Und sollte es denen, die machtlos sind, gelingen, denen, die ihre Macht aller Ungerechtigkeit zum Trotz ziemlich erfolgreich verteidigen, ebendiese Macht zu entreißen, tauschen wir die glitzernde Barbarei der späten Moderne gegen die altbekannte Barbarei patriarchalischer und volksnationaler Strukturen.

Doch die Lösung, sofern dieses Wort überhaupt Sinn macht, kann nicht in der Wahl zwischen zwei Übeln liegen. Nicht die Welt muss sich ändern, sondern unser Umgang mit dem Leben und mit uns selbst. Die wahre Revolution ist eine *Bewusstseinsrevolution*, getragen von der Notwendigkeit, selbst zu urteilen, zu wissen und zu fühlen; eine unerbittliche Verteidigung von Kritik, Zweifel und unbeantwortbaren Fragen und ebenso eine niemals aufzugebende Verteidigung der Möglichkeit, ein Gewissen zu haben, zu lieben, zu hoffen und verbindlich zu sein.

WIE ANDREAS NACH HAUSE KAM

Nach vielen Jahren der ängstlichen Sorge ist die Stelle auf seinem Kopf tatsächlich kahl geworden. Seine immer noch dunklen Locken verdecken die haarlose Haut, aber vor sich selbst kann er es nicht mehr länger verstecken: Andreas Bergmann, auch »Dändy Ändy« genannt, wird älter. Dabei hat er sich gut gehalten, es lohnt sich anscheinend doch, schon ab den späten Zwanzigern kräftig zu cremen. Er hat auch nicht allzu viel zugenommen in den letzten zehn Jahren und die teuren Cashmere-Pullover, die er sich schon in der Studienzeit in allen möglichen Varianten angeschafft hat, stehen ihm immer noch ausgezeichnet.

Trotzdem ist natürlich alles ganz anders geworden. Älter zu werden heißt, andere Dinge zu machen, vielleicht auch, ein anderer zu werden. Vater zum Beispiel, wie sein alter Freund Lukas »Luke« Wehrmeister. Die beiden kennen sich seit der Zivildienstzeit, wo beide zum ersten Mal faltige Haut gewaschen, fremde Kühlschränke gefüllt und schwache, kranke Menschen herumkutschiert haben. Während Andreas dieses Kapitel seines

Lebens kaum mehr gegenwärtig ist, ist Luke diese Erfahrung ziemlich präsent, und dankbar erinnert er sich daran, wie man Windeln wechselt und Betten macht. Die Ankunft seines kleinen Sohnes vor einem halben Jahr hat seine lässige Fotografenexistenz in ihren Grundfesten erschüttert, was nur ein anderer Ausdruck ist für ein Glück, das so groß und so geheimnisvoll ist, dass Luke keinerlei Anstalten macht, es mitteilen zu wollen. Außerdem ist er viel zu müde.

Andreas hat amüsiert verfolgt, wie sein alter Freund sich erst von irgendeiner Wannabe-Influencerin das Herz brechen ließ und sich anschließend mit zahllosen Tinder-Dates tröstete. Doch dann lernte er Anna kennen, eine Stewardess mit reizenden Sommersprossen. Und gebärfreudigen Hüften, wie Andreas bei ihrem ersten Treffen schnell kategorisierte, während er ihr strahlendes Lächeln auf charmanteste Weise erwiderte.

Obwohl er nachvollziehen konnte, was sein alter Kumpel bei ihr zu finden hoffte, kam die Nachricht von Annas Schwangerschaft wie ein Schock. Andreas fühlt sich immer noch auf seltsame Weise verraten, aber letztlich ist es ihm auch egal, wie ihm alles immer egaler wird, weil es für ihn immer schwieriger geworden ist, an irgendetwas wirklich Anteil zu nehmen. Das betrifft nicht nur die Notwendigkeit, den eigenen Verfall zu verdrängen, sondern auch das Verblassen der großen Träume von einem eleganten und bedeutungsvollen Leben mit guten Freunden, interessanten Reisen und aufregenden Abenteuern aller Art.

Und Tessa. Tessa muss auch verdrängt werden. Ihre traurige Verwandlung tut mehr weh als Lukes neue Rolle, vor allem, weil Andreas immer schon ein ganz klein wenig auf seinen alten Freund hinabgesehen hat, denn Luke, der Selfmade-Fotograf, hat keinen Studienabschluss und sortiert seine wenigen Bücher nach Farben. Von Tessas Bücherregalen hingegen hat sich Andreas immer verstanden gefühlt; die wilde Unordnung in ihrer großen Altbauwohnung inspirierte und erschreckte ihn gleichermaßen.

Tessa hat reiche Eltern. Sie betreibt eine kleine Galerie, wobei sie sich, vor allem wenn sie gekokst hat, als moderne Mäzenin versteht. Wenn Andreas, wie häufiger in letzter Zeit, an die Vergangenheit denkt, erinnert er sich an den Sommer vor zehn Jahren, in dem sie Tessa kennengelernt haben. Luke hatte sie angeschleppt, ein irisierendes Nachtschattengewächs mit zarten Zügen, die Andreas mitten ins Herz trafen. Einen goldenen Sommer lang waren sie unzertrennlich gewesen, jung, frei, ineinander und ins Leben verliebt, und auch danach waren sie sich noch lange nahe gewesen, Kinder der Nacht und Könige der Morgendämmerung.

Während Andreas damals den Höhepunkt seiner DJ-Laufbahn erlebte, mit Gigs in Barcelona, Marseille und Manchester, einmal waren sie sogar zusammen nach Mexiko geflogen, kam Lukes Fotografenkarriere nur langsam ins Rollen. Doch seine Tattoos vermehrten sich mit seinen Fähigkeiten. Mittlerweile ist Luke ein durchtätowierter Fotograf, der nicht nur künstlerisch, sondern auch kommerziell Erfolg hat. Tessa hingegen hat weniger Glück gehabt. Aus dem leuchtenden Mädchen ist eine unzufriedene, fahrige Frau geworden. Nach dem Ende ihrer letzten Beziehung mit einem dänischen Musiker vor drei Jahren hat sie sich zurückgezogen; bei einem der selten gewordenen Treffen fiel das Wort »Depression«. Irgendwann war sie anscheinend sogar kurz in einer Klinik, Andreas traute sich nicht nachzufragen. Stattdessen wird er bei jeder Begegnung von vagen Schuldgefühlen heimgesucht, gemischt mit Unverständnis. Wie kann man sich nur so gehen lassen? Tessa redet zu viel, raucht zu viel, ist viel zu dünn. Gespenstisch. Sie und Andreas treffen sich immer noch manchmal beim Ausgehen, wo alles ganz anders geworden ist, wie ihnen scheint, doch in den blassen Morgenstunden dämmert ihnen, dass sie es sind, die sich verändert haben.

Andreas hat keine Depression, Andreas hat eine Kosmetikerin. Während Luke ihn langweilt, fühlt er sich von Tessa abgestoßen; ihre Schwäche ekelt ihn mindestens ebenso an wie die kahle Stelle auf seinem Kopf. Er ist immer noch bereit, es mit der Gegenwart aufzunehmen, alles richtig zu machen, weiterhin zu genießen. Ab und zu hat er noch Gigs als DJ, eher ein Privatvergnügen, von seiner Arbeit als Radiomoderator und Musikjournalist kann er ganz gut leben. Es macht ihm Spaß, über seinen Job zu lästern, und er verachtet seine Kollegen.

Mit den Frauen läuft es auch noch, wie üblich. Gerade schläft er mit Elena, einer Kunstgeschichtsstudentin, deren lange schwarze Haare und wogende Kurven ihn des Nachts auf eine Weise bedecken, die ein Weiterleben zumindest denkbar erscheinen lässt. Drogen helfen auch, manchmal. Alkohol ebenfalls, zuverlässiger, Gin Tonic oder nur Bier, und immer öfter setzt er sich einfach mit einer Flasche Wein vor den Fernseher und schläft ein, gekrümmt, erleichtert. Bis zum nächsten faden Morgen.

Nichts ist wirklich schlimm im Leben des Andreas Bergmann, aber es ist auch nichts wirklich gut. Seine Gefühle sind ganz weit weg, wie hinter Glas, nur ein diffuses Unbehagen ist anwesend, ungreifbar und unabweisbar zugleich.

An seinem 45. Geburtstag lädt Andreas alle alten und neuen Freunde zu einem großen Essen ein, auch ein paar Kollegen. Er ist ein ausgezeichneter Gastgeber, liebenswürdig, unterhaltsam, mit einem guten Gedächtnis und einem Instinkt für die Wünsche seines Gegenübers, und es fällt seinen Mitmenschen leicht, ihn zu mögen. Die Stimmung ist erst gut, dann ausgelassen, es wird viel getrunken und später noch gekokst, und immer mal wieder bringt jemand einen Toast auf den »fabelhaften Dändy Ändy« aus, der sich galant verbeugt, die jünglingshaften Wangen rot, die Augen funkelnd. Und doch kommt sich Andreas gerade an diesem Abend wie ein erbärmlicher Schauspieler vor, ein unbedeutender Statist in einem bedeutungslosen Leben.

Mitten in der Nacht, während Alkohol durch seine Adern rauscht und Kokain seine Synapsen flutet, hat Andreas auf einmal nur noch einen Wunsch: weg hier. Und endlich nach Hause. Er blickt in verzerrte Gesichter, hört die Unterhaltungen, die nur noch um sich selbst kreisen, sieht, wie ein junger Kollege die verschmierte Tessa in einer Ecke befummelt, und fühlt nichts als Ekel. Die Hoffnung verlässt ihn. Und kehrt nicht wieder.

Andreas hat immer große Stücke auf sich gehalten. Seit seiner intellektuellen Jugend, die angefüllt war mit der nächtelangen Lektüre von Marx, Foucault und Che Guevaras *Motorcycle Diaries* hat er sich als kritischen Geist begriffen, weltoffen, gebildet. Als er älter wurde, kamen die Ironie und Bret Easton Ellis dazu. Dabei hat er stets gespürt, dass er etwas Besonderes ist, hat sich ernst genommen und sich um sich selbst bemüht, viel gelesen, über vieles nachgedacht, sich auf dem Laufenden gehalten. Das Gesamtkunstwerk Andreas Bergmann war eben nicht nur von außen, sondern auch von innen immer top gepflegt.

Allerdings ist es schon vor dieser Geburtstagsnacht zu gewissen Verfallserscheinungen gekommen. Und vor zwei Jahren ist sein Vater gestorben, ein alternder Lebemann, dem er sich immer überlegen gefühlt hatte. Andreas fuhr in das kleine Dorf, in dem seine Mutter immer noch wohnt, stand im schwarzen Leinenanzug mit großer Sonnenbrille am Grab seines Vaters und suchte nach irgendeinem Gefühl. Er fand nichts. Seine Mutter blickte auf ihren gutaussehenden Sohn und auf den Sarg ihres Mannes, von dem sie seit Jahrzehnten getrennt gelebt hatte, und dachte an den griechischen Salat, den sie für das folgende Beisammensein vorbereitet hatte. Ob sie noch besser würzen musste? Der Junge mochte es, wenn das Essen kräftig schmeckte. Sie hatte längst aufgehört, nach Enkeln zu fragen, sie spürte, dass er es hasste, in die Enge getrieben zu werden. Über die Jahre hatte sie gelernt, ihre dunkle schwere Sorge ganz um sich selbst zu schlingen, eine dicke Frau mit samtiger Haut und intensiven Augen.

An diesem Abend saß Andreas in der Dorfkneipe und trank Bier. Das Langsame, Dumpfe gefiel ihm, er fühlte sich angenehm betäubt. Irgendwann kam Arne »Pippi« Gladbeck, den sie als Kind immer wegen seiner roten Haare und der vielen Sommersprossen gehänselt hatten, durch die Tür und setzte sich zu ihm. Pippi lebte von der Stütze, wie er jedem sofort erzählte. Die Jahre waren nicht freundlich zu ihm gewesen, er trug einen alten Jogginganzug und roch, als hätte er sich schon länger nicht mehr gewaschen. Andreas gab ihm ein Bier aus. Pippi begann sofort, auf alles und alle zu schimpfen. Das Geld reichte nicht, und Arbeit gab es auch keine mehr, eine Schande war das, aber wie sollte es auch anders sein, wenn der Staat das Geld seiner Bürger für Flüchtlinge ausgebe. Die sollten sich doch bitte vor Ort um ihre Probleme kümmern, anstatt uns hier auf der Tasche zu liegen.

Normalerweise hätte es Andreas ein gewisses Vergnügen bereitet, Pippi darauf hinzuweisen, dass es in ihrem kleinen Dorf immer noch keinen einzigen Ausländer gab, aber er fühlte sich einfach zu müde. Und dachte stattdessen an die Gruppe von Jugendlichen, die bei seiner Abreise vor dem Berliner Hauptbahnhof herumgelungert hatte, ihre schlanken, muskulösen

Körper, die intensiven dunklen Augen, fast wie die Augen meiner Mutter, befand er plötzlich, und bestellte noch zwei Bier.

Zurück fuhr er mit dem Auto seines Vaters, das mit einigen Sachen aus dessen Nachlass beladen war. Andreas hatte immer schon gerne gesammelt, aber irgendwann in den letzten Jahren hatte er ein wenig den Überblick verloren. Von den Kisten seines Vaters sollte sich seine Wohnung nicht mehr erholen. Es macht ihm nichts. Er hat schon länger damit begonnen, sich an gewisse Dinge zu gewöhnen. Manchmal trägt er auch den alten grünen Parka seines Vaters, der ihm ein bisschen zu groß ist.

Während Andreas am Morgen seines 46. Lebensjahres mit einem gewaltigen Kopfschmerz erwacht, werden die offiziellen Zahlen zur Flüchtlingskrise bekannt gegeben. Deutschland hat im Jahr 2015 schon 800 000 Geflüchtete aufgenommen, bis zum Jahresende werden es wohl eine Million sein. Als er, noch im Bett liegend, die Überschrift auf *Spiegel Online* liest, fühlt er wieder Ekel. Dann liest er verspätete Geburtstagsglückwunsche auf Facebook, und die Welt ist wieder in Ordnung.

Doch der Frieden währt nicht lange. Von dem Gefühl an diesem verkaterten Morgen seltsam angerührt beginnt Andreas, sich für die politische Lage zu interessieren, liest, recherchiert, liest noch mehr. Es tut ihm gut, seinen Geist wieder einmal zu beschäftigen. Und endlich wieder etwas zum Reden zu haben. Nach einer Eingewöhnungsphase fängt er selbst an, in Foren zu posten und zu kommentieren, denn weder der müde Luke noch seine Kollegen teilen sein erwachendes politisches Bewusstsein. Im Netz hingegen findet er kritische Geister, die nicht nur nachbeten, was die Medien sagen, sondern den Blick auch mal über den Tellerrand schweifen lassen. Dieser Austausch, der mehr und mehr Zeit beansprucht, bereichert Andreas auf eine längst vergessene Weise. Endlich ist er nicht mehr so allein.

Von seinem dabei fast unmerklich hervorbrechenden Patriotismus ist Andreas selbst erstaunt. Er war immer Kosmopolit, Weltbürger. Doch nach seinen extensiven Recherchen hat er das Gefühl, einer wichtigen Sache auf der Spur zu sein. In seinem Land ist etwas im Gange, das von den »klassischen« Medien nur unzureichend abgebildet wird. Schritt für Schritt wird ihm im Netz das Ausmaß der gewaltigen Verschwörung bewusst gemacht, die den gutgläubigen Deutschen von korrupten Politikern als »humanitäre Katastrophe« verkauft wird: dass die Saudis den IS finanzieren. Dass die Flüchtlingswelle Teil einer raffinierten Besiedlungspolitik ist, die zentral geplant und durchgeführt wird, um das demokratische System in Deutschland durch schiere Masse in die gewünschte Richtung zu lenken. Und vor allem: dass der Islam eine zutiefst militante Religion ist, die tatsächlich begonnen hat, nach der Weltherrschaft zu streben.

Andreas begreift, dass er sich nicht nur fremd im eigenen Leben fühlt, sondern auch fremd im eigenen Land. Überall sieht er mittlerweile Grüppchen von jungen Männern durch die Straßen patrouillieren, sie besetzen die öffentlichen Plätze, machen sich in den U-Bahnen breit und lungern an Häuserecken herum. Andreas spürt, wie ihre Blicke auf ihm lasten, ihn taxieren, ihn verachten. Vielleicht liegt sein zunehmendes Unbehagen gar nicht in seinem eigenen Leben begründet. Vielleicht sind es größere Veränderungen, systemische Überlastungen. Vielleicht ist Multikulti nicht immer der beste Weg.

Verschleierte Frauen hat er immer schon verabscheut. Dieses Gefühl verstärkt sich, als er erfährt, dass eine Cousine von Elena im Schwimmbad von einer Gruppe syrischer Jugendlicher bedrängt wurde. Dann wird ein Mädchen vergewaltigt, dann noch eins und noch eins. Andreas begreift, dass er Feminist ist. Frauen müssen das Recht haben, ihm gefallen zu wollen, zusammen mit dem Recht, dafür verehrt, aber nicht belästigt zu werden.

Elena, mit der er immer noch ab und zu seine Nächte verbringt, gefällt sein neues Engagement zunächst. Sie vertritt die Meinung, der Islam müsse sich aus sich selbst heraus remoralisieren. Andreas nickt, wenn er das hört, aber hinter diesem beiläufigen Nicken wächst seine Überzeugung, dass da einfach nichts mehr zu machen sei, dass nicht radikale Islamisten und rückwärtsgewandte Imame das Problem seien, sondern die Religion selbst. Er liest Houellebecqs *Unterwerfung* und empfindet Zorn angesichts der geschilderten Rückgratlosigkeit. Nicht assimilieren müssen wir uns, kämpfen müssen wir. Es geht nicht mehr um Ironie, sondern um Haltung.

Man verändert sich ja nicht wirklich. Man verschiebt vielleicht den Fokus, baut an oder lässt los. Andreas ist immer noch der Gleiche, ein schlanker Mann mit dunklen Haaren, der gerne enge Pullover trägt. Er hat nur aufgehört, ein Anderer sein zu wollen, jemand, der sich anstrengt, der tolerant und weltoffen ist. Stattdessen gibt er sich immer öfter mit dem ersten Impuls zufrieden. Zugleich hat er angefangen, gewisse Dinge ernst zu nehmen, das tut ihm sogar gut, hilft gegen die Haltlosigkeit und gegen das Unbehagen.

Elena ist kurz erschrocken, als ihr das Ausmaß von Andreas' Verachtung klar geworden war, aber sie hatten schnell einen Nichtangriffspakt geschlossen. Sie hörte auf, ihm von ihrem Seminar zu erzählen. Und er verzichtete darauf, ihr von seinen Recherchen zu berichten. Nach einiger Zeit wurden auch die Treffen weniger, bis sie ganz aufhörten. Es machte nichts. Andreas hatte noch nie Schwierigkeiten mit Frauen gehabt.

Als er einige Zeit nach dem Bruch mit Elena mit einer etwas stabiler wirkenden Tessa einen Kaffee trinken geht und sie ihm von einem neuen türkischen Künstler erzählt, macht er eine abfällige Bemerkung. Tessa ist schockiert. Sie spürt Andreas' Kampfbereitschaft, seinen Wunsch, sich zu verteidigen. Dann blickt sie in sein glattgecremtes Gesicht und wechselt geschickt das Thema. In ihrem großen traurigen Herzen gibt es auch Platz für abweichende Meinungen, und mit mütterlicher Zuversicht beschließt sie, daran zu glauben, dass das nur eine Phase ist. Auch Luke nimmt die neue Obsession, in die sich Andreas' erste Recherchen verwandelt haben, ziemlich sportlich. Für einiges hat er sogar Verständnis, vor allem, wenn er daran denkt, dass sein eigener, schon jetzt spürbar sensibler Sohn irgendwann mit irgendwelchen gewalttätigen Rüpeln auf eine Schule gehen soll. Und obwohl ihn das zunehmende Ausmaß von Andreas' Fremdenhass erschreckt, fehlt es ihm schlicht an Kraft, seinem alten Freund ins Gewissen zu reden.

Letztlich geht es nur um Andreas selbst. Sein Biotop ist großzügig und weitläufig genug, alle möglichen Haltungen zu integrieren. Er selbst ist es, der sich zunehmend ins Netz und den dort möglichen Austausch mit Gleichgesinnten zurückzieht. Seinen jungen Kollegen gegenüber hält er sich bedeckt, er ist ja nicht blöd. Stattdessen führt er eine Art Doppelleben und genießt jede Sekunde. Wie aufregend. Er fühlt sich wie ein Action-Held. Noch sind sie wenige. Aber sie sind bereit, und sie warten.

Andreas' geheimes Leben verschafft ihm ein Gefühl von Zugehörigkeit, das er lange vermisst hat. Es fühlt sich wieder gut an, einfach er selbst zu sein, er begreift die Fragen, die ihm das Leben stellt, endlich als die Angelegenheiten anderer Leute. Er ist schon ganz in Ordnung, das hat er doch immer gewusst. Dass er dafür aufgeben muss, worauf er früher so stolz gewesen ist, seine Selbstironie, seinen bissigen Humor, die Fähigkeit, wirklich alles durch den Kakao zu ziehen, ist ihm zunächst gar nicht bewusst. Und dann interessiert es ihn nicht mehr. Er hat endlich wieder etwas zu wollen und zu wünschen, und dass es nicht sein Wollen und seine Wünsche sind, ist ihm weder bewusst noch wichtig. Er ist nach Hause gekommen. Und das ist gut so.

IV DIE WELT NEU ERZÄHLEN

INS FREIE TRETEN

»Stell dir vor, die Menschen lebten in einer unterirdischen, höhlenartigen Wohnung, die längsseitig einen gegen das Tageslicht geöffneten Zugang hat. Und stell dir vor, sie seien von Kindheit an dort fixiert wie in einer Zwangsjacke, gefesselt an Hals und Schenkeln, so dass sie weder Kopf noch Körper bewegen und nur nach vorne sehen können. Das wenige Licht, das sie haben, stammt von einem Feuer, das weit hinter ihnen brennt. (...) Denkst du, dass solche Menschen von sich selbst und voneinander je etwas anderes gesehen haben als die Schatten, die das Feuer auf die Wand der Höhle wirft?«

Diese ver-rückte Höhle ist der *Blueprint* unseres westlichen Hauses, sein erster und umfassendster Entwurf. Seit mehr als 2500 Jahren wohnen wir in dieser Beschreibung, allen Fort-, Neu- und Umschreibungen zum Trotz. Die krisenhaft wachsende Instabilität unseres Hauses lässt dessen wahre Fundamente zutage treten, und damit zugleich seine mangelnde Verankerung. Denn diese Höhle hat keinen echten Ort auf Erden; sie wurzelt nicht in der Tiefe, sondern im Nichts. Dessen ungeachtet sind wir in vielerlei Hinsicht immer noch Höhlenmenschen und der von Angst und Ohnmacht begleitete psychotische Übergangszustand ist nichts anderes als die Einladung des Lebens an jeden und jede Einzelne, endlich hinaus ins Freie zu treten und sich selbst ein Bild vom Leben zu machen. *Erden* muss sich jeder selbst. Und wir können es auch, denn lebendig zu sein heißt, eine Seinskompetenz und damit auch Verstand, Vernunft und Urteilskraft zu besitzen.

Das leicht abgewandelte »Höhlengleichnis« aus Platons Hauptwerk *Der Staat* jedoch beschreibt uns Menschen als ebenso ignorante wie dumpfe Kreaturen, welche die Schatten auf der Wand für echte Dinge halten. Dabei sind die meisten mit dieser »falschen« Wirklichkeit zufrieden, doch einigen wenigen gelingt es, sich aus ihren Fesseln zu befreien und die Höhle zu verlassen. Geblendet beginnen sie sich an das Licht zu gewöhnen und begreifen auf einmal, dass das, was sie in der Höhle für echte Dinge gehalten haben, nur die Schatten jener Dinge waren. Doch wenn sie zurückkehren, um ihren Mitmenschen von dieser Entdeckung zu erzählen, werden sie verspottet, vertrieben oder gar umgebracht, denn der typische Höhlenbewohner schätzt seine ungestörte Ruhe wesentlich mehr als Wahrheit und Erkenntnis.

Diese uns im Westen schon seit Jahrtausenden begleitende Geschichte von einem wahren und einem falschen Leben, Eigentlichkeit und Uneigentlichkeit, existenzerschütternden roten und existenzberuhigenden blauen Pillen hat genau hier ihren mythischen Ursprung. Angesichts der mit der gegenwärtigen Krise einhergehenden Aufforderung, darüber nachzudenken, was es heißt, ein Mensch zu sein, lohnt es sich, noch einmal hinzusehen, welches Menschenbild damit am Anfang unserer instabil gewordenen Behausung steht. Denn in Wahrheit erzählt Platon nicht von uns Menschen als Brüdern und Schwestern, sondern von den Mutigen und den Schwachen, den Begabten und den Stumpfen, den Führern und den Schafen, wobei ebenso wie bei Ayn Rand ganz klar ist, wo seine Sympathien liegen.

Tatsächlich gibt es in dem Gleichnis mindestens vier verschiedene Menschentypen: die, die hocken bleiben, die, die sich aufmachen und auf halbem Wege umkehren, und diejenigen, die erst sich befreien und dann zurückkehren, um die anderen auch zu befreien. Und es gibt die ominöse vierte Gruppe: »Menschen, die allerlei Gerätschaften an dem Eingang der Höhle vorbeitragen, darunter auch Bildsäulen und steinerne und hölzerne Bilder; einige reden dabei, andere schweigen«, und obwohl Platon sich dazu nicht weiter äußert, befördert dieses Bild ein latent paranoides Gefühl des Ausgeliefert- und Ausgesetztseins, das angesichts einer vorhandenen und gedeuteten Welt durchaus eine existenzielle Erfahrung ist, aber beileibe nicht die einzige.

Schwerer noch als dieser Verdacht, den das westliche Tier seit Platon gegen sich selbst hegt, wiegen aber die Unterschiede zwischen denen, die leuchten, und denen, die glimmen, wobei es aus Platons Perspektive durchaus Sinn macht, zu verteidigen, dass die einen führen und die anderen folgen sollen. Doch wie wir bei Ayn Rand gesehen haben, führt diese Perspektive nicht zum Philosophenstaat, sondern zu sozialer Ungerechtigkeit und Menschenverachtung. Man kann auch ein Leben lang nutzlos rumsitzen und trotzdem ein wertvoller Mensch sein, wobei Wert hier lediglich meint, dass jeder und jede Einzelne von uns eine einmalige Antwort auf die Frage nach dem Leben ist.

Um unseren eigenen Lebensentwurf also nicht mit einem elitär-idealistischen Konstrukt, sondern mit einer tatsächlich universalen Teilhabe zu beginnen, brauchen wir ein anderes Höhlengleichnis. Und wie es der Zufall will, haben wir eines. Es beginnt ebenfalls im dämmrigen Halbdunkel, in einer zunehmend unbequemen Lage, auch hier zeigt sich die Welt zunächst als vages Spiel von Licht und Schatten, von Gemurmel und Stille. Irgendwann, üblicherweise nach neun Monaten, verlässt man diese Höhle und wird mit einem blendend hellen Draußen konfrontiert, das zunächst schmerzhaft fremd, aber nach und nach vertrauter wird, vor allem, wenn einen Liebe und Zärtlichkeit erwarten, weil sich die Eltern und die Gemeinschaft freuen, dass man auf die Welt gekommen ist.

Jeder Mensch auf dieser Erde ist aus dieser Höhle hervorgetreten, jeder hat sie mit dem Geschenk des Lebens verlassen. Jeden und jede von uns erinnert unser Bauchnabel daran, dass wir durch ihn in einer heiligen Kette mit den Ursprüngen des Lebens verbunden sind. Und obwohl wir damit die Frau und ihren Bauch an den Anfang des Lebens rücken, wäre dieses neue Leben wiederum vollkommen unmöglich ohne einen Erzeuger.

Mit dem Verlassen dieser ersten Höhle beginnt das, was wir Menschen alle gemeinsam haben – unser Sein und dadurch unser Bewusstsein. Denn nicht weil wir denken, sind wir, sondern weil wir als Menschentiere mit einem Neocortex geboren sind, können wir denken. Und weil wir denken können, können wir auch nachdenken. Und uns zugleich in Andere und Anderes hineinversetzen, weil wir uns vorstellen können, wie es ist, sich in einer ähnlichen Situation zu befinden.

Von dieser durch die Geburt gegebenen Seinskompetenz aus steht es jedem und jeder frei, das eigene Leben auf seine oder ihre Weise zu begreifen und entsprechend zu gestalten. Oder es zu lassen. Doch trotz dieses jedem einzelnen Menschen gegebenen Selbstschöpfungspotentials sind wir auf existenzielle Weise aufeinander angewiesen. Ohne die Fürsorge anderer Menschen kann niemand auf diese Erde kommen noch sie gut verlassen. Deshalb können wir, jenseits aller religiösen Fragen, mit Gewissheit sagen, dass wir das Leben einander verdanken und einander schulden.

Platons wirkmächtiges Denken – inklusive dessen Fortführung bei Descartes – hat dieses Leben jedoch gleich zweimal verraten: sowohl das Anders-werden-Können jedes Einzelnen als auch das Andere, das mit uns existiert, also die Natur, die Tiere und unseren Planeten. Denn was sehen wir bei ihm, wenn wir es wagen, selbst wissen zu wollen, und die Höhle verlassen? Licht. Helles, blendend helles Licht, das bei Platon für das Scheinen der ewigen Ideen steht, für die geistige Welt und damit letztlich für das Gute, das er sich im dem »Höhlengleichnis« vorangehenden »Sonnengleichnis« als ebendiese Sonne vorstellt.

Das, was da konkret draußen ist, hat so letztlich nur einen Wert als Verweis und keinen Wert an sich. Deshalb hat die platonische Höhle auch keinen echten Ort auf Erden, sie ist unverwurzelt, *heimatlos*.

Dabei ist das »Ding an sich«, wie Kant das »Draußen« genannt hat, uns tatsächlich auf eine gewisse Weise entzogen, weil wir es nur auf die uns als Menschen gegebene Weise wahrnehmen können. Mittlerweile können die modernen Neurowissenschaften nachvollziehen, wie sich alles, was zu einer bestimmten Zeit an einem bestimmten Ort vorhanden ist, durch die Tätigkeit unseres Bewusstseins und seines materiellen Korrelats, unseres Gehirns, in eine operationsfähige Vorstellung von Formen, Farben, Gerüchen, Texturen, Geschmäckern usw. verwandelt. Aber mag da draußen auch nur ein Quantenflimmern sein, Lichtfrequenzen und energetische Zustände, so ist doch gewiss, dass dort etwas ist, bestimmte Formen, bestimmte Frequenzen, eigene Zeitgestalten, von denen einige unsere kurzlebigen Formationen um ein Vielfaches überdauern.

Dass unser Gehirn das Draußen einfärbt, reduziert und symbolisiert und so für uns lesbar, verständlich und damit letztlich bewohnbar macht, heißt keinesfalls, dass es dieses Draußen nur für uns gibt. Denn jenseits aller Fragen nach unserem eigenen Ursprung müssen wir anerkennen, dass alles, was mit uns ist, also die Natur, die Tiere, die Pflanzen, entweder auch erschaffen wurde oder auf eine uns ähnliche und doch andere Weise lebendig ist. Was nichts anderes bedeutet, als dass wir durch ihre Missachtung entweder Gottes Schöpfung oder das Leben selbst verletzen.

An dieser Stelle kommt das wahre Erbe von Team »Alles Glück ist irdisch« ins Spiel, eine Position, die vordergründig unsere Differenzen anerkennt und durch sie die Fülle des Lebens feiert, aber in ihrem tiefsten Herzen eine existenzielle Einheit verbirgt, genauso wie sich im tiefsten Herzen von Team »Transzendenz« die platonische Weltanschauung und damit eine elitäre Ungleichheit verbirgt.

Für die ersten Denker von Team »Alles Glück ist irdisch«, die griechischen Vorsokratiker, besteht alles aus Atomen, deren zufällige Bewegungen und Begegnungen alle materiellen Dinge erschaffen. Heute wissen wir, dass diese kleinsten Bausteine nicht Atome, sondern Quanten sind, die wiederum zwischen Nichts und Etwas oszillieren und auf Beobachtung reagieren. Im Großen allerdings wird unser »extravagantes Universum«, wie es der Astronom Robert Kirshner 2016 in seinem Buch *The Extravagant Universe: Exploding Stars, Dark Energy and the Accelerating Cosmos* getauft hat, von dunkler Energie zusammengehalten, die wissenschaftlich noch nicht nachweisbar ist, von der dunklen Materie ganz zu schweigen. Atome machen nach heutigem Stand der Forschung nur um die 4,6 Prozent des gesamten Universums aus, kleine Inseln von Etwas in einem Meer aus Nichts, ganz so, wie es schon die Vorsokratiker beschrieben haben.

Obwohl dabei alles in unablässiger Bewegung ist, wird das unserem Universum ursprüngliche Verhältnis von Nichts und Etwas bewahrt. Diese Konstanz erinnert an den ersten Satz der Thermodynamik, der besagt, dass Energie weder hergestellt noch zerstört, sondern nur in andere Formen der Energie umgewandelt werden kann, und es ist zumindest denkbar, dass auch unsere 4,6 Prozent Etwas seit Anbeginn der Zeit, also seit dem Urknall oder Brahmans Blinzeln oder Gottes Schöpfungswort, in einem ewigen Tanz des Werdens und Vergehens alles, was ist, aus den immer gleichen Grundbestandteilen erschaffen und zerstören. Wobei Zerstörung, hier im Heidegger'schen Sinne verstanden, einfach nur bedeutet, eine temporäre Verbindung, wie es alles Seiende ist, aufzulösen und aus den dabei frei werdenden Teilchen etwas Anderes zu bauen, ganz so, wie ein Kind etwas aus Lego-Steinen baut, es bestaunt und bespielt und dann wieder auseinanderbaut, um aus den vorhandenen Teilen etwas Neues zu konstruieren.

Alles, was ist, erscheint aus dieser Perspektive als eine Zeitgestalt im Quantenfeld, etwas, das auftaucht, erblüht und vergeht wie eine Welle im Ozean der Unendlichkeit. Doch dieser Ozean ist nicht irgendwo da draußen, sondern wir schwimmen in ihm, sind verbunden durch ihn und mit ihm. Alles, woraus Seiendes für die Dauer seines Daseins besteht, jeder Quant wurde vorher schon für etwas anderes verwendet, für einen Stern vielleicht, oder für ein Stinktier, und wird, wenn sich seine individuelle Zeitgestalt auflöst, erneut für etwas anderes verwendet werden. Diese Perspektive eröffnet ein umfassenderes Denken der Teilhabe und damit ein *planetares* oder universelles Bewusstsein, denn wir sind nicht nur als Geborene miteinander und dem Leben verbunden, sondern zugleich als Quantengemeinschaft mit allem, was neben uns lebt.

Und obwohl sich selbst mit dem Blick aufs Quantenmeer die alten platonischen Fragen wieder stellen, also woher die Formen des Lebendigen kommen, worauf sie verweisen, beginnt auch hier das Fragen mit dem Sein und nicht, wie Descartes so folgenreich postulierte, das Sein mit dem Fragen, Denken oder

Zweifeln. Abstrakte Ideen vor die reale Erscheinung eines speziellen Busches oder Berges oder Einzelmenschen zu stellen ist und war letztlich immer nur eine Rechtfertigung für fehlende Achtung und mangelnden Respekt vor der konkreten Manifestation des Lebens in seinen immer neuen Zeitgestalten. Vor allem, weil man schon in der Antike ahnte, was die Naturwissenschaft heute zu wissen glaubt, nämlich wie nah sich das Sein und das Nichts sind. Jeder Grashalm, jede Ameise, jedes Küken hat diesen ungeheuren Weg zurückgelegt vom Nichtsein ins Mitsein, und obwohl sie dabei auf Gras, Ameise und Küken an sich verweisen mögen, ist doch jede Konkretion zugleich eine Interpretation und deshalb ebenso einmalig wie kostbar. Und da das Ganze des Lebens ebenso geheimnisvoll wie unbegreiflich ist, können und müssen wir es allein in seinen uns wahrnehmbaren Ausdrucksformen bewundern und achten.

Ein berühmter Satz von Platon besagt, es sei leicht, einem Kind zu verzeihen, das sich vor der Dunkelheit fürchte, denn die wahre Tragödie sei die Angst des Mannes vor dem Licht. Das Licht steht hier für das Leuchten des Ewiggültigen, doch der Satz passt ebenso gut zu einem anderen Licht: dem phosphoreszierenden Glühen nachtaktiver Pflanzen, der blassen Farbigkeit des Mondes oder dem Leuchten ferner Sterne. Denn das Licht des Lebens strahlt mit dunklem Glanz, und nur in seinem Schein sind wir fähig, die Tiefe der Dinge zu spüren, ihren verborgenen Sinn. Doch nicht nur das wahre, aus sich selbst heraus leuchtende Licht des Lebens erwartet uns, wenn wir es wagen, ins Freie zu treten, sondern wir begegnen auch einer ganz bestimmten Dunkelheit, nämlich in dem, was wir aus der Ganzheit des Lebens ausgeschlossen haben.

Am meisten Angst hat der Mensch nicht vor dem Licht, sondern vor sich selbst und den Konsequenzen seiner Taten. Womit wir wieder bei dem entzündlichen und entzündeten Kern der psychotischen Gesellschaft wären: der Rückkehr des Verdrängten und dem Sprechen des Anderen. Unsere existenzielle Verbundenheit mit allem, was mit uns ist, führt dazu, dass wir Menschen zwar denken und – bis zu einem gewissen Grad – auch machen können, was wir wollen, aber auch dazu, dass dasjenige, was wir tun, reale Folgen für alles Andere hat. Es macht etwas aus, ob man einen Wald durchwandert oder ihn abholzt, ob man Tiere streichelt oder isst, ob man auf Hügel steigt oder sie wegsprengt, weil man eine Straße bauen möchte.

Aus dieser Perspektive sind wir zwar recht kurzlebige, aber ungeheuer mächtige Geschöpfe, doch – und hier ergänzen wir die platonische Beobachtung der ewigen Formen, in denen sich das Leben uns zeigt – unsere Vorstellungen und Schöpfungen inklusive dessen, was sie wiederum auf die Welt gebracht haben, sind es auch. Bei der ebenfalls ewigen Wiederkehr der Schatten begegnet uns alles, was eine Kultur, eine Familie oder ein Mensch verdrängt hat – in unserer psychotischen Gesellschaft beispielsweise die Folgen unserer ignoranten westlichen Lebensweise für die Natur, andere Kulturen und natürlich auch für uns selbst. Und obwohl wir vielleicht niemals ergründen können, woher die ewigen Formen des Lebens kommen, können wir uns dem Leid stellen, das wir selbst verursacht haben, und dessen dunkle Wiederkehr durch Bewusstheit, Wahrheit und Aufrichtigkeit besänftigen. Denn der Weg in eine andere Zukunft beginnt in der Vergangenheit.

Dafür jedoch müssen wir die platonische Urhöhle endgültig verlassen und uns der ebenso beängstigenden wie befreienden Wahrheit stellen, dass dort draußen wirklich etwas ist und wir zudem für alles, was wir ihm und uns angetan haben, die volle und alleinige Verantwortung tragen. Das wiederum ist nicht abstrakt, das Leid ist nicht abstrakt, persönliche und generationenübergreifende Traumata sind nicht abstrakt, kulturelle und familiäre Schuld und Schulden sind nicht abstrakt, sondern real, konkret und spürbar und ebendadurch auch veränderbar. Das gilt gleichermaßen für Naturzerstörung, Kolonialismus und Völkermord.

Hier in Deutschland schreiben Menschen wie Sabine Bode mit ihren Büchern *Die vergessene Generation: Die Kriegskinder brechen ihr Schweigen* von 2004 oder *Kriegsenkel: Die Erben der vergessenen Generation* von 2009 über transgenerationale Verletzungen und Möglichkeiten ihrer Heilung, während Psychologen wie Joachim Bauer in Büchern wie *Das Gedächtnis des Körpers: Wie Beziehungen und Lebensstile unsere Gene steuern* von 2002 den epigenetischen, also genverändernden Spuren traumatischer Erfahrungen nachgehen. Das betrifft natürlich zunächst die Opfer, aber ebenso die Täter, und das ist die Geschichte, die nicht nur im Großen und Gesellschaftlichen, sondern auch im Kleinen und Persönlichen erzählt werden muss, weil nur der Verursacher damit beginnen kann, um Verzeihung zu bitten. Doch dafür muss er oder sie eben annehmen, dass tatsächlich Leid zugefügt wurde, und es ertragen, dass man Vergebung nur erbitten, aber niemals einfordern kann. Und erst wenn man sich dem Leiden der Opfer stellt, kann man damit beginnen, auch vom Leiden der Täter zu sprechen und dem Leiden ihrer Kinder und Kindeskinder, in Deutschland beispielsweise besagter Kriegskinder und Kriegsenkel.

Wir sind alle auch Stellvertreter unserer Kultur, unserer Professionen und unserer Familien und füllen diese Positionen durch unser Sprechen und Handeln oder Schweigen und Unterlassen. Uneingestandene und vor allem unvergebene Schuld ist an sich schon ein Gefängnis, weil sie die innere Wirklichkeit des Einzelnen auf eine bestimmte Weise verengt und verzerrt und sich alles um die dunkle Schwerkraft des Gewesenen-dasnicht-sein-darf herumkrümmt. Letztlich sind all diese Deformationen nichts anderes als der Verlust der Fähigkeit, wissen zu dürfen, lieben zu können, sich weiterzuentwickeln, also mit sich und den Anderen verbunden und im Austausch zu sein. Denn, und hiermit kehren wir zum Quantenmeer zurück, sobald wir uns *erden* und dadurch ebendieser Austausch beginnt, meldet sich das, was ihn zunächst verhindert, nämlich das, was jenseits aller Anschauung so und nicht anders gewesen ist.

Manchmal reichen die Anerkennung der emotionalen Wahrheit des verursachten Leides und eine ernst gemeinte Entschuldigung, aber in schwereren Fällen bedarf es einer lebenslangen generationenübergreifenden Bereitschaft, sich persönlich und symbolisch immer wieder zu verantworten. Wobei dies das Leid weder ungeschehen macht noch den Schatten verschwinden lässt, aber ihm die Chance gibt, von einem sprachlosen Nicht-Ort wieder zu einem Teil der gemeinsamen und verständlichen Welt zu werden.

EINE ANDERE LIEBE

Man kann sagen und denken, was man will, aber die Wahrheit hat ihre eigene Schwere. Ins Freie zu treten heißt, sich dieser Schwere zu stellen und dadurch einen eigenen Umgang mit ihr zu finden. Diese Reise ans Licht des Bewusstseins war bis vor gar nicht allzu langer Zeit eine persönliche Entscheidung, denn man konnte ebenso in der Höhle bleiben, wo es zwar eingeschränkt und dunkel, aber vertraut und sicher war. Doch was passiert, wenn eine jahrtausendealte Behausung tatsächlich unbewohnbar wird? Wenn sie nicht nur wackelt, sondern einstürzt? Dann *müssen* alle raus, zitternd und bebend, mit blinzelnden, aber schnell wacher werdenden Augen.

Aus dieser Perspektive erscheint der psychotische Zustand unserer Gesellschaft wie eine gemeinsame Durchquerung eines »Hyperraums« – einer Verschmelzung von Baudrillards »Hyperrealität« mit Virilios »Raumzeit« zu einem Punkt äußerster temporaler und räumlicher Beschleunigung und Verdichtung. Diese Reise durch den »Hyperraum« verzerrt und verwirbelt uns und unsere menschlichen Angelegenheiten, um uns am gleichen Ort als anders Gewordene wieder abzusetzen. Die dysfunktionale Raumstation entlässt ihre Kinder, die erst einmal über ihren eigenen Müll stolpern, also das, was unsere Respektlosigkeit und Selbstbezogenheit dem Planeten angetan haben, von Plastikteilchen in den Meeren bis zu riesigen Fabriken, die die Luft verpesten und die Flüsse vergiften.

Doch wenn wir die Chance dieses Augenblicks ergreifen, verlieren wir nicht nur eine immer schon dubiose Behausung, sondern finden unsere wahre Heimat wieder und ein echtes Raumschiff gleich dazu: unseren Planeten, die *Erde*, die sich mit der ungeheuren Geschwindigkeit von annähernd 370 Kilometern pro Sekunde durchs All bewegt. Von einer solchen Begegnung mit einem fremd-vertrauten Planeten erzählt auch der Film *Avatar* von James Cameron, welcher ebenfalls in einer Raumstation beginnt, wobei diese noch funktional ist, während der Held nicht mehr laufen kann. Doch in dieser nah-fernen Zukunft ist es technologisch möglich, Bewusstsein in künstliche Körper, eben Avatare – Sanskrit für *Verkörperungen* –, zu transferieren, und so betritt der gelähmte Held in einem fremden, gesunden Körper zum ersten Mal die magische Welt *Pandora*, deren Einwohner mit der Natur und den Tieren in Einklang leben, ein Idyll, das die menschlichen Wissenschaftler erforschen und bestaunen, während es das Militär und seine Geldgeber ausbeuten und vernichten wollen.

Obwohl *Avatar* ein Science-Fiction-Film ist, zudem ein

ziemlich kitschiger, existiert eine magische Welt wie Pandora nicht nur irgendwo da draußen, sondern genau hier. Bestseller wie Peter Wohllebens 2015 erschienenes Buch *Das geheime Leben der Bäume* oder das 2016 veröffentlichte *Das Seelenleben der Tiere* erinnern uns westlich geprägte Menschen daran, dass auch die Natur und die Tiere unseres eigenen Planeten niemals aufgehört haben, miteinander und mit uns zu kommunizieren. Wir sind es, die verlernt haben, zuzuhören, also blind und taub und dadurch gewissermaßen gelähmt geworden sind. Wenn wir ins Freie treten, entdecken auch wir einen lebendigen und vernetzten Planeten, der uns auf eine lang vergessene Weise Sinn und Heimat bieten kann.

Zugleich jedoch werden wir mit demselben Konflikt konfrontiert, den Cameron in die Weiten des Weltalls projiziert hat: Einklang oder Ausbeutung, das Wispern der Bäume oder das Kreischen der Kettensägen, Gemeinwohl oder grenzenlose Gier. Davon schreibt auch Naomi Klein in ihrem 2014 erschienenen Buch *Die Entscheidung. Kapitalismus vs. Klima*. Bei einem Vortrag in Berlin bemerkte sie nüchtern, dass unser derzeitiges Wirtschaftssystem auf Kriegsfuß mit unserem planetaren Ökosystem stehe. Die Logik des Profits zerstöre unsere Lebensgrundlage, greife unseren Planeten an. Und der beginne, aus dem Gleichgewicht zu geraten. Das Klima ändert sich. Der Meeresspiegel steigt. Die Gletscher schmelzen. Jeder kennt das Lied. Keiner will es hören.

Doch wenn man Naomi Klein und ihren extensiven Recherchen Glauben schenkt, wird es bald unerträglich laut werden. Vielleicht, wenn die ersten Klimaflüchtlinge ankommen. Wenn eine kleine Insel versinkt. Oder wenn sich genetisch veränderte Viren auf globaler Ebene ausbreiten. Dabei zeigt sich besonders beim Umweltschutz und der Katastrophenprävention die bereits bekannte psychotische Schleife aus Angst und Ohnmacht. Hat nicht der *Club of Rome* schon in den 1970er-Jahren *Die Grenzen des Wachstums* aufgezeigt – und nichts ist passiert? Sind sich nicht alle Klimaforscher einig, dass die Erderwärmung nicht mehr als zwei Grad Celsius betragen darf, und wir haben in einem Bruchteil der vorgesehenen Zeit schon eine Erwärmung von einem Grad – und nichts passiert?

Klein schreibt: »Was ist los mit uns? Was hält uns wirklich davon ab, das Feuer zu löschen, das unser gemeinsames Haus verbrennt? Ich glaube, die Antwort ist weitaus simpler, als viele uns vormachen wollen: Wir haben nicht die notwendigen Dinge getan, um die Emissionen zu reduzieren, weil diese Dinge in fundamentalem Widerspruch zum deregulierten Kapitalismus stehen. (...) Wir kommen nicht weiter, weil die Maßnahmen, die am besten geeignet wären, die Katastrophe zu verhindern – und die dem Großteil der Menschheit zugutekommen würden –, eine extreme Bedrohung für eine elitäre Minderheit darstellen, die unsere Wirtschaft, unseren politischen Prozess und unsere wichtigsten Medien im Würgegriff hat.«

An diesem Punkt treffen sich so unterschiedliche Denker wie Marx und Engels mit ihrer Analyse der Klassengeschichte, der Wirtschaftshistoriker Wolfgang Streeck mit seinem Unterschied zwischen denen, die vom Geld leben, und denen, die von ihrer Arbeit leben, oder der Anarchist David Graeber mit seiner Frage nach einer freien und gleichen Gesellschaft von Freien und Gleichen und dem, was ihr entgegensteht. Und alles verbindet sich mit der Wahrnehmung und der Gewissheit vieler Einzelner, nämlich dass etwas komplett schiefläuft auf unserem kleinen Planeten. Von der Missachtung, Ausbeutung und Verwertung des Lebens profitieren ganz konkrete und persönlich verantwortliche Akteure, von Großkonzernen über Spekulanten bis hin zu einem vordergründig vollkommen durchgeknallten, aber letztlich einfach nur die Interessen der Seinen, sprich der Reichen, durchsetzenden amerikanischen Präsidenten. Wobei angesichts dieser absolut scham- und gewissenlosen Besitzstandswahrung, die in höhnischer Offenheit vor aller Augen die Rechte der Armen, Schwachen und Hilflosen mit Füßen tritt, die erste Schwierigkeit darin besteht, anzuerkennen, dass sie wirklich passiert und Folgen hat.

Doch jeder Verführer braucht einen oder eine, der oder die sich verführen lässt, und jeder nackte Kaiser braucht einen Hofstaat, dem Normalität und Sicherheit wichtiger sind als Wahrheit und Solidarität. Es ist immer schwerer, Ungewissheit zu ertragen, als sich in wohliger Gewissheit zu wähnen. Und obwohl private und politische Selbstbestimmung unter allen Umständen verteidigt werden müssen, handelt es sich hierbei essenziell um eine *Bringschuld*. Man kann die menschliche Freiheit mit den schönsten Worten verteidigen – einfordern und leben muss sie jeder und jede Einzelne. Anstatt also den Kapitalismus und seine Profiteure zu verteufeln, liegt es an uns allen, ihn als unsere gemeinsame Schöpfung zu begreifen und zu »mündigen Wirtschaftsbürgern« zu werden, wie der Publizist Wolf Lotter es nennt. Dazu schreibt er in der *taz.FuturZwei*: »Der Kapitalismus wartet auf seine Nutzer. Er nimmt Leute, die Atomkraftwerke bauen, ebenso gern wie solche, die einen alternativen Antrieb in der Tasche haben, der die Welt verändert.«

Alle gesellschaftlichen Sphären – vom ökonomischen über das technische hin zum medialen Subsystem – haben zwar eine eigene *Frequenz*, werden aber wesentlich dadurch geformt, wie wir alle mit ihnen umgehen. Und obwohl es um gesellschaftliche Sphären geht, konkretisiert sich dieser Umgang bei jedem und jeder Einzelnen: Mit Geld kann man sinnlos Zeug anhäufen oder sinnvolle Sachen kaufen, konsumieren und unterstützen. Digitale Kommunikation kann Hass, Verachtung und

Filterbubbles verstärken oder Menschen über alle Kontinente und Kulturen hinweg verbinden. Und Journalismus kann Ängste und Vorurteile schüren oder ein vernünftiges und streitbares Gegengewicht gegen Manipulation und Panikmache sein.

Aber was tun mit denen, die wollen, dass alles so bleibt, wie es gut für sie ist? Die großen Revolutionen des 19. und 20. Jahrhunderts haben gezeigt, dass Gewalt letztlich nur zu Machtwechsel und nicht zu ihrer Dezentralisierung oder gerechteren Verteilung führt. Allein gewaltfreier Widerstand, verbunden mit zivilem Ungehorsam, mit dem beispielsweise Mahatma – das heißt »große Seele« – Gandhi das indische Volk in die Unabhängigkeit von der bis 1947 andauernden britischen Kolonialherrschaft führte, änderte die dortigen Verhältnisse, ohne sie gleich im Anschluss mit neuem Personal wiederherzustellen. Wobei man diese Errungenschaften von Freiheit und Gleichheit mit Blick auf das heutige kapitalistisch orientierte und sozial zutiefst gespaltene Indien durchaus wieder in Frage stellen kann.

Doch das geht uns ja nichts an, hier in Deutschland. Aber das ist eben nur die halbe Wahrheit, weil zum Beispiel in Indien und im benachbarten Bangladesch viele von den billigen Textilien produziert werden, die irgendwann in den Fußgängerzonen unserer Klein- und Großstädte hängen und die so wenig kosten, weil jemand keine andere Wahl hat, als sie für einen Hungerlohn herzustellen. Wenn wir anerkennen, dass alles Leben Beziehung ist, führt einfach kein Weg daran vorbei, sich dafür einzusetzen, dass jeder Mensch nicht nur genug zum Überleben, sondern auch genug zum Leben hat. Denn nur wer seine eigene Existenz als grundsätzlich gesichert begreifen kann, ist in der Lage, ihre Bedingungen zu hinterfragen. Nur wer eigene Interessen hat und haben kann, kann sich für das Gemeinsame einsetzen. Und obwohl wir westlichen Menschen in diesem globalen Spiel zunächst die Täter, die Privilegierten, die Konsumenten sind und auch hier das Leid der Anderen sowohl im Globalen als auch im Lokalen erst einmal anerkannt werden muss, gibt es von dieser Wahrheit aus viele Möglichkeiten, sich bewusst und sinnvoll zu verhalten durch das, was man selbst tut und kauft oder lässt und abgibt.

Auch für Klein liegt in der aktuellen Krise zugleich eine neue Chance: »Und so begriff ich, dass der Klimawandel eine treibende Kraft für die Menschheit werden könnte, um uns nicht nur besser vor Wetterextremen zu schützen, sondern unsere Gesellschaften in vielerlei Hinsicht sicherer und gerechter zu machen. Die für eine rasche Abkehr von fossilen Brennstoffen und die Anpassung an künftige schwierige Wetterbedingungen erforderlichen Ressourcen könnten große Teile der Menschheit aus der Armut führen und ihnen eine öffentliche Infrastruktur bescheren, die schmerzlich fehlt, von sauberem Wasser bis zu Elektrizität.«

Dieser neue, dringend benötigte Respekt vor der »ausgedehnten Materie« *res extensa*, also der Natur, den Tieren und unserer eigenen Lebendigkeit, beinhaltet auch einen neuen Respekt vor unseren Gefühlen. Schuldgefühle, Ohnmacht und Unbehagen können lähmen – oder zu Ressourcen werden für echte und folgenreiche Angst im Kierkegaard'schen Sinne. Denn nur wer sich zu ängstigen lernt, weiß das Leben zu schätzen, und nur wer das Leben schätzt, will es bewahren – nicht nur für sich, sondern um des Lebens willen.

Gefühle sind *real*, wirksam und auf ihre Weise sprechend; sie sind Boten unserer gegenseitigen Verbundenheit. Auch wir Bewohner der westlichen Welt kennen trotz Romantikkitsch und Datingkultur immer noch eine Form existenzieller Alchemie:

die Liebe. Viele von uns teilen die Erfahrung einer entzauberten und bedeutungslosen Welt ohne Glanz und ohne Geheimnis. Und dann passiert etwas Unglaubliches und man trifft einen Menschen, der einem den Glauben an sich, die Welt und das Leben zurückgibt. Liebe ist eine Wiederaneignung des Daseins, eine neue Begegnung mit sich, den Anderen und der Welt. Dieses Wunder können wir einander schenken, doch letztlich steht dahinter nur ein Gewahr-Werden der eigenen Lebendigkeit, die das Leben in sich und um sich herum auf eine neue Weise empfindet. Und obwohl es ein großes Glück ist, jemanden zu treffen, der einem dabei hilft, sich an sich selbst zu erinnern, kann jeder und jede auch aus sich selbst heraus zu dem, was ist, zurückkehren und so beginnen, sich selbst und alles andere wieder lieben zu lernen.

Doch die Liebe ist kein Siegeszug, singt Leonard Cohen. Das Leben aus ganzem Herzen zu bejahen bedeutet, unakzeptable Dinge zu akzeptieren wie die eigene und kollektive Geschichte oder die eigene Schwäche, Begrenztheit und Sterblichkeit. Allein die Liebe vermag nicht nur das Seiende, sondern auch seinen Schatten zu umfassen und dabei weder die Freude zu verraten, noch das Staunen, noch die Hoffnung. Dieses umfassende Gefühl durch ein romantisches Essen in einem Instagram-tauglichen Restaurant zu ersetzen, ist ungefähr so, als würde man einem Kind eine Pfütze zeigen und sagen, das sei ein Ozean. In der Sache nicht ganz falsch, aber doch etwas zu kurz gegriffen. Denn Liebe ist nicht nur Romantik, sondern eine wesentlich umfassendere Kraft, die es ermöglicht, das Geheimnis des Lebens zu spüren und sich dadurch seiner Wahrheit zu nähern.

Analog zu dem ganzheitlichen geistigen Vermögen, das wir seit Kant Vernunft nennen, ist Liebe das emotionale Vermögen, nicht nur das Eine, sondern auch das Andere und damit auch das Ganze zu erfassen. Einen Menschen wirklich zu lieben heißt, nicht nur das Besondere, Gefällige, Liebenswerte an ihm zu lieben, sondern auch das, was weniger liebenswert ist. In diesem Sinne steckt in der »anderen Liebe« die Kraft, alles Seiende, so wie es eben ist, zu bejahen, wobei diese umfassendere Liebe keinen Unterschied macht zwischen dem Heiligen und dem Profanen oder dem Schönen und dem Hässlichen. In ihrer vorbehaltlosen Akzeptanz des Ganzen liegt zugleich eine transformative Kraft, die wir als Menschheit nutzen können, um unser individuelles und kollektives Handeln endlich an dem auszurichten, was ist, und nicht mehr dem nachzujagen, was sein sollte.

Diese Rückkehr zum Leben beginnt, wie alle echten Veränderungen, beim Einzelnen und damit bei der Anerkennung der Realen des eigenen Lebens, also einem Gefühl für die eigenen Fähigkeiten und Beschränkungen und einem Verhältnis zur eigenen familiären und kulturellen Geschichte. Und so wie man selbst erst ein Eigener werden muss, um ein Anderer zu werden, muss das, was jenseits aller persönlicher Anschauungen tatsächlich *ist*, auch auf kollektiver Ebene zunächst angenommen werden. Denn erst wenn wir uns zu allen Folgen unserer unreflektierten Gier bekennen, können wir einen neuen Umgang mit den dadurch ausgelösten globalen Herausforderungen finden.

Wenn wir vor diesem Hintergrund die Erkenntnisse der Naturwissenschaft ernst nehmen, also dass in unserem kleinen Universum tatsächlich alles mit allem durch Resonanz und Recycling verbunden ist, dann zeigt sich das geheimnisvolle Ganze des Lebens in unendlich vielen Manifestationen, die wiederum durch ebendiese Teilhabe am Ganzen auf existenzielle Weise verbunden sind. Die Einsamkeit des westlichen Menschen ist der Verlust dieser allumfassenden Verbundenheit, und die

Sehnsucht nach ihr ist zugleich der Motor, der einen Großteil der Konsum- und Entertainmentindustrie am Laufen hält. Das Perfide an dieser Vertauschung ist, dass wir diese Verbundenheit weder erwerben noch herstellen können, weil sie es ist, die unser Dasein begründet. Deshalb kann ich den Anderen nicht nur verstehen, sondern könnte tatsächlich der Andere sein, und deshalb verletze ich, wenn ich Lebendiges missachte oder missbrauche, letztlich auch mich selbst – und da sind sie dann, die ganz und gar berechtigten Schuldgefühle.

Angst und Ohnmacht zu überwinden heißt, sich ihnen endlich zu stellen. Die Versöhnung, die wir suchen, ist zuallererst eine Versöhnung mit uns selbst und dem, was wir in die Welt gesetzt haben. Denn so wie alles Seiende Ausdruck der unermesslichen Mannigfaltigkeit des Lebens ist, ist alles, was wir Menschen produziert haben, Ausdruck unserer eigenen Mannigfaltigkeit. Unsere Rolle im Ganzen neu zu denken führt uns zu dem, was der Vater des Strukturalismus, der Ethnologe Claude Lévi-Strauss, einen »erweiterten Humanismus« nennt, also eine Haltung, welche die Achtung vor dem Anderen, ob Natur oder Tieren, vor die menschliche Selbstliebe stellt. Doch diesen Respekt schulden wir nicht nur den anderen Formen, in denen das Leben sich zeigt, sondern auch allem, was wir selbst ins Leben gerufen haben. Unsere *Dinge*, unsere Bücher, unsere Kunstwerke, unsere Musik ebenso wie unsere Straßen und Plätze und Parkanlagen. Auch sie sind mit uns vorhanden, und obwohl sie im Gegensatz zur Natur und den Tieren unbelebt erscheinen, haben auch sie einen Anfang, eine Dauer und ein Ende.

Angesichts der Tatsache, dass der Begriff »Humanismus« immer schon dazu neigte, auf ausgrenzende und elitäre Weise verwendet zu werden, und ein »erweiterter Humanismus« zwar eine universellere Perspektive anbietet, aber unsere Verantwortung gegenüber unseren eigenen Schöpfungen vergisst, schlage ich den Begriff der »Quantengemeinschaft« vor, der alle gleichzeitig existierenden Zeitgestalten im Quantenfeld miteinander verbindet, wobei Immaterielles, wie Ideen, Theorien oder Gedichte, ausdrücklich mitgemeint ist. Das planetare Bewusstsein öffnet sich dieser allseitigen Verbundenheit mit ihren Resonanzen und Rhythmen und verwurzelt sich zugleich an dem konkreten Ort, an dem der oder die Einzelne gerade steht. Die dieser *geerdeten* Artistik zugrunde liegende Seinskompetenz, die nicht nur den Menschen, sondern weiter gefasst allem Lebendigen gemeinsam ist, beschreibt Bruno Latour in *Das terrestrische Manifest* mit eigenen Worten: »Dabei besitzt jedes Wesen eine ihm eigene Weise zu orten, was für es selbst lokal und was global ist und wie sich seine Verschränkung mit anderen bestimmt.«

Diese damit verbundene Selbstzuwendung auch auf der Ebene unserer gemeinsamen Schöpfungen eröffnet eine neue Perspektive auf ein altes Problem. Wir westlichen Menschen mit unserer christlichen Vergangenheit sind es gewohnt, unseren Gott, der uns und alles Andere geschaffen haben soll, für alle Übel auf dieser Welt verantwortlich zu machen: für die Lücken, die der Tod ins Leben reißt, für die unerklärlichen Unterschiede zwischen uns, für unverdientes und unbegründbares Leid. Anstatt jedoch zu fragen, wie jemand dieses oder jenes geschehen lassen konnte, ist es für uns Menschen jetzt an der Zeit, erwachsen zu werden und die Verantwortung, die wir jahrhundertelang einem großen göttlichen Anderen zugewiesen haben, selbst zu übernehmen – jeder für sich und alle zusammen, genau dort, wo man selbst ist und liebt und lebt. Denn während sich die Frage nach einem Schöpfer je nach persönlicher Präferenz so oder so beantworten lässt, ist die Sache im Fall unserer eigenen Schöpfungen wesentlich klarer. Und während niemand wissen kann, wer die eigene Klage hört, ist das entfesselte Wirtschaftssystem beispielsweise ganz klar die Angelegenheit derer, die es am Laufen halten, nämlich unsere eigene.

Nur wenn wir es wagen, das Ganze des Lebens wieder zu lieben, mit allem, was daran nicht liebenswert, sogar schändlich oder entsetzlich ist, können wir darangehen, es zu verändern. Zukunft muss man gemeinsam träumen. Neue Begriffe ermöglichen neues Denken und damit vielleicht auch eine andere Beziehung zur Welt. Auf diese Weise ist Philosophie, die man auch als Wissenschaft des Begriffs bezeichnen könnte, schon immer eine poetische Kunst gewesen, manchmal auch eine poietische. *Poiesis* ist das griechische Wort für zweckgebundenes Handeln, Machen, Gestalten und beschreibt damit zugleich Form und Ergebnis menschlicher Arbeit – in diesem Fall die folgenreiche Denk- und Besinnungsarbeit zur Beschwörung und Erschaffung einer anderen Welt.

DIE RÜCKKEHR ZUM LEBEN ALS POETISCHE PRAXIS

Martin Heidegger beschäftigt sich in seinem 1954 publizierten Aufsatz *Die Frage nach der Technik* mit dem Unterschied zwischen einer »technischen« und einer »poietischen« Weise, mit dem Leben umzugehen. Den »technischen« Weltbezug, getragen von Verstand oder instrumenteller Vernunft, beschreibt er als »Gestell« – alles, was ist, steht ihm als Objekt gegenüber oder, wie Heidegger sagt, »Bestand«. Als »Bestand« wird das Seiende seiner Identität, Würde und Eingebundenheit beraubt und ausschließlich auf seine Funktionalität, Nützlichkeit und Verwertbarkeit beschränkt. In den mehr als 50 Jahren, die seit

Heideggers Rede vergangen sind, ist auch der Mensch, ganz wie er damals befürchtet hat, zum »Bestand« geworden und das »Gestell«, unser westliches Haus, zu einem Gefängnis.

Ein Gefängnis, das natürlich auch schon zu Heideggers Zeiten dazu diente, diejenigen, die besitzen, von all denen, die es nicht tun, zu trennen. Doch auch wenn das Leben für diejenigen, die daran verdienen, ruhig so weitergehen kann, ist es nun das Gefängnis selbst, das seine Insassen in eine unerwartete Freiheit entlässt. Eine Freiheit, die es bewusst zu ergreifen gilt, denn unsere Erde ist mehr als groß genug für jedermanns Bedürfnisse, während sie kaum ausreicht für eines einzelnen Menschen Gier. Und nun, wo tatsächlich die fünfte Jahreszeit angebrochen ist, dieser Karneval der Struktur, weil in einer psychotischen Gesellschaft alte Regeln nicht mehr gelten und neue noch nicht fixiert sind, ist es höchste Zeit, den »poietischen« Weltbezug genauer in den Blick zu nehmen. Dieser begreift die Welt nicht von unserem denkerischen Abstand, sondern unserer existenziellen Teilhabe her und unser Leben dadurch nicht als Getrennt-Sein und Herrschaft, sondern als Mit-Sein und Mit-Schöpfen. Und während sich noch zu Heideggers Zeiten hauptsächlich Philosophen und Dichter nach draußen wagten, ist es jetzt an jedem Einzelnen, ins Freie zu treten. Niemand hat diesen existenziellen Moment schöner gefasst als der schizophrene Dichter Friedrich Hölderlin in seinem 1800 vollendeten Gedicht *Lebenslauf*, dessen letzte Zeilen lauten:

> Alles prüfe der Mensch, sagen die Himmlischen,
> Auf dass er, kräftig genährt, danken für Alles lern',
> Und verstehe die Freiheit,
> Aufzubrechen, wohin er will.

Wir sind das Werden der Welt. In uns Menschen wird sich das Leben seiner selbst bewusst, doch zugleich sind wir alle nur kleine Wellen auf dem Ozean der Unendlichkeit, verbunden durch etwas, das uns umfasst und zugleich überdauert. Von diesem Bewusstsein unserer universellen Teilhabe aus können wir mit anderen Augen auf unsere eigene und alle anderen Kulturen blicken, um mit diesem Wissen zu beurteilen, welcher Umgang für welches Problem am besten geeignet ist. Denn so, wie sich alle Esstraditionen der Welt nicht ausschließen, sondern bereichern, ermöglicht uns die Globalisierung eine neue und intime Kenntnis des Lebens der Anderen, von asiatischer Ahnenverehrung über afrikanische Elternschaft hin zu einem indianischen Naturverständnis. Dazu gehört auch der kreative Realismus derjenigen, die beispielsweise bei der Frage, was es denn zum Abendessen geben soll, das zu gebrauchen wissen, was es dort, wo sie leben, gibt, und keine Zeit und Energie mit der Suche nach immer ausgefalleneren oder schlicht nicht existierenden Zutaten verschwenden.

»Alles prüfe der Mensch«, sagt Hölderlin, und wahrlich, es *ist* alles da und zeigt sich und will von uns geprüft werden, auf dass wir eine bewusste Wahl treffen können, die das Leben und seine unendlichen Formen achtet und feiert und dadurch unsere eigenen und gemeinsamen Möglichkeiten mehrt. Allerdings kann man die Leiter nur von oben umstoßen. Nur wenn wir unsere gegenseitige Abhängigkeit akzeptieren, schöpfen wir unser menschliches Potential tatsächlich aus: die Freiheit, aufzubrechen, wohin wir wollen. Denn obwohl wir uns als globalisierte Menschheit zunehmend globalen Herausforderungen gegenübersehen, ist und bleibt das Leben eine persönliche Angelegenheit. Mehr noch, wenn alles mit allem verbunden ist, spiegelt sich auch alles in jedem einzelnen Leben, und wenn man sich und seinen Umgang mit dem, was ist, verändert, verändert man zugleich das Ganze.

Deshalb schlägt nicht nur im negativen Sinne die Stunde der Fanatiker, sondern ebenso die Stunde eines Bewusstseinszustandes oder einer Lebensform, die ich »Poet« nenne und die mit ihrer Kreativität, ihrem Eigensinn und ihrer Liebe zum Leben gewisse Ähnlichkeiten mit dem »Schizo«, dieser lebendigen »Wunschmaschine«, hat, die Deleuze und Guattari in ihrem Buch *Anti-Ödipus. Kapitalismus und Schizophrenie I* beschrieben haben. Während die Feigen und Bequemen sich der Führung Anderer anvertrauen, übernehmen der Poet und die Poetin selbst die Verantwortung für ihre Existenz. Sie definieren ihre Identität nicht wie die Fanatiker durch Abgrenzung von Anderen, sondern durch ihr eigenes Verhältnis zum Ganzen. Dabei ertragen sie die Unbegreiflichkeit des Daseins, weil nur die Sinnlosigkeit des Lebens, die weder Wertlosigkeit noch Folgenlosigkeit ist, uns Menschen den Freiraum gibt, selbst aus unserem Hiersein Sinn zu machen.

So wie unsere individuelle Freiheit in Abhängigkeit voneinander beginnt, beginnt auch alles Sprechen bei unserer universalen Teilhabe am Lebensprozess. Zum Leben und damit auch zu einem wahren und gültigen Sprechen zurückzukehren, heißt, zu diesem vorbegrifflichen Innenraum der Sprache zurückzukehren, der nichts anderes ist als die konkrete Erfahrung unseres Hierseins. Jeder von uns hat so als Kind »Sprechen« gelernt und damit eine Weise, auf das, was in einem und mit einem ist, verbindlich zu verweisen – ob es kalt oder warm ist, ob man Hunger hat oder satt ist, ob etwas wehtut oder nicht –, und jeder von uns kann zu diesem ebenso sachlichen wie wahrhaftigen Bezug auf das, was ist, zurückfinden.

»Die Bedeutung eines Wortes ist sein Gebrauch in der Sprache«, sagt der Philosoph Ludwig Wittgenstein in seinen 1953 veröffentlichten *Philosophischen Untersuchungen*. Der Ausdruck »Gebrauch« verweist auf die Praxis der Sprechenden und diese wiederum auf das, was ein bestimmtes Wort zu einer bestimmten Zeit für bestimmte Menschen konkret bedeutet. Jede neue Familie – hier verstanden als Zusammenschluss von Menschen, die sich um eines oder mehrere Kinder kümmern – hat den Freiraum, das Wort »Familie« durch ihr eigenes Tun und Lassen, Fordern und Fördern, selbst zu interpretieren und ihm so eine ebenso persönliche wie gültige Bedeutung zu geben. Wir sind tatsächlich die Götter unserer Kinder und weiter gefasst die Götter aller, die nach uns kommen, weil wir durch unsere Werte, unsere Gewohnheiten und unser Handeln definieren, auf welche konkreten Realitäten sich bestimmte Wörter beziehen. Zugleich lädt uns jedes Kind mit seinen neugierigen und staunenden Fragen immer wieder ein, alles zu begründen, was ist. Und zugleich darüber nachzudenken, was sein sollte.

Ändert sich der Gebrauch eines Wortes, ändert sich auch seine Bedeutung, was im Umkehrschluss heißt, dass wir, um die Welt neu zu erzählen, keine neuen Wörter brauchen, sondern einen neuen Gebrauch, eine neue *Praxis*, die dadurch auf ein neues Bewusstsein von und einen neuen Umgang mit allem, was ist, verweist. Wie bei allen Fragen des Umgangs geht es dabei darum, Impulse zunächst anzuerkennen, um sie dann umzulenken und dadurch allen Facetten unseres Lebens und Zusammenlebens eine neue Richtung zu geben. Doch vor der Veränderung steht die Versöhnung. Das betrifft nicht nur kollektive Gefühle von Angst oder Ohnmacht, sondern auch unsere Sehnsucht nach Verbundenheit oder ganz konkrete Wut angesichts der aktuellen Weltlage.

Auch unser aller Machtwille, die unvermeidliche menschliche Trägheit oder unsere ebenso universelle Neugier können sich in Unendlichkeitsmaschinen erschöpfen oder dazu benutzt werden, sich dem Mitrennen im Hamsterrad der unendlichen Betriebsamkeit zu verweigern und stattdessen dem eigenen Wissen und Gewissen zu folgen und damit das, was mit »Leben« und »Zusammenleben« ganz konkret an einem ganz bestimmten Ort gemeint ist, persönlich zu verantworten. Und sich damit zugleich in Bezug auf die eigene Position im Ganzen zu verorten. Denn rechts und links, vorne und hinten, Fremdes und Eigenes machen letztlich nur auf die eigene Lage bezogen wirklich Sinn. Ebenso wie das, was Begriffe wie »Arbeit«, »Fairness« oder »Angemessenheit« ganz konkret bedeuten. Oder was es wirklich heißt, dass alle Macht vom Volke ausgeht und der Kunde König ist. Wörter sind das, was wir darunter verstehen und wofür wir zugleich mit unserem eigenen Leben bürgen.

In diesem Sinne recyclet und rekonfiguriert auch die poetische Revolution, die dadurch vor allem eine *Bewusstseinsrevolution* ist, denn Begriffe wie »Demokratie«, »Humanismus«, »Solidarität«, aber eben auch »Sinn« und »Zukunft« und »Leben« reichen in den meisten Fällen vollkommen aus, um alles, was ist und sein könnte, zu erfassen und zu beschreiben.

Das betrifft auch den Begriff der »Revolution« selbst, der beispielsweise auf unseren Planeten, die Erde, bezogen deren Umlaufbahn um die Sonne bezeichnet, welche ihre kosmische Erkundungsfreiheit ebenso ermöglicht wie beschränkt. Denn obwohl die Erde, wie jeder Planet, eine Eigendrehung und damit einen Tag-Nacht-Rhythmus und Schwerkraft besitzt, gibt die solare Anziehung nicht nur den Jahresrhythmus vor, sondern verankert unseren Planeten zugleich in den endlosen Weiten des Weltalls. Deshalb ist die poetische »Revolution« ebenso wie die planetare kein blinder Aufbruch ins Unbekannte. Zunächst ist sie eine bewusste Rückkehr zu allem, was auf Erden tatsächlich der Fall ist, wobei die darin liegende Besinnung zugleich das Tor zu öffnen vermag, durch das wir Menschen gemeinsam in eine andere Zukunft schreiten können. Was nur ein anderer Ausdruck ist für einen Weg vom egoistischen Denken zur ökologischen Teilhabe, von der Quantität zur Qualität und von der ebenso verbitterten wie geschäftig-ernsten Einsamkeit zu Humor, Versöhnung und Liebe.

Es macht etwas aus, wie wir über uns, die Anderen und die Erde sprechen. Sprache kann trennen oder verbinden, Hass schüren oder uns an die Liebe erinnern. Sprache ist *wirklich*. Worte schaffen Wirklichkeit, und die Macht der Sprache ist auch im Zeitalter von Fake News und alternativen Fakten ungebrochen. Wir können sie benutzen, um uns immer tiefer in Lethargie, Angst und Verzweiflung hineinzureden oder um uns durch sie von ebendiesen Gefühlen zu befreien, indem wir sie bewusst machen, aussprechen und dadurch einen anderen Umgang mit ihnen finden.

    Der Poet und die Poetin setzen dem allgegenwärtigen Schwerkraftverlust die Würde der eigenen Worte entgegen. Jede Lüge verringert den Glauben, den man an sich selbst hat und den wir brauchen, um wieder aneinander und ans Leben zu glauben. Sich aus den Unendlichkeitsmaschinen zu befreien beginnt damit, den Wert der eigenen Worte zurückzuerobern. Zu tun, was man sagt, und zu sagen, was man tut. So gut es eben geht. Diese »sokratische Kur« gibt dem eigenen Leben und unserem Zusammenleben das Gewicht zurück, das ihm so spürbar fehlt. Auch hier geht es um eine andere Praxis, die sich der vorhandenen Worte bewusst bedient und sie benutzt, um Absichten nicht nur auszusprechen, sondern auch umzusetzen: Ich komme um fünf. Ich helfe dir beim Umzug. Ich werde für dich da sein, wenn du mich brauchst. Und mit jedem Wort, dem man eigenhändig wieder Realität und Wahrheit verleiht, weicht der Abgrund der Lüge ein wenig zurück.

Doch obwohl wir immer wieder zur Sprache zurückkehren können, ist jede bestimmte Sprache ebenso Archiv eines bestimmten Weltbezugs. Hier beginnt die unter anderem von dem Philosophen Jacques Derrida ausformulierte »Dekonstruktion«, ein Denkansatz, der Texte und, weiter gefasst, Sprache selbst nicht als geschlossenes und in sich eindeutiges System begreift, das auf einen klar erkennbaren Sinnzusammenhang verweist – wie ihn Team »Transzendenz« mit seinen Essenzialisierungen und der damit verbundenen Forderung nach Deutungshoheit immer wieder beschwört. Stattdessen erscheinen Text und Sprache ihrerseits »sprechend« in dem Sinn, dass die Sprache selbst diese Bemühungen um Eindeutigkeit immer wieder durchkreuzt. Dabei tut sich ein *anderer* Sinnzusammenhang auf, der oft mehr Wahrheit über eine Absicht oder eine Situation verrät, als dem oder der Schreibenden oder Sprechenden bewusst ist. In diesem Sinne können wir die Dekonstruktion als eine Art späte Psychoanalyse oder »Schattenkunde« der Sprache verstehen. Denn das Leben strebt nicht nur zur Ganzheit, sondern will sie auch ausdrücken. Alles, was von einem Menschen, einer Gesellschaft oder einer Kultur verdrängt und missachtet wurde und dessen ungeachtet trotzdem *ist*, will zur Sprache kommen, gehört werden.

Dieses »Sprechen des Anderen« ist die beängstigend-befreiende Rückkehr dieses Verdrängten, eine Rückkehr, die auch im Zentrum unserer aktuellen Krise steht. Denn sie konfrontiert uns nicht nur mit der Einseitigkeit unseres westlichen Weltbezugs, sondern auch mit einem korrespondierenden Sprachgebrauch hin zu in bestimmten Worten selbst liegenden Andeutungen. Auch unsere deutsche, wie alle anderen Sprachen keinesfalls »objektive« Sprache verweist unter anderem auf einen männlichen Schöpfer und eine immer schon unterlegene weibliche Natur, was es einem erschwert, Männliches auch mütterlich und nährend zu denken und Weibliches durchsetzungsstark und entschlossen. Ganz zu schweigen von den konkreten Folgen dieser subtilen Hierarchisierung, die sich auch in Deutschland unter anderem noch als reale Lohnungerechtigkeit zeigt – wie das Statistische Bundesamt für 2016 ermittelte, verdienten Frauen im Schnitt in gleichen Positionen 21 Prozent weniger als Männer.

Doch selbst an dieser empfindlichen Stelle ist unsere vorurteilsbeladene Sprache noch gut genug, um auf den Raum unserer geteilten Lebendigkeit zu verweisen, wo der Mensch, wie Freud sagt, eine kleine Gesellschaft ist, eine *Multitude*, also ein lebendiger Chor aus vielen oft ganz gegensätzlichen Stimmen. Dort muss jeder und jede Einzelne in sich männliche und weibliche Energie, Licht und Schatten, Freiheit und Abhängigkeit immer wieder neu in Balance bringen. Von diesem Ort aus können wir dann auf andere Kulturen und ihre Symbolsysteme blicken, welche die Mannigfaltigkeit unserer menschlichen Erfahrung schon besser integriert haben, von den thailändischen Ladyboys über albanische Mann-Frauen hin zu den fünf Geschlechtern bei den Navajo-Indianern. Dort gibt es als erstes Geschlecht die Frau, dann den Mann, dann ein hermaphroditisches, also unbestimmtes Geschlecht und schließlich noch männliche Frauen, bei uns Trans-Männer, und weibliche Männer, also Trans-Frauen.

Diese selbstverständliche Anerkennung von Lebensformen, die bei uns noch in Frage gestellt werden, zeigt nicht nur, dass und vor allem wie ein weiter gefasster Begriff menschlicher Identität gelingen kann, sondern weist auch in eine andere Zukunft. Denn so, wie uns unser denkerisch-abstrahierender

Abstand zur Welt nicht nur zu objektiver Wissenschaft und Technik, sondern auch zu den beobachtersensitiven und damit Teilhabe einfordernden Quanten geführt hat, führt uns das konsequente Weiterdenken unserer noch auf binärer Logik beruhenden Computer ebenfalls zu Quantencomputern. Diese operieren nicht nur mit 0 und 1, sondern zusätzlich mit einem dritten Zustand genau zwischen 0 und 1, der Superposition genannt wird. Von diesem Zustand vor dem Einsetzen des Beobachtereffekts aus sind wiederum zwei neue Zustände denkbar, nämlich der Weg von der Superposition zurück zur Eins und der Weg zurück zur Null. Wobei diese Transeinsen und Transnullen an die Übergangszustände »altes Yin« und »altes Yang« im chinesischen *I Ging* erinnern, dem mehr als 2000 Jahre alten Buch der Wandlungen, das schon damals in 64 Hexagrammen alle denkbaren Zustände zwischen 0 und 1 durchgespielt hat. Es gibt nichts Neues unter der Sonne. Und doch ist jeder Sonnenaufgang einmalig.

»Schöpfung ist Wiederholung und Differenz«, schreibt Gilles Deleuze. Jedes neue Gedicht besteht aus bereits bekannten Wörtern und ihrem ungewöhnlichen Gebrauch. Poesie ist die Subversion der Sprache. Offenheit ist die Subversion des voreingestellten Blicks. Zum Leben zurückzukehren heißt, das, was ist, neu und anders sehen zu lernen. Der Außen-Blick der instrumentellen Vernunft trennt, objektiviert, vereinzelt. Der poetisch-poietische Blick von innen verbindet, versöhnt und umfasst. Doch vor allem sieht er Neues, Unbekanntes, Anderes. Dafür sucht er nach einer Erfahrung des Daseins *vor* seiner Beschreibung. Hier treffen sich die Gegenwärtigkeit des Zen-Buddhismus und die urteilslose Schau der Stoiker – griechisch *epoché* genannt – mit der phänomenologischen Vorgehensweise des Philosophen Edmund Husserl. In seiner Schrift *Philosophie als strenge Wissenschaft*, die er 1910 veröffentlichte, stellte Heideggers Lehrer mehr als 15 Jahre vor der Entdeckung der Unschärferelation fest, dass Subjekt und Objekt, Beobachter und Beobachtetes zusammenhängen, denn sie treffen sich in einem Raum *vor* ihrer Trennung.

Einerseits ist also das, was uns in der Welt begegnet, tatsächlich gerichtet, hat ein An-Sich, eine Energie, eine Frequenz, andererseits gibt es auch kein leeres Bewusstsein, in welchem alles korrekt erscheinen würde, sondern immer nur ein Bewusstsein *von* etwas, eine Haltung *zu* etwas, ein Gefühl *für* etwas. Wahrnehmung ist Teamwork, denn Welt und Weltbewusstsein erscheinen auf einen Schlag.

Das bedeutet auch, dass man das, was mit einem ist, umso klarer sieht, je weniger Erwartungen und vorgefasste Meinungen man hat. »Phänomenologische Reduktion« nennt Husserl diese bewusste Selbstzurücknahme, die wir praktizieren können, um alles, was ist, in seiner unerschöpflichen Fülle wahrzunehmen, in seiner Evidenz, seinen Stimmungen und Atmosphären. Im Herzen der Phänomenologie lebt das Poetische nicht nur als Lied der Dinge, das erklingt, wenn der Mensch wieder lernt, ihnen zuzuhören, sondern auch als Möglichkeit der Neuverknüpfung und -gewichtung dessen, was jenseits aller Anschauung tatsächlich existiert. Hier entscheidet sich immer wieder neu das Gelingen von Sprache, die Seiendes nicht nur aufnehmen, sondern auch für eine Weile festhalten kann, von der akkuraten Beschreibung von Wolkenrändern und Farbverläufen über den einzigartigen Klang einer frühmorgendlichen Stille hin zu einem wahrhaftigen Ausdruck der eigenen Gefühle. Und so, wie sich das, was ist, aus kleinsten Bestandteilen immer wieder neu zusammensetzt, kann man auch aus den Wörtern, die es gibt, immer wieder neue Denkfiguren zusammensetzen, Theorien, Bücher, Gedichte.

Mit der Phänomenologie beginnen die Adjektive, die bunte, schreckliche, erhaben leuchtende Schönheit der Welt. Damit vermittelt diese Denktradition eine Ahnung der Quantengemeinschaft, nicht nur in dem gemeinsamen Werden von Bewusstsein und Welt, sondern auch als Möglichkeit des Erspürens und Begreifens des Lebendigen durch Lebendiges. Von der damit einhergehenden Anerkennung einer allseitigen Verbundenheit, und nur von dort aus können wir uns der Frage widmen, wie wir dabei nicht nur dem, was ist, sondern auch dem, was sein könnte, gerecht werden wollen.

DER TRÄNENKUCHEN

Er ist tot. Esma Gül dreht und wendet diesen Satz in ihrem Mund wie einen Kieselstein; er bleibt ein Fremdkörper, der sich nicht mit dem Rest verbinden will. Sie blickt aus dem Fenster, es ist warm, eine staubige Landschaft zieht an ihr vorbei, in der Ferne sieht sie Rauch. Ohne auf die Uhr zu blicken, weiß sie, dass es noch fünf Stunden bis nach Aydın dauert. Dort wird Ali sie abholen, der Mann ihrer Tante Scheherazade, von allen nur Zada genannt. Kurz denkt sie an ihre Mutter Leila, und ohne dass sie es bemerkt, zuckt sie mit den Schultern, als ließe sich eine jahrzehntealte Enttäuschung mit einer kleinen Bewegung abtun.

Dann blickt sie auf die schimmernde Seide ihres neuen Oberteils und ist kurz gerührt – ach, Mutter, warum ist es so schwer, dich zu lieben. Wenn Esma die Augen schließt, kann sie Leilas Parfum riechen, Chanel No. 5, das bei ihr immer etwas blumig wirkt, ein olfaktorisches Wunder. Leilas Vater ist ein angesehener Professor für orientalische Literatur gewesen, und dass er im hohen Alter seine treue Frau für eine blutjunge deutsche Studentin verließ, hat seiner armen Gattin das Herz gebrochen. Sie starb nur wenige Monate später an einem Schlaganfall. Zada, die ihre Mutter sehr geliebt hatte, konnte ihrem Vater diesen Tod nicht verzeihen und sprach bis zu seinem Ende kein Wort mehr mit ihm. Doch Leila, die immer schon vor allem sich selbst liebte, begleitete ihren verjüngten Vater nach Deutschland, wo er für einige Jahre hochvergnügt in wilder Ehe mit Brigitte lebte.

Die beiden Frauen waren sich sympathisch, und die flirrende Brigitte – schon in ihrer Jugend als manisch-depressiv diagnostiziert – war es auch, die Leila mit der Welt der Mode vertraut machte. Nachdem Leila daraufhin erst Textilwirtschaft und dann Marketing studiert hatte, eröffnete sie einen kleinen Modeladen in einem Vorort von Köln. Von da an ging es aufwärts, nicht unbedingt in der Liebe, weil selbst Esmas Vater vor Leilas unzerstörbarem Egoismus irgendwann in die Knie ging und mehr oder weniger spurlos verschwand, sondern im Beruf, der im Falle Leilas tatsächlich eine Berufung war.

Mit ihrem Gespür für Opulenz und Anmut versorgt Leila nun schon seit Jahrzehnten die Damen der besseren Gesellschaft, die zielsicher ihren Weg in die mittlerweile in Düsseldorf gelegene Boutique finden. Wenn sie ihre Mutter mit Nachsicht betrachtet – es gelingt ihr nicht immer –, sieht Esma in den starken Farben und Formen, die ihre eigenen Leinwände durchwirken, ein fernes Echo auf Leilas leuchtende Kleider.

Über die Jahre sind Leilas Kundinnen zu Freundinnen geworden. Deshalb ist ihr bewusst, dass sie mehr bieten muss als nur ein bisschen Champagner und den üblichen Klatsch; das gilt ebenso für ihr eigenes Leben, das auch im sechsten Jahrzehnt noch erstaunlich wenig an Schwung verloren hat. Leila ist verlässlichste Quelle für Neues aller Art. Ob Tarotlegerin, bekannter Astrologe oder heilkundige Handauflegerin – Leila kennt sie alle. Und ist mittlerweile treue Kundin von Sonia, der weißrussischen Wahrsagerin. Leila und ihre Freundinnen wissen, dass solche Frauen aus dem Osten kommen müssen, und Esma, der vor vielen Jahren ausgerechnet in Südamerika eine alte Schamanin zutreffend aus der Hand gelesen hat, hütet sich, solche Dinge mit ihrer Mutter zu diskutieren. Denn mit den Jahren ist Leila ihrer eigenen Show zum Opfer gefallen und hört ein wenig zu sehr auf Sonias nicht immer zutreffende Weisungen, als ein selbstständig denkender Mensch für gut halten kann. Dass ausgerechnet ihre mit allen Wassern gewaschene Mutter zunehmend von den Ratschlägen einer jungen, fettleibigen Wahrsagerin abhängig ist, deren Wohnung mehr als nur ein bisschen nach Katzen riecht, amüsiert Esma und macht sie zugleich traurig. Wie Leila selbst.

Als Leila von dem Unfall hörte, ist sie sofort nach Berlin geeilt. Tagelang hat sie am Bett ihrer Tochter gesessen, sie mit Salaten, Obststücken und frischem Fladenbrot gefüttert und so viele Blumen angeschleppt, dass dem Krankenhaus die Vasen ausgegangen sind. Die unerschütterliche Gegenwart ihrer Mutter begleitete Esma ins Leben zurück und ihre zupackende Vitalität sorgte dafür, dass Esma nicht gleich wieder ins Dunkle zurückrannte. Denn eigentlich war ein Weiterleben unmöglich.

Levi war nicht angeschnallt gewesen. Das war oft ein Streitthema zwischen ihnen gewesen, und sie, die so wenig zu streiten hatten, genossen ihre Uneinigkeit über solche Kleinigkeiten. Esma war lebenslustig, aber vorsichtig; sie ging durchaus Risiken ein, tat es jedoch nur, wenn sie sich sicher sein konnte, dass keine Gefahr bestand. Ihr 20 Jahre jüngerer Geliebter Levi war viel abenteuerlustiger. Das lag nicht nur an seiner Jugend und den Jahren, die sie trennten, sondern war so sehr Teil seines Charakters, dass die Kabbeleien über das Anschnallen immer auch die Aura geheimer Zärtlichkeit besaßen – so bist du, sagte ihre Sorge, und ich liebe es, dass du so bist. Levi war gerade aus Tel Aviv zurückgekommen, wo sein Cousin geheiratet hatte, ein rauschendes Fest. Er hatte immer noch Augenringe und war trotzdem seltsam aufgekratzt, fast zornig. Sein Cousin und dessen Frau waren erst vor kurzem aus dem dreijährigen Militärdienst entlassen worden, und die Geschichten, die ihm sein Cousin nach einigen durchzechten Nächten über gewisse Einsätze erzählt hatte, nagten an Levi. »Nein, ich will nicht darüber sprechen«, sagte er gereizt, als Esma behutsam nachfragte, und sie verstummte, weil sie wusste, dass man ihn zu nichts zwingen konnte und zugleich nichts verführerischer war als freundliches Schweigen. Sie waren auf dem Weg ins Kino, wo ein Freund von der Filmhochschule einen Kurzfilm präsentierte.

Der Wagen, der sie von hinten rammte, war nicht besonders schnell. Während Levi so unglücklich nach vorne geschleudert wurde, dass sein Genick augenblicklich brach, wurde Esma gegen ihren Gurt gepresst und verlor das Bewusstsein. Die ersten wachen Stunden nach dem Unfall – Esma hatte ein Schleudertrauma, der rechte Arm war gebrochen, das rechte Bein gequetscht – hatten sie und ihre Mutter in einer Blase gelebt, in der alles zur Sprache kam außer der einen Frage, die Esma nicht zu stellen wagte.

Natürlich wusste sie es. Ihr Körper war Zeuge gewesen, wie der geliebte Körper neben ihr plötzlich seinen Zustand änderte, starb. Esma wollte sich nichts vorlügen, sie sammelte nur Kraft für die Worte, die das Unabänderliche noch unabänderlicher machten.

Als sie endlich doch zu fragen wagte, antwortete ihre Mutter ihr schlicht. Leila hatte ihren Egoismus und ihre esoterischen Ticks diesmal zu Hause gelassen, aber Esma nahm dieses unerwartete Geschenk ebenso ungerührt an wie die Nachricht von Levis Tod. Ein Teil von ihr hing noch in der Zeit, in der Millisekunde der Gewissheit, dass gleich etwas Entsetzliches geschehen würde. Sie fühlte nichts mehr. Sie unterhielt sich mit ihrer Mutter, besprach ihre Entlassung, kehrte nach Hause zurück.

Mit Leilas Hilfe wählte sie ein schwarzes Kleid für Levis Beerdigung, stand schwankend am Grab und umarmte seine Zwillingsschwester, die vor lauter Schluchzen kaum sprechen konnte. Dann packte sie Levis Sachen in eine Kiste, die sie in den Keller stellte, und fuhr mit ihrer Mutter nach Düsseldorf. Leila überschüttete sie mit Liebe, Aufmerksamkeit und neuen Kleidern. Schon lange hatte sie das unbestimmte Gefühl gehabt, ihrer einzigen Tochter vielleicht nicht ganz gerecht geworden zu sein, und stürzte sich deshalb auf diese Chance wie ein Hungriger auf ein Stück Brot. Esma ließ es geschehen – sie schlief lange, aß wenig und hörte ihrer Mutter zu, die munter von diesem und jenem erzählte.

Nach zwei Wochen zeigten sich erste Ermüdungserscheinungen. Leila war frustriert, weil ihre Selbstlosigkeit keine Früchte trug, und Esma, die ihrer Mutter zuliebe sogar beim Friseur gewesen war, kam sich vor wie ein Charity-Projekt, das nicht genügend gute Gefühle abwarf. Es gab nur eine Lösung. Sie musste endlich nach Hause fahren. Nach Glücksum, zu Zada und Ali.

Natürlich heißt das kleine Dorf im Westen der Türkei nicht Glücksum, aber so hatte die kleine Esma es genannt, als ihre Mutter sie zum ersten Mal für die großen Ferien bei ihrer Schwester ablieferte. Dort gab es Hähne, die am Morgen krähten, Kinder, die durch die Straßen liefen, und den Geruch von frischem Brot, das Ali in den Morgenstunden buk. Zada und Ali hatten keine eigenen Kinder, doch anstatt darüber zu verbittern, hatte sich Zada ihrer Nichte angenommen und sie ohne Zögern in ihr großes Herz geschlossen. Wenn Esma an zu Hause dachte, dann dachte sie an Zadas weiche Arme, an ihre langen dunklen Haare, die nach Gewürzen rochen, und an ihre großen Augen, die jeden anblickten, als wäre er der wichtigste Mensch der Welt. Sie hatte ihre Tante schon seit Jahren nicht mehr gesehen, es hatte sich einfach nicht ergeben, aber als sie eines Morgens zum Telefon griff, weil sie angesichts von Leilas fröhlichem Geträller beim Smoothie-Machen eine unerwartet heftige Wut empfand, sagte Zada nur: »Komm.« Und Esma kommt.

Als Esma am frühen Abend in Aydın ankommt, steht Ali schon am Bahnsteig. Sie blickt auf sein frischgebügeltes blaues Hemd und die sorgfältig geputzten Schuhe und zum ersten Mal spürt sie, wie ihr fast die Tränen kommen. Als er sie umarmt, zittern ihre Knie. Die Fahrt dauert nicht lange, aber Ali hält an einer kleinen Tankstelle, wo sie etwas zu trinken kaufen und zusehen, wie die Sonne untergeht. Nach einer Weile sagt er: »Es gibt Neuigkeiten.« Esma blickt ihn fragend an. »Unsere Familie ist größer geworden«, sagt Ali mit einem vorsichtigen Lächeln, hinter dem sich großes Glück verbirgt. »Sema lebt jetzt bei uns«, fährt er fort, »sie ist die Tochter der Großcousine meines Cousins und hat ihre Eltern bei einem Unglück verloren.« Kurz verdüstert sich sein Gesicht. »Es ist nicht leicht für sie. Aber sie ist so ein fröhliches Mädchen …« Da ist es wieder, das Glück.

»Wie alt ist sie?«, fragt Esma, und Ali erzählt, dass Sema fünf Jahre alt ist, eine kleine Katze hat, die sie Moon nennt, und dass sie mittlerweile sehr gut Türkisch spricht. »Ich freue mich darauf, sie kennenzulernen«, sagt Esma, und während sie es sagt, wird ihr klar, dass sie es auch so meint.

Zada und Sema warten schon vor dem Haus, als der kleine Wagen mit einer eleganten Bremsung zum Stillstand kommt. Zada hat sich kaum verändert, eine große Frau mit weichen Rundungen, der ein langer dicker Zopf über die rechte Schulter fällt. Obwohl sie im letzten Jahr 70 wurde, ist ihr Haar noch fast schwarz. Neben ihr steht ein kleines Mädchen in einem blauen Kleid, die Hände schüchtern hinter dem Rücken gefaltet. Esma sinkt in Zadas Arme und hat zum ersten Mal seit dem Unfall das Gefühl, wieder am richtigen Platz zu sein. Dann bückt sie sich, bis ihr Gesicht auf der gleichen Höhe wie Semas ist, sieht die langen Wimpern, die Sommersprossen auf der Nase, die dunklen Augen und sagt in eingerostetem Türkisch guten Tag. Sema mustert sie ernst, doch dann verändert sich ihr Gesicht, wird hell und leuchtend und mit einem Lächeln erwidert sie Esmas Gruß.

Die nächsten Tage vergehen im Rhythmus der Sonne. Esma wacht beim Krähen der Hähne auf und hört Ali, der schon lange in der Backstube ist, und Zada, die singt, während sie im Haus umhergeht. Manchmal begleitet sie ein dünnes Stimmchen, und Esma bleibt einfach liegen und fühlt sich aufgehoben in diesen fremden und doch so vertrauten Geräuschen. Sie isst, wenn die anderen essen, sie geht spazieren, sie schläft viel und träumt wenig. Wenn sie in der Morgenkühle oder am Abend, wenn es dunkel wird, durch die Straßen geht, sieht sie Levi manchmal von hinten, wie einen Geist. Einmal ist die Täuschung so real, dass sie stehen bleibt, um genauer hinzusehen, und als sie begreift, dass ihre Wahrnehmung ihr einen Streich gespielt hat, legt sie die Hände auf ihr Gesicht und denkt an ihn.

Ein rundes, aber kräftiges Kinn, eine gebogene Nase, die Augen leuchtend grün, mit kleinen gelben Sprengseln. Die Haare immer ein wenig zu lang, der Körper schmal, aber kräftig, ein Geruch nach Rauch. Noch während sie sich sein Gesicht vorstellt, beginnt es zu verblassen, und Esma begreift, dass sie gar nicht mehr genau weiß, wie Levi eigentlich aussieht. Wie ist der Schwung seiner Oberlippe, wie tief genau die Kerbe unter der Nase, wo beginnt sein Bart, den er sich neuerdings hat stehen lassen? Welche Farbe haben seine Haare, wie groß ist er, wenn er neben ihr steht, wie riecht er, wie riecht er, wie riecht er nur?

Die Welt schweigt auf diese Fragen. Menschen gehen an ihr vorbei, ein Auto hupt. Esma lässt die Hände sinken und geht langsam nach Hause zurück. An diesem Abend kommt Semas Kater das erste Mal zu ihr. Moon ist klein und braun getigert, mit blauen Augen und einem halb abgebissenen Schwanz. Sema hat ihn auf der Straße gefunden und mit nach Hause genommen, und Zada hat ihm eine Schale mit Milch hingestellt und ein paar Abfälle vom Abendessen.

Moon ist ein ängstliches Tier, er fürchtet laute Geräusche und fremde Stimmen. Meist klebt er an Sema, die viel mit ihm spricht und ihm alles erklärt. »Musst keine Angst haben, Moon-can, das ist nur der Wind gewesen, der die Tür bewegt hat, schau, hier ist frische Milch für dich, das wird dir guttun.« Moon folgt seiner Herrin überallhin, und auch jetzt begibt er sich brav zum Schälchen und schleckt eine Weile. Doch anstatt zu Sema zurückzugehen, nimmt er Kurs auf Esma, die schweigend am Küchentisch sitzt, vor sich eine halbleere Schüssel mit Kartoffeln und Fleisch. Er streicht um ihre Beine, reibt den Kopf an ihren Schenkeln, den Stummelschwanz fröhlich aufgerichtet. Sema beobachtet ihren Kater mit einem wissenden Lächeln und senkt den Blick, als Esma sie fragend ansieht. Doch dann blickt sie wieder auf, schaut Esma an und sagt: »Spielst du mit mir das Klatschspiel?«, und Esma nickt, ein bisschen überrumpelt.

Seitdem spielen sie jeden Abend das Klatschspiel. Sema hat auch damit begonnen, Esma in ihre Erklärungen einzubeziehen: »Seht ihr«, sagt sie jeden Freitag zu Frau und Kater, die beide an ihren Lippen hängen, »das ist das Niyaz-Brot, das Zada gemacht hat«, und Frau und Kater blicken auf den knusprigen Laib und nicken andächtig. Zada nickt auch und schweigt, ein großes heiliges Schweigen, in dem alle Dinge des Lebens einen Platz haben und an ihren Platz fallen, langsam, gewiss.

Sema hat Esma in die Backstube mitgenommen, wo sie jeden Morgen mit Ali arbeitet. Zada hat ihr eine kleine Schürze genäht, und Sema ist darauf mindestens ebenso stolz wie auf den Hefeteig, den Ali sie schon allein zubereiten lässt. Es ist dunkel in der Backstube und der Mehlgeruch ist stark. Ali arbeitet langsam und konzentriert, und wenn er den Brotteig in kunstvolle Schleifen legt, wirkt er vergnügt wie ein kleiner Junge, dem ein besonderer Wurf gelungen ist.

Bereits am ersten Morgen arbeitet Esma einfach mit, und fortan beginnen ihre Tage früher. Sie knetet. Sie formt und drückt und schlägt und vergisst dabei das Denken, während ihr trauriges Herz Erinnerung um Erinnerung beschwört. Levi, der sofort wach ist, wenn er morgens Geräusche hört, die Augen zusammengekniffen. Levi, der sich den Mund vollstopft und dabei redet, Levi, der mit geschlossenen Augen Musik hört, Levi, der sich nicht anschnallen will. Der Ausdruck in seinen Augen, wenn er sie küssen wird. Die Narbe an seinem linken Arm, weil er als Kind vom Baumhaus gefallen ist. Die weiche Stelle an seinem Unterschenkel. Fünf Jahre hatten sie zusammen, fünf Jahre voller Selbstverständlichkeit und Glück. Und während sie misst und wiegt und schneidet, verwandelt sich ein Teil des Schmerzes bereits in Dankbarkeit. Wer weiß schon, was die Zukunft bringt? Was sie gebracht hätte, was gewesen wäre?

Esma wollte nie Kinder haben, es kam ihr einfach nicht in den Sinn. Levi hingegen war schon Onkel, seine Schwester hatte vor drei Jahren Zwillinge bekommen, die Levi vergötterte. Auch das hat Esma geliebt – seinen Familiensinn, seine Loyalität und das Gefühl, selbst dazuzugehören, seine Familie zu sein. Esma blickt auf ihre Hände, die nicht mehr jung sind, und schüttelt den Kopf. Vielleicht hätte er mich mehr geliebt als die Möglichkeit, eine Familie zu haben, denkt sie, vielleicht auch nicht. Kurz spürt sie seine Anwesenheit und fühlt seine Liebe, die alle Fragen zum Verstummen bringt. Levi. Immer noch hat sie Schwierigkeiten, sich sein Gesicht zu vergegenwärtigen. Sie seufzt und macht sich wieder an die Arbeit.

Nachmittags sitzt Esma jetzt oft in der Küche und zeichnet alles, was ihr vor die Augen kommt – den Kater, den Küchentisch, Zada beim Kochen –, was Sema über alle Maßen beeindruckt, die sich eines Tages ungewohnt ernst neben sie stellt und mit fragendem Blick ein Foto auf den Tisch legt. Eine junge Frau in einem blauen Kleid steht neben einem Mann mit Schnurrbart. Die Frau hat ein schönes Gesicht, und Esma erkennt Semas Locken. Sie nickt, und Sema beginnt zu strahlen. Esma zeichnet das Paar mit ruhigen, schnellen Strichen, es gelingt ihr gut. Am nächsten Tag kauft sie Aquarellfarben und koloriert die Skizze, und das Blau des Kleides leuchtet mit den grünen Augen des Mannes um die Wette. Sie hat auch einen schönen Bilderrahmen gekauft, und als sie Sema ruft, die diesmal aus abergläubischer Scheu nicht zugeschaut hat, ist die Kleine kurz sprachlos und beginnt dann zu weinen.

Esma nimmt sie in den Arm und streichelt ihren Rücken, während Sema auf Kurdisch von dem Wochenende erzählt, an dem ihre Eltern zu einer Hochzeit fuhren und sie bei ihrer Cousine zum Spielen war, von den Bomben, die in dieser

Nacht fielen, und dem brennenden Haus, das keiner mehr lebend verließ. Esma versteht die Worte nicht, aber sie weiß, was sie bedeuten. Irgendwann sagt Sema nur noch »Mom«. »Mom, Mom, Mom«, und Esma wiegt das weinende Kind in ihren Armen.

Einige Tage später sind die beiden allein in der Backstube. Sema hat die Finger im Teig, während Esma den Boden fegt, als die Kleine plötzlich aufblickt und sagt: »Ich will dir ein Geheimnis verraten.« Esma stellt den Besen hin und wendet sich ihr zu. »Zada hat gesagt, dass Menschen nach dem Tod zu Sternen werden und immer auf die hinunterblicken, die noch auf der Erde sind. Auch Levi ist ein Stern geworden, hat sie gesagt.« Esma schluckt. Sie wusste nicht, dass Zada dem Kind von ihm erzählt hat.

»Du vermisst ihn auch, oder?«, fragt die helle Stimme, und Esma nickt, während sie die Tränen spürt, die allzu lange schon in ihrem Herzen verborgen sind. Die Stimme wird leise, verschwörerisch. »Wenn ich Mom und Bav ganz stark vermisse, dann back ich einen Kuchen für sie. Ich hab Ali gefragt, er hat es mir erlaubt. Ich nehm ein bisschen von dem Teig und mach ein Herz für sie. Oder einen Stern.« Sie schaut Esma an, dann schaut sie schnell wieder weg. »Dann lege ich den Kuchen nachts auf mein Fensterbrett. Und morgens ist er immer weg.«

Esma nickt und sagt: »Danke, dass du mir davon erzählt hast.« Sie greift nach dem Besen und fegt weiter, langsam und gründlich.

An diesem Abend malt sie Sema, wie sie mit Zada am Küchentisch sitzt und ein Bilderbuch anschaut. Zadas kräftige Hände blättern behutsam durch die Seiten, während sie Sema die Geschichte vorliest und dabei immer wieder Wörter abfragt: »Und was ist das?«

»Eine Sonne.«

»Welche Farbe hat sie?«

»Gelb.«

»Sonnengelb«, bekräftigt Zada, die vor ihrer Pensionierung als Lehrerin gearbeitet hat, und gibt Sema einen Kuss.

Auch dieses Bild koloriert und rahmt Esma am nächsten Tag, während Sema mit den anderen Kindern des Dorfes am Brunnen spielt. Als sie am Abend nach Sema ruft, kommt erst Moon, der mittlerweile ganz zutraulich geworden ist. Esma streichelt ihn und lacht, als ein verschwitztes und dreckiges Kind vor ihr erscheint. »Ich habe heute sieben Murmeln gewonnen«, sagt Sema mit sichtlichem Stolz, »schau mal.« Eine kleine, klebrige Hand öffnet sich und lässt ein paar farbige Kugeln auf den Küchentisch rollen. Esma greift nach einer blauen, die gerade über den Rand des Tisches rollen wollte, und hält sie auf.

»Das sind wunderschöne Murmeln« sagt sie, »das hast du sehr gut gemacht.« Während Sema ihre Schätze wieder in einen bunten Beutel packt, greift Esma nach dem Bild und reicht es ihr.

»Ein Geschenk? Für mich?«, fragt Sema, und Esma nickt. Als sie sich und Zada erkennt, stößt sie einen kleinen Entzückensschrei aus. »So schön!«, ruft sie, »so ein schönes Bild für mich!«

Esma ist schon wieder fast zu Tränen gerührt. Dass sie dem kleinen Mädchen so einfach eine Freude machen kann. Und wie ihre grünen Augen blitzen, fast wie Levis Augen, denkt sie plötzlich, nur mit einem grauen Ring statt gelber Sprengsel.

Ali und Zada werden gerufen, Hammer und Nägel werden geholt und schließlich stehen alle vier vor den beiden Bildern, die nun nebeneinander über Semas Bett hängen: ein junges Paar und eine ältere Frau mit einem kleinen Mädchen am Küchentisch. Sie verharren kurz in behaglicher Stille, während

Moon, der unbemerkt hineingekommen ist, auf Semas Bett springt und leise zu schnurren beginnt.

Am nächsten Morgen ist Esma allein in der Backstube. Auf dem Tisch steht die große Schüssel mit Hefeteig, aus dem Ali später Zöpfe formen wird. Esma greift in die zähe, feste Masse und holt ein wenig davon heraus, macht mit beiden Händen eine kleine Kugel, drückt sie wieder platt. Es ist sehr still und angenehm kühl, während sich draußen schon die vormittägliche Hitze entfaltet. Esma blickt auf den kleinen Teigfladen und schüttelt den Kopf. Sie nimmt ihn in die Hand und macht Anstalten, ihn wieder in die Schüssel zurückzutun, als sie plötzlich eine Tür knarren hört. Mit dem Teig in der Hand lugt Esma aus der Backstube – nichts zu sehen, alles still.

Doch die Stille hat sich verändert. Aus der friedlichen Morgenruhe wird ein Verstummen, das Esma den Atem stocken lässt. Mit einem Mal begreift sie, dass Levi nie wieder nach ihr rufen wird, dass ein Gespräch für immer beendet ist. Er ist fort, denkt sie, er ist von mir gegangen. Auf einmal sieht sie sein liebes Gesicht, als würde er vor ihr stehen, und prägt sich seine Züge ein, während ihr ein paar Tränen die Wangen hinunterlaufen, dann ein paar mehr und schließlich sinkt sie schluchzend zu Boden und füllt die Stille mit ihrer Klage.

Als sie sich nach einer langen Weile wieder erhoben hat und nach dem Teigklumpen greift, ist er noch nass von ihren Tränen. Esma lächelt und beginnt, einen Stern zu formen, den sie später vorsichtig auf ihr Zimmer trägt. Am nächsten Morgen ist er verschwunden.

TRÄUMEN

Jeder Mensch trägt in sich nicht nur seine persönliche und seine kulturelle Geschichte, sondern ebenso seine eigene und unsere gemeinsame Zukunft. Das Wort »träumen«, so wie ich es verwende, verweist deshalb nicht nur auf die Erfahrungen anderer Welten und Zustände während des Schlafes, sondern beschreibt einen grundsätzlichen Modus der menschlichen Schöpfungskraft: »Träumen« bedeutet, dass etwas, das zunächst immateriell, als Möglichkeit, Gedanke oder Vorstellung existierte, wirklich wird. Das, was wir dabei auf die Welt bringen, reicht von persönlichen Konsum-, Liebes- und Lebensentscheidungen bis hin zu kollektiven Fragen nach Sinn, Heimat und Zusammenleben. Denn obwohl wir alle auf der Erde leben, begründen jeder und jede Einzelne zugleich ihre eigene Welt. Und verkörpern damit zugleich eine Position, die sich mit allen anderen Positionen auf dieser Erde in Rhythmus und Resonanz, Auseinandersetzung und Einklang bringen muss und bringen kann.

Die existenzielle Angst, von der Kierkegaard und in seiner Nachfolge auch Heidegger sprechen, erscheint dabei als der allem Verwirklichten vorausgegangene Kontakt mit dem Nichts, bevor es zu Etwas wird, eine Erfahrung von ebenso reinem wie schwindelerregendem Potential. Eine psychotische Gesellschaft ist diesem Potential auf ungewohnte Weise ausgesetzt. Und so, wie jeder Einzelne aus der Erfahrung existenzieller Angst immer wieder zu einer Synthese finden muss und damit seine Identität neu und vielleicht umfassender begreift, kann auch eine psychotische Gesellschaft nur eine gewisse Zeitlang in einem solchen unbestimmten Übergangszustand bleiben.

Während Heidegger den Umgang mit diesem schöpferischen Potential immer schon von unserem Ende her dachte, hat seine

Schülerin Hannah Arendt dieser ebenso berechtigten wie deprimierenden Philosophie der Sterblichkeit ein Denken der »Geburtlichkeit« entgegengehalten. Wir werden nicht nur allein auf die Welt geworfen, sondern auch von bestimmten Eltern in sie hineingeboren, jeder Mensch eine lebendige und neuartige Synthese aus zwei ganz unterschiedlichen Energien, Lebensformen, Kulturen. Das Neue, das jedes Kind und weiter gedacht auch jeder kulturelle Umbruch darstellt, ist deshalb kein geschichtsloser Neuanfang, sondern eine andere Fortsetzung dessen, was bereits da ist.

Diese Freiheit des Werdens trägt jeder und jede Einzelne in sich, denn wie Arendt in ihrem Essay *Die Freiheit, frei zu sein* über unsere schöpferische Begabung schreibt: »Diese geheimnisvolle menschliche Gabe, die Fähigkeit, etwas Neues anzufangen, hat offenkundig etwas damit zu tun, dass jeder von uns durch die Geburt als Neuankömmling in die Welt trat. Mit anderen Worten: Wir können etwas beginnen, weil wir Anfänge und damit Anfänger sind.«

Die Zukunft zu träumen heißt, ihr bewusst und tätig entgegenzugehen. Doch zugleich tritt sie auch uns entgegen, denn wir sind eben nicht allein hier, sondern existieren in einer Quantengemeinschaft mit allem, was ebenfalls ist, von den Trilliarden Mikroben und Bakterien, die jeden Einzelnen von uns besiedeln, über die mannigfaltige Natur bis hin zu dem, was wir selbst in die Welt gesetzt haben. Erst, wenn wir die Chance dieses Übergangszustands ergreifen und uns diesem Sprechen des Anderen öffnen, indem wir das Verdrängte anerkennen und integrieren, beginnt eine andere Zukunft, die nicht mehr nur von der ewigen Wiederkehr des Gleichen und der Aktualisierung alter Schatten bestimmt ist. Dazu schreibt die Philosophin Natalie Knapp in ihrem 2015 erschienenen Buch *Der unendliche Augenblick. Warum Zeiten der Unsicherheit so wertvoll sind:*

»Übergänge sind die *poetischen Zonen* des Lebens. Wie wir mit ihnen umgehen, hat einen großen Einfluss auf unsere Lebensqualität. Denn oft zeigt sich in solchen Zeiten die Tiefendimension unserer Seele, das Potential, das sich in den darauf folgenden ruhigeren Jahren stabilisieren und entfalten kann.«

Natürlich kehrt dennoch alles wieder, auch damit muss der Mensch sich abfinden, man putzt, es wird dreckig, man putzt wieder. Humor ist die Versöhnung des Teils mit dem Ganzen. Alles wiederholt sich und doch ist jeder Augenblick zugleich ewig neu und ewig frisch. Die Chance des Augenblicks liegt deshalb letztlich darin, eine kreisförmige Bewegung in eine spiralförmige zu verwandeln. Und dabei die große ebenso wie die kleine Show zu genießen. Denn das Leben ist kurz. *Unser* Leben ist kurz, zu kurz für Einhornfleisch, Jugendwahn und sinnlose Arbeit. Aber lang genug, um zu lieben und geliebt zu werden, eine Familie zu haben, eine Wohnung zu gestalten und die Welt zu bereisen.

Die entschlossene Rückkehr zum Leben, so wie es eben ist, bedeutet nichts anderes als unsere eigene und gemeinsame Bereitschaft, erwachsen zu werden. Mit dieser kollektiven Mündigkeit beginnt ein anderes Neolithikum: eine aufgeklärte, besonnene und im besten Fall *humorvolle* Weise, uns als Spezies hier auf Erden mit allem, was mit uns ist, einzurichten; ein von allen, die sich angesprochen fühlen, mitgetragener Übergang zu einer wahrhaft offenen Erdenbürgerschaft, die aus dem Bewusstsein unserer universellen Teilhabe und Verbundenheit heraus alle Formen des Anderen ertragen kann. Wenn es wirklich keinen übergeordneten Sinn gibt, hat jede Kultur und letztlich jeder Einzelne eine bestimmte Lebensweise zu begründen und im Sinne des besten Arguments zu verteidigen, weshalb unser Zusammenleben unausweichlich von Aushandlungen, Kompromissen und immer neuen Synthesen bestimmt ist und sein wird. Alles andere wäre ja auch sterbenslangweilig. Dass es dennoch gewisse unverhandelbare Übereinkünfte – beispielsweise bezüglich des Rechts auf körperliche und geistige Selbstbestimmung – geben muss, gehört zu den Spannungen, die eine wahrhaft offene Weltgesellschaft nicht nur ansprechen, sondern auch aushalten muss.

Obwohl es bei diesen Fragen um unsere gemeinsame Zukunft geht, hängen ihr Gelingen und ihre konkrete Form an jedem und jeder Einzelnen. Denn die Freiheit, frei zu sein, muss man sich nehmen. Die einzige Form des Widerstands gegen den Terror des Einen ist die Selbstermächtigung der Vielen. Entweder Selbstführung oder großer Führer, entweder Hausmeister oder Blockwart, entweder Zivilcourage oder stille Kollaboration.

Die Welt, wie sie sein sollte, beginnt genau da, wo man selbst ist, seine Brötchen kauft, über die Straße geht, ein hingefallenes Kind tröstet. Von unserer eigenen Superposition aus sind wir zugleich für alles verantwortlich und für nichts, weil alles, worin wir uns nicht bewusst einmischen, ganz im Sinne der Energieerhaltung einfach so weitergeht.

Doch eine andere Zukunft braucht nicht nur unsere bewusste Teilhabe, sie braucht vor allem unsere Aufmerksamkeit. Auf die Frage, ob der Mensch gut oder böse sei, antwortete einst ein Weiser: »In der Brust jedes Menschen wohnen zwei Tiere – ein gutes und ein böses.« »Und welches ist stärker?«, fragten die Schüler, und er antwortete: »Dasjenige, das du fütterst.«

Die in unserem psychotischen Übergangszustand liegende Chance auf ein umfassenderes Begreifen des Lebens und unserer eigenen Rolle darin können wir ergreifen – oder auch nicht. Wir ergreifen sie, wenn wir unsere Aufmerksamkeit nicht nur dem schenken, was ist, sondern auch dem, was sein sollte. Und wie bei der Parabel mit den zwei Tieren wächst das, was wir auf diese Weise füttern. Recht hat der, dem wir zuhören, und wahr wird das, dem wir unsere Aufmerksamkeit schenken. Es liegt an uns, ob wir uns an die Studie halten, die besagt, dass es uns hier in Deutschland gut geht, oder ob wir denen lauschen, die von Überfremdung und Flüchtlingskrise sprechen. Ob wir unser eigenes Leben fordern, uns auf Austausch, Inspiration und gegenseitige Bereicherung einlassen oder unsere Schöpfungskraft billig verkaufen, um all unsere Energie und Aufmerksamkeit in die nimmersatten Unendlichkeitsmaschinen zu stecken. Und letztlich, ob und wie wir die Chance dieses Augenblicks ergreifen, um zu Erwachsenen zu werden, die ihren Kindern und Kindeskindern einen lebendigen Planeten und eine echte Zukunft hinterlassen.

Dafür brauchen wir nicht nur die Bereitschaft, Verantwortung zu übernehmen, sondern auch einen neuen Glauben an uns und an das Leben. Jeder von uns ist ein sterbliches Wesen, das die Ewigkeit nicht nur betrachtet, sondern in sich trägt und fähig ist, zu träumen, zu hoffen und zu lieben. Deshalb sind wir hier. Um hier zu sein. Wir sind hier, um zu geben und zu nehmen, zu lieben und geliebt zu werden, zu sprechen und zu schweigen. Und uns dabei an allem, was ist, zu erfreuen. Und diese Freude wiederum miteinander zu teilen, denn, wie der Philosoph Andreas Weber in seinem 2017 veröffentlichten Buch *Sein und Teilen. Eine Praxis schöpferischer Existenz* formuliert: »Jeder Spielart des Glücks, jeder Erfahrung der Seele im Aufschwung liegt ein Moment des Geteiltseins, der Veräußerung und der damit einhergehenden neuen Verbindung zugrunde.«

Heilung ist das Finden eines neuen Sinns durch die Integration und Moderation des Anderen. Und damit zugleich des Anderen im Eigenen. Denn Gier, Neid und dumpfe Überlegenheitsphantasien sind menschliche Grundbedingungen, Weltoffenheit, Humor und Mitgefühl hingegen kostbare und zerbrechliche Errungenschaften, um die man sich ein Leben lang bewusst bemühen muss. Zugleich sind sie wesentliche Tugenden des Sozialen; sie müssen erfahren, geübt und gefördert werden. Sie sind das, was man den Kindern beibringt und natürlich sich selbst, jeden Tag aufs Neue, weil wir Menschen alle immer auch gierig sind und dumpf und bequem. Welches Tier in uns wir füttern, hängt allerdings nicht nur an jedem Einzelnen, sondern auch daran, was eine bestimmte Gesellschaft an einem bestimmten Ort zu einer bestimmten Zeit für gut, gerecht und wahr hält. Unser Haus ist die Summe unserer Träume und zugleich dasjenige, das diese Träume vorgibt, wenn man es versäumt, selbst zu träumen.

Sind negative Gefühle und Formen sprachlicher und körperlicher Gewalt Teil des sozialen Lebens und können sie gemeinsam bewältigt werden oder werden sie verdrängt, und der Einzelne muss allein damit fertigwerden? Gehen wir mit ganz Jungen und ganz Alten, mit den Kranken, Armen und Schwachen, zu denen jeder Mensch irgendwann mal gehört, liebevoll um, oder verachtet eine Gesellschaft diejenigen, die nicht mehr leisten und glänzen können? Können verschiedene kulturelle Sphären nach verschiedenen Kriterien verwaltet werden – Bildung braucht einen anderen Umgang und andere Regeln als Gesundheit oder Kunst, soziale Beziehungen sind keine Geschäftsbeziehungen, Lebensphasen und ihre Institutionen unterscheiden sich qualitativ – oder werden alle menschlichen Angelegenheiten nach einem mehr und mehr total werdenden Prinzip organisiert?

Über unsere Möglichkeiten, Verantwortlichkeiten und Beschränkungen nachzudenken versöhnt uns nicht nur mit dem Rahmen, innerhalb dessen wir erblühen und vergehen, sondern hilft auch bei der Wiederaneignung des eigenen Lebens. In seiner Essaysammlung *Mann ohne Land: Erinnerungen eines Ertrinkenden* erzählt der Schriftsteller Kurt Vonnegut von seinem verstorbenen Onkel Alex. Dieser war ein sehr belesener Versicherungsvertreter, dem aufgefallen war, dass das größte Unglück des Menschen darin besteht, dass er nicht merkt, wenn er glücklich ist. Deshalb neigte er dazu, wenn man beispielsweise müßig und wohlig an einem Sommertag draußen unter einem Apfelbaum saß, Limonade schlürfend und leichthin plaudernd über dies und das, unvermittelt auszurufen: »If this isn't nice, I do not know what is.« Wenn das nicht schön ist, weiß ich auch nicht, was schön sein soll.

Dieses pragmatische Glück ist das beste Heilmittel gegen Beschleunigung, Unendlichkeit und falsche Vorstellungen. Und damit ein konkreter Weg, sich das in einer psychotischen Gesellschaft ebenso individuell wie kollektiv durch süchtig machende Unendlichkeitsmaschinen aus der Balance gebrachte Belohnungszentrum – das unter anderem für den Dopaminhaushalt und damit ebenso für das eigene Urteilsvermögen wie für gute Gefühle zuständig ist – wieder anzueignen. Nur wer weiß, was ihn oder sie befriedigt, lässt sich nicht zu mehr verführen. Das Gegenteil von mehr ist diesbezüglich nicht weniger, sondern genug. Hierbei konkretisiert sich die Frage nach der Aufmerksamkeit, die wir uns vorstellen können wie einen leeren Bildschirm im eigenen Kopf, auf dem alles Mögliche laufen kann – Erinnerungen, Zukunftsängste, News –, zu der Frage nach unserer Absicht, unserer Sehnsucht und unserem Wollen und damit dem Freiraum unserer *Selbstbestimmung*. Während Aufmerksamkeit dabei so etwas wie reines Gewahrsein ist, erscheinen Absicht, Sehnsucht und Wollen als Richtungsimpuls, ein »Hin-zu«, das in philosophisch-analytischer Tradition auch »Begehren« genannt wird.

Bei der Frage nach dem »Begehren« stoßen wir auf einen ähnlichen Unterschied wie den, den Kant zwischen dem vereinzelnden »Verstand« und der ganzheitlichen »Vernunft« gemacht hat. Auch unser Begehren, das wir nicht nur im sexuellen Sinne, sondern umfassender als Libido, als Lebenskraft verstehen, können wir auf das Trennende oder auf das Gemeinsame und damit auf das Ganze richten. Und obwohl beide Formen des Begehrens Ausdrucksmodi unserer Menschlichkeit sind und weder unsere Geschichte noch unsere Zukunft denkbar wären ohne unsere unstillbare Unruhe, geht es angesichts der zügellosen Unendlichkeit des ebenso blinden wie gefräßigen *Mehr* ganz konkret um die Frage, wie es uns Menschen gelingen kann, wahre Befriedigung zu finden, satt zu werden, zufrieden, genährt. Dabei war die westliche Abwertung der Materie letztlich nur eine Form ihrer Beherrschung. Reiche Menschen sind Materialisten. Im Umkehrschluss bedeutet das, den Reichtum des Lebens dort zu suchen und zu finden, wo er sich darbietet: in der eigenen leiblichen Existenz und dem dazugehörigen Bewusstsein inklusive der damit verbundenen Genuss-, Moderations- und Wahrnehmungsfähigkeit.

Mit dieser bewussten Selbstzuwendung beginnt ein anderer Sprung in den Glauben, eine Öffnung, ein Vertrauen. In der Sehnsucht, die wir alle nach dem Leben haben, liegt zugleich ihre Erfüllung durch das Leben. Letztlich ist es ganz einfach: Wir sind, was wir essen, wir handeln so, wie wir denken, und wir geben unserem eigenen Leben Gestalt durch das, dem wir die meiste Zeit widmen. Und da wir voneinander lernen, was es heißt, ein Mensch zu sein, können und sollten wir einander fragen, was denn unsere eigene kostbare Zeit verdient. Die Antworten der Sterbenden beispielsweise sind ebenso schlicht wie gültig: mehr Zeit für die Familie haben, die Kinder aufwachsen sehen, Partnerschaften bewusst erleben, die eigenen Eltern gut in den Tod begleiten. Und Zeit, die eigenen Träume zu leben, sich zu verwirklichen, die Welt zu sehen.

Dabei lässt sich Zeit ebenso wenig wie Reichtum oder Liebe durch das klassische ökonomische Denken erfassen. Denn nicht nur Liebe, sondern auch Zeit und auf eine gewisse Weise sogar Reichtum wachsen, wenn man sie verschwendet. Letztlich ist es diese lebendige Ökonomie des guten Lebens und Zusammenlebens, welche wir gegen die fortschreitende Ökonomisierung mit ihren wenigen Gewinnern und vielen Verlierern verteidigen müssen. Das betrifft vor allem die Möglichkeit, eine eigene Familie, ein eigenes *oikos* zu haben, zu bewohnen und zu verantworten, was nur ein anderer Ausdruck ist für die Möglichkeit, auf die je eigene Weise erwachsen zu werden. Wie der Philosoph Leander Scholz es in seinem 2018 erschienenen Buch *Zusammenleben. Über Kinder und Politik* formulierte: »Eltern müssen sich auch als Eltern verhalten können, wenn sie einen Beruf ausüben. Sie müssen mehr Unterstützung am Arbeitsplatz erhalten und bei den Abgaben entlastet werden. Ihre Leistung für die Gesellschaft muss auf allen Ebenen der Sozialpolitik anerkannt werden.«

Letztlich geht es darum, unsere gegenseitige Abhängigkeit voneinander ebenso wie unsere unerschöpfliche Freude aneinander zugleich institutionell und praktisch zu verankern. Was nützt ein goldenes Haus, in dem ein einsamer alter Mensch allein vor dem Fernseher sitzt? Scholz schreibt weiter: »Vermutlich müssen wir in naher Zukunft neue Gemeinschaften erfinden, um das Zusammenleben der Familien, der Einzelnen und der Generationen zu ermöglichen. Das Haus, das zuletzt immer leerer geworden ist, sollte sich wieder mit Leben füllen.«

Zum Leben zurückzukehren heißt, nach Hause zu finden, zurück zum Abwasch, zum Herdfeuer und zur Familie. Die omnipotent scheinende Position der »orbitalen Übersicht« ist bindungslos. Und irreal zugleich, weil selbst ein Raumschiff nicht aus sich heraus unendlich weiterfliegen kann, sondern irgendwo gestartet ist und irgendwo auch wieder landet. Auf der Erde zu landen, sich zu *erden*, heißt, die Freiheit anzuerkennen, die in unserer Beschränktheit liegt, und das kostbare Leben mit sinn- und wertvollen Dingen und Tätigkeiten zu verbringen, wobei sich alle Glücksforscher – unter anderem die groß angelegten *The Grant Study* und *The Glueck Study* – einig sind, dass die tiefe und echte Bindung an andere Menschen, wobei es allein auf die Qualität und nicht auf die Quantität ankommt, der beste Garant für ein zufriedenes und glückliches Leben ist. Wir schulden uns keinem großen Anderen, sondern einander. Das Soziale und mit ihm das Netz unseres Lebens ist wesentlich der Raum zwischen uns, der durch jede neue Begegnung ebenso definiert wie ermöglicht wird. Denn überall, wo zwei oder drei Menschen versammelt sind, da geht ein Gespräch weiter, das genug Raum und Platz hat für unterschiedliche Positionen, Daseinserfahrungen, Haushaltstipps und die Frage, wer was zum Abendessen kocht.

Wer sich für das Leben öffnet, begrenzt die unendliche Bewegung des nimmersatten Verstands durch die Hinwendung zu dem eigenen Innenraum, den eigenen Gefühlen und dem eigenen Körper. Denn obwohl man in Wohnung, Kopf und Magen scheinbar endlos viel hineinstopfen kann, können wir, wenn wir von unserer konkreten leiblichen Erfahrung ausgehen, durchaus spüren, was wir brauchen. Jeder Mensch hat einen Sinn fürs Leben und Zusammenleben und damit eine angeborene Kompetenz für den Umgang mit dem eigenen Leben. Zugleich bringt sich das Leben in jedem von uns auf einmalige Weise zum Ausdruck und lädt uns damit ein, seine Ganzheit mit unserer Einzigartigkeit zu bereichern. Doch diesen Weg muss letztlich jeder und jede allein gehen, wobei diejenigen, die vorangegangen sind, uns über den Abgrund der Zeiten hinweg zurufen, dass es möglich ist, zu werden, wer man ist, »ganz, heil und konkret«. Und dass es sich lohnt.

DIE UNENDLICHE GESCHICHTE

Es war einmal ein ungefähr zehnjähriger Junge, dessen Mutter gestorben war. Mit seinem Vater, der sich nach dem Tod seiner Frau in sich selbst zurückgezogen hatte, verstand er sich nicht besonders gut. Der Junge war dick, nicht gerade beliebt und sehr einsam, und er hatte niemanden, mit dem er über seinen Kummer sprechen konnte.

Eines Tages betritt Bastian – so heißt der Junge – eine Buchhandlung und findet ein geheimnisvolles Buch, das den Titel *Die unendliche Geschichte* trägt. Er nimmt es an sich und versteckt sich im Speicher seiner Schule, um es zu lesen. Schon nach wenigen Seiten ist er tief in der Geschichte versunken. Gebannt begleitet er den jungen Jäger Atréju, der im Auftrag der Kindlichen Kaiserin unterwegs ist, um ein wundersames Land namens Phantásien zu retten. Denn die Kindliche Kaiserin, deren Gesundheit zugleich das Bestehen des Landes garantiert, ist schwer krank. Nur ein neuer Name kann sie erlösen, und nur ein Menschenkind kann ihr einen neuen Namen geben.

Doch Atréjus Bemühungen, diesen Retter zu finden, schlagen fehl. Das Nichts, das Phantásien bedroht, breitet sich immer weiter aus. Ganze Landstriche verschwinden in seinem grauen Sog, und langsam kommt es auch dem Palast der Kindlichen Kaiserin näher. Als die Lage immer bedrohlicher wird und Bastian es kaum noch aushält, den tapferen Atréju immer wieder scheitern zu sehen, geschieht ein Wunder: Auf einmal ist Bastian nicht mehr in der Schule, sondern steht vor der Kindlichen Kaiserin und ruft sie bei ihrem neuen Namen, den er und nur er allein finden konnte: Mondenkind.

Das Nichts ist gebannt. Und Bastian bekommt den Auftrag, Phantásien nach seinen Vorstellungen neu zu gestalten. Dafür schenkt ihm Mondenkind ein magisches Amulett, AURYN, das ihm alle Wünsche erfüllt. Bastian wünscht sich, mächtig, mutig und weise zu sein, doch er merkt lange nicht, dass alle Wünsche einen Preis haben: Jeder Wunsch kostet ihn eine Erinnerung an sein echtes Ich. Atréju, der sein Freund geworden ist, hilft ihm am Ende, von seinen vielen Wünschen denjenigen zu bewahren, der ihm, Bastian, wirklich wichtig ist: die Sehnsucht nach seinem Vater. Und weil Atréju für ihn bürgt, darf Bastian am Ende zurück zu dem, was er durch diese Reise mit neuen Augen zu sehen gelernt hat: seinem eigenen Leben.

Michael Ende hat *Die unendliche Geschichte* 1979 veröffentlicht. Sie ist auf viele Weisen interpretierbar, doch letztlich beschreibt sie, wie man sich und den Bezug zum Leben verliert und wie man beides wiederfindet. Jeder Mensch hat in sich einen kindlichen Kaiser oder eine kindliche Kaiserin, und nur ihr beständiges Wollen und Wünschen, ihr *Begehren* hält uns lebendig. Auch man selbst kann dem Nichts anheimfallen, der Langeweile, dem Überdruss, der Verdrängung, und dann liegt es an einem selbst, wieder zum Helden oder zur Heldin des eigenen Lebens zu werden.

Obwohl Endes Buch eine individuelle Geschichte erzählt, mit konkreten Begegnungen und realen Gefahren – ohne seinen treuen Freund Atréju hätte sich Bastian in seinem Größenwahn verfangen und wäre für immer im Reich der Phantasie umhergeirrt –, erzählt es zugleich unsere gemeinsame Geschichte. Auch unser Phantásien, die Summe unserer gemeinsamen Träume und Wünsche, ist bedroht. Auch wir werden gerufen, alles, was ist, aufs Neue zu begründen und zu benennen. Denn die Ökonomisierung der Welt ist, wenn sie den Punkt des Brauchbaren krisenhaft überschreitet, nichts anderes als ein sich ausbreitendes Nichts. Das betrifft nicht nur Gefühle von Angst, Ohnmacht und existenzieller Sinnlosigkeit, sondern auch konkrete Phänomene wie die *Bullshit-Jobs*, von denen David Graeber in seinem gleichnamigen Buch von 2018 berichtet. Dort geben rund 30 Prozent der von ihm Befragten an, ihre Arbeit komplett sinnlos zu finden.

Neben dieser Verschwendung menschlicher Lebenszeit für die Selbsterhaltung einer immer instabileren Struktur kommt es auch zur Ausbreitung sogenannter *Nicht-Orte*, welche der Ethnologe Marc Augé 1992 in seinem gleichnamigen Essay beschreibt. Als »Nicht-Orte« bezeichnet er hauptsächlich zweckgenutzte Flächen im öffentlichen Raum, denen gemein ist, dass sie nicht mehr bewohnt, nicht mehr erzählt werden können. Und so bringt die grenzenlose Ökonomisierung nicht nur eigene Formen der Nicht-Arbeit, sondern auch eine eigene Architektur hervor, leblose Unorte, an denen es keine Geschichte und keine Geschichten mehr gibt und die sich auch nicht mehr mit ihren baulichen Nachbarn unterhalten können – jeder von ihnen eine stumme Singularität, bezuglos und zugleich vollkommen ähnlich. Dabei begegnet uns das Nichts nicht nur in Einkaufszentren, Bürokomplexen oder Flughäfen, sondern es greift auch nach unseren Innenstädten, wo mehr und mehr Wohnungen leer stehen, weil sie keine Wohnungen mehr sind, sondern nur noch Kapitalanlagen.

Mit dem westlichen Haus stirbt die Welt, für die es garantiert. Doch obwohl es um das Ganze geht, kann nur jeder und jede Einzelne die Alchemie der falschen Zahl wieder rückgängig machen und dadurch die leblose Oberfläche, zu der unsere Welt geworden ist, in einen lebendigen Innenraum zurückverwandeln.

In jedem Kurator steckt ein unbestechlicher Kritiker, der nicht nur Gutes von Gutgemeintem unterscheiden kann, sondern ebenso Schönes von Hässlichem und Wahres von Falschem. In jedem Spirituellen steckt ein Bewohner des gemeinsamen Landes, jemand, der das, was er sucht, in Wahrheit schon in den Händen hält. Jeder Fanatiker kann mit einer bewussten Geste die Kraft seines Begehrens auf das Gemeinsame richten anstatt auf das, was uns voneinander zu trennen scheint. Denn unabhängig davon, welchen oder welche Bewusstseinszustände wir gewohnt sein mögen, ist ebendieses Bewusstsein zugleich der Ort des Ganzen. In jedem Menschen schlummert ein Poet, der selbst in den funktionalsten und entfremdetsten Umgebungen noch etwas zu hoffen, zu erzählen und zu begehren findet und dabei dem, was sinnlos war, unversehens neuen Sinn verleiht.

Dabei sind wir nicht nur Werdende, sondern auch Gewordene, und so wie jeder Mensch seine eigene Familiengeschichte hat und einen einmaligen Blick aufs Ganze in sich trägt, haben auch Kulturen oder Häuser ihre eigene Gestalt. Europa hat viele Erfahrungen des Lebens und Zusammenlebens gemacht, die uns in unserer globalisierten Welt von Nutzen sein können, und gerade wir Deutschen kennen uns aus mit den verheerenden Folgen von Größenwahn und Menschenverachtung. Voneinander lernen heißt auch, einander zuzuhören und in diesem Gespräch die eigene Position ebenso zu vertreten, wie sich durch die Positionen der Anderen bereichern zu lassen. Die

Verteidigung dieser Meinungsfreiheit und damit eines ebenso geschützten wie neutralen Raumes für Begegnung, Dialog und Widerspruch wiederum ist eine durchaus europäische Spezialität – leben doch auf unserem Erdteil schon seit Jahrtausenden unterschiedliche Ethnien und Kulturen.

Die Wiederaneignung des Lebens und Zusammenlebens ist so leicht und so schwer wie ein erster Kuss, wie ein fester Entschluss oder ein Lachen nach langer Traurigkeit. Sie ist das Wiederaufnehmen eines Gesprächs, das nicht mehr nur von einzelnen Auserwählten, sondern von uns allen und zugleich im bewussten Austausch mit allem, was mit uns ist, geführt werden muss. Wir selbst sind die Zukunft, die wir suchen, ihre Eltern und ihre Kinder zugleich. Und obwohl man sich gewisse Dinge nicht aussuchen und das, was geschehen ist, nicht ungeschehen machen kann, ist es tatsächlich möglich, neu und anders zu träumen. Von Dingen, die uns verbinden, begeistern, erheben. Und die es verdammt nochmal wert sind.

Der poetischen Dimension des eigenen Daseins gewahr zu werden ist nur ein anderer Ausdruck für einen mündigen Umgang mit unserer angeborenen Schöpfungskraft. Wir können unseren geplünderten Planeten wieder in eine echte Heimat verwandeln, sein Für-uns in ein Mit-uns. Doch das ist tatsächlich *co-creation*, Mit-Schöpfung. Wir sind wirklich nicht allein hier. Wir leben mit der Natur, den Tieren, den Pflanzen und all dem, was wir bislang gedacht, gemacht und versäumt haben. Dieses Wissen ist das Wesen unserer Verantwortung. Denn wir Menschen sind die Hüter der Erde.

Keiner hat die Krise unserer Gegenwart so früh und so präzise vorhergesehen wie Nietzsche mit seinem Nachdenken über die Entwertung aller Werte nach dem Tod Gottes, den aufkommenden Nihilismus und die Barbarei der letzten Menschen. In der Maske des Zarathustra hat er nicht nur in die Zukunft geblickt, sondern auch eine eigene Antwort gegeben: einen »fröhlichen Erdensinn«, den es nicht zu finden, sondern zu *schaffen* gilt. Dafür hat auch er eine unendliche Geschichte geschrieben; sie steht ebenfalls im *Zarathustra* und heißt: »Von den drei Verwandlungen«. Dabei wird ein Kamel zum Löwen, und der Löwe wiederum wird zum Kind. Das Kamel funktioniert. Es ist demütig und teilt alle üblichen Überzeugungen und Meinungen und Gebote, alle Werte. Sein Wort ist: Du sollst. Es trägt die Last der Welt, der Verhältnisse; so ist es, und so muss es sein. Doch irgendwann will das Kamel nicht mehr dienen. Es verlässt die Stadt und macht sich auf in seine Wüste. Dort wird es zum Löwen, der es »mit tausendjährigen Werten« aufnimmt. Und jedes »Du sollst« verwandelt sich in ein bewusstes »Ich will«. Doch der Löwe ist immer noch reaktiv, sein Wollen trotzig. Er muss erst zum Kind werden, und Nietzsche schreibt: »Unschuld ist das Kind und Vergessen, ein Neubeginnen, ein Spiel, ein aus sich rollendes Rad, eine erste Bewegung, ein heiliges Ja-sagen.«

Ein Kind sieht die Welt neu und schafft sich damit eine neue Welt. Aber auch diese neue Heimat ist und bleibt vorläufig, denn nichts hat Bestand in der wechselhaften Dauer des Lebens. Doch ein Kind hat keine Angst davor, zu staunen und zu schöpfen und dadurch das Geheimnis des Lebens immer wieder neu in eine Heimat zu verwandeln. Diese unbekümmerte Lebenslust erinnert auch uns Ältere daran, dass wir in Wahrheit viel weniger wissen, als wir denken. Und dass genau darin unsere Freiheit liegt, alles zu hinterfragen und immer wieder neu und anders zu sehen.

Das betrifft auch Nietzsche selbst. Obwohl er ein beredter Anwalt des Irdischen gewesen ist, kreiste sein Denken doch wesenhaft um eine Philosophie der Stärke. Diese Stärke brauchen wir, um der Sinnlosigkeit des Lebens, der Vorläufigkeit unserer Werke und Taten und unserer Sterblichkeit ins Gesicht zu blicken und trotzdem zu träumen. Doch zugleich ist dieses Bild unvollständig ohne unser aller Schwäche und Abhängigkeit und die damit verbundene Tatsache, dass wir das Leben einander verdanken und einander schulden.

Auch der einsamste Wanderer ist einer Mutter Sohn und auch der längste Spaziergang endet mit einer Einkehr. Und auch in Nietzsches Werk liegen, ganz so, wie es die Derrida'sche Dekonstruktion beschreibt, die Spuren dieses anderen Wissens. Denn während er den Starken, der eigene Werte setzt und durchsetzt, an gewissen Stellen auch als »Übermenschen« bezeichnet und es dieses Denken und diese Stellen sind, die seine Philosophie als Quelle für nationalsozialistischen Größenwahn empfohlen haben, steckt in der Figur des Kindes das wahrhaftig Zukunftsweisende.

Ein Kind ist nicht nur Unschuld und Vergessen und Neubeginn, sondern immer auch schwach und schutzbedürftig, klein und abhängig und zart. Und so steht im Zentrum des anderen Nietzsche weder Großkünstler noch »Übermensch«, sondern ein »Überkind« als Figur der Möglichkeit, zu einem kindlichen, aber nicht mehr kindischen Staunen zurückzufinden, zu Ehrfurcht und Achtung vor dem Leben und einer leuchtenden Freude über alles, was ist, um von dort aus der Sinnlosigkeit und der Sterblichkeit den unverlierbaren Sinn allen Daseins immer wieder aufs Neue entgegenzuhalten.

Und was ist jetzt mit den Sternen? Sind es wirklich unsere lieben Toten, die über uns wachen, sind es Gaskörper, deren Licht uns erst mit Verzögerung erreicht, oder sind es fremde Welten, die wir bereisen können, nachdem wir endlich gelernt haben, die Ressourcen unseres eigenen Raumschiffs nachhaltig zu nutzen, anstatt sie bloß kurzsichtig auszubeuten?

Jeder muss die Geschichte finden, die ihm oder ihr am besten gefällt. Wichtiger, als sie zu finden, ist nur, sie miteinander zu teilen. Und sich an den Geschichten der Anderen zu freuen.

Am Anfang ist das Wort. Beginnen wir von Neuem.

DANKSAGUNG

Ich danke Eric Hahn, Thomas Hölzl, Benedict Wells, Annette Brüggemann, Yelenah Frahm, Christian Jerger, Tom Kraushaar und Michael Zöllner für Austausch, Kritik und Inspiration.

Ich danke Karina Beschow, Christin Reinsch, Manita Mukhiya, Sophia Baumann, Jegi Safari, Bettina Drotleff, Fränzi Lüthi, Helene von Schirach, Sylvia Granowski und Marthe Meinhold.

Ein besonderer Dank gilt meinen akademischen Lehrern und Vorbildern Gerburg Treusch-Dieter und Byung-Chul Han.

LITERATUR

Adorno, Theodor W., *Die Dialektik der Aufklärung*, S. Fischer, Frankfurt am Main 1988
– *Minima Moralia*, Suhrkamp, Frankfurt am Main 1998
Agamben, Giorgio, *Homo Sacer. Die souveräne Macht und das nackte Leben*, Suhrkamp, Frankfurt am Main 2002
Arendt, Hannah, *Elemente und Ursprünge totaler Herrschaft*, Piper, München 1991
– *Die Freiheit, frei zu sein*, dtv, München 2018
Aristoteles, *Nikomachische Ethik*, Rowohlt Berlin, Berlin 2006
Augé, Marc, *Nicht-Orte*, C. H. Beck, München 2014
– *Die Formen des Vergessens*, Matthes & Seitz, Berlin 2014
Austin, John L., *Zur Theorie der Sprechakte (How to do things with words)*, Reclam, Stuttgart 1968
Avenassian, Armen, *#Akzeleration*, Merve, Berlin 2013
Badiou, Alain, *Bedingungen und Unendlichkeit: Ein Gespräch mit Gernot Kamecke*, Merve, Berlin 2015
– *Lob der Liebe*, Passagen, Wien 2015
Baudrillard, Jean, *Die Agonie des Realen*, Merve, Berlin 1978
– *Der symbolische Tausch und der Tod*, Matthes & Seitz, Berlin 2009
Bauer, Joachim, *Das Gedächtnis des Körpers: Wie Beziehungen und Lebensstile unsere Gene steuern*, Piper, München 2013
Bäuml, Josef und Lambert, Martin, *Psychosen erkennen, verstehen, behandeln*, vdm, Michelstadt 2009
Berlin, Isaiah, *Die Wurzeln der Romantik*, Berlin Verlag, Berlin 2004
Bleuler, Eugen, *Lehrbuch der Psychiatrie*, Springer, Berlin 1937
Blom, Philipp, *Böse Philosophen: Ein Salon in Paris und das vergessene Erbe der Aufklärung*, dtv, München 2013
Bode, Sabine, *Die vergessene Generation: Die Kriegskinder brechen ihr Schweigen*, Klett-Cotta, Stuttgart 2015

– *Kriegsenkel: Die Erben der vergessenen Generation*, Klett-Cotta, Stuttgart 2017

Butler, Judith, *Das Unbehagen der Geschlechter*, Suhrkamp, Frankfurt am Main 1991

Chatwin, Bruce, *Traumpfade*, S. Fischer, Frankfurt am Main 1992

Crary, Jonathan, *24/7. Schlaflos im Spätkapitalismus*, Wagenbach, Berlin 2014

Deleuze, Gilles, *Anti-Ödipus. Kapitalismus und Schizophrenie I*, Suhrkamp, Frankfurt am Main 1977

– *Tausend Plateaus. Kapitalismus und Schizophrenie II*, Merve, Berlin 1993

Derrida, Jacques, *Die différance: Ausgewählte Texte*, Suhrkamp, Frankfurt am Main 2004

Descartes, René, *Meditationen über die Erste Philosophie*, Reclam, Stuttgart 1986

Di Blasi, Luca, *Territorialisierung des Ursprungs. Zur politischen Topologie Martin Heideggers*, in: *Die Falte der Sprache*, hg. v. Angelika Seppi und Michael Friedman, Turia + Kant, Wien 2017

Ehrenberg, Alain, *Das erschöpfte Selbst: Depression und Gesellschaft in der Gegenwart*, Suhrkamp, Frankfurt am Main 2008

Epikur, *Philosophie der Freude. Briefe. Hauptlehrsätze. Spruchsammlungen. Fragmente*, Insel, Leipzig 1999

Felber, Christian, *Die Gemeinwohl-Ökonomie*, überarb. Neuauflage, Deuticke, Wien 2017

Fisher, Mark, *Capitalist Realism: Is There No Alternative?*, John Hunt Publishing, Alresford 2009

Flaßpöhler, Svenja, *Die potente Frau: Für eine neue Weiblichkeit*, Ullstein, Berlin 2018

Foster Wallace, David, *Das hier ist Wasser/This is Water: Anstiftung zum Denken*, KiWi, Köln 2012

Foucault, Michel, *Ästhetik der Existenz*, Suhrkamp, Frankfurt am Main 2007

– *Die Ordnung der Dinge. Eine Archäologie der Humanwissenschaften*, Suhrkamp, Frankfurt am Main 2003

– *Der Mut zur Wahrheit*, Suhrkamp, Berlin 2011

Freud, Sigmund, *Werke im Taschenbuch*, S. Fischer, Frankfurt am Main 1995

Friedman, Milton, *Chancen, die ich meine. Ein persönliches Bekenntnis*, Ullstein, Berlin 1985
– *Kapitalismus und Freiheit*, Piper, München 2004
Friedman, Thomas L., *The World is Flat: The Globalized World in the Twenty-First Century*, Penguin, New York 2007
Goffmann, Ervig, *Wir alle spielen Theater: Die Selbstdarstellung im Alltag*, Piper, München 2003
Graeber, David, *Schulden: Die ersten 5000 Jahre*, Klett-Cotta, Stuttgart 2014
– *Bullshit-Jobs: Vom wahren Sinn der Arbeit*, Klett-Cotta, Stuttgart 2018
Granet, Marcel, *Das chinesische Denken. Inhalt – Form – Charakter*, Suhrkamp, Frankfurt am Main 1985
Greenblatt, Stephen, *Die Wende: Wie die Renaissance begann*, Pantheon, München 2013
Han, Byung-Chul, *Müdigkeitsgesellschaft*, Matthes & Seitz, Berlin 2010
– *Transparenzgesellschaft*, Matthes & Seitz, Berlin 2012
– *Psychopolitik*, S. Fischer, Frankfurt am Main 2014
Heidegger, Martin, *Sein und Zeit*, De Gruyter, Berlin 2006
– *Die Frage nach der Technik*, 1957, online verfügbar
Häfner, Heinz, *Schizophrenie: Erkennen, Verstehen, Behandeln*, C. H. Beck, München 2010
Häfner, Heinz und Bechdolf, Andreas, *Psychosen – Früherkennung und Frühintervention: Ein Praxisleitfaden*, Schattauer, Stuttgart 2011
Hillenkamp, Sven, *Das Ende der Liebe: Gefühle im Zeitalter unendlicher Freiheit*, Klett-Cotta, Stuttgart 2012
Hölderlin, Friedrich, *Gedichte. Eine Auswahl*, Reclam, Stuttgart 2015
Huber, Gerd, *Psychiatrie: Lehrbuch für Studium und Weiterbildung*, Schattauer, Stuttgart 2005
Houellebecq, Michel, *Unterwerfung*, DuMont, Köln 2015
Illouz, Eva, *Die Errettung der modernen Seele*, S. Fischer, Frankfurt am Main 2010
– *Warum Liebe weh tut*, S. Fischer, Frankfurt am Main 2011
James, Oliver, *The Selfish Capitalist. Origins of Affluenza*, Vermilion, London 2008
Jaspers, Karl, *Allgemeine Psychopathologie*, Springer, Berlin 1946
Jullien, François, *Die stillen Wandlungen*, Merve, Berlin 2010

- *Sein Leben nähren. Abseits vom Glück*, Merve, Berlin 2006
Jung, C. G., *Gesammelte Werke*, Patmos, Ostfildern 2011
Kant, Immanuel, *Werke in sechs Bänden*, WBG, Darmstadt 2011
Kierkegaard, Søren, *Gesammelte Schriften I & II*, Zweitausendeins, Frankfurt am Main 2007
Kirshner, Robert, *The Extravagant Universe: Exploding Stars, Dark Energy and the Accelerating Cosmos*, Princeton University Press, Princeton 2016
Klein, Naomi, *Die Schock-Strategie: Der Aufstieg des Katastrophenkapitalismus*, S. Fischer, Frankfurt am Main 2008
- *Die Entscheidung: Kapitalismus vs. Klima*, S. Fischer, Frankfurt am Main 2015
Knapp, Natalie, *Der unendliche Augenblick. Warum Zeiten der Unsicherheit so wertvoll sind*, Rowohlt, Reinbek bei Hamburg 2015
Lacan, Jacques, *Die Psychosen: Das Seminar, Buch III*, Quadriga, Berlin 1997
- *Die Ethik der Psychoanalyse: Das Seminar, Buch VII*, Turia + Kant, Wien 2016
- *Die vier Grundbegriffe der Psychoanalyse: Das Seminar, Buch XI*, Quadriga, Berlin 1987
- *Ecrits: The First Complete Edition in English*, Norton & Company, New York 2007
Latour, Bruno, *Das terrestrische Manifest*, Suhrkamp, Berlin 2018
Lévinas, Emmanuel, *Die Spur des Anderen. Untersuchungen zur Phänomenologie und Sozialphilosophie*, Karl Alber, Freiburg i. Br. 2012
Lévi-Strauss, Claude, *Mythologica IV. Der nackte Mensch*, Suhrkamp, Frankfurt am Main 1976
Lotter, Wolf, *Zivilkapitalismus*, Pantheon, München 2011
- *Innovation. Streitschrift für barrierefreies Denken*, Edition Körber, Hamburg 2018
Lukrez, *De rerum natura / Welt aus Atomen*, Reclam, Stuttgart 1968
Luyendijk, Joris, *Unter Bankern. Eine Spezies wird besichtigt*, Tropen, Stuttgart 2015
Lyotard, Jean-François, *Das postmoderne Wissen*, Passagen, Wien 2015
Mailer, Norman, *The White Negro*, City Light Books, San Francisco 1967
Marx, Karl, *Das Kapital I–III*, Dietz, Berlin 2012

Meillasoux, Quentin, *Trassierungen: Zur Wegbereitung spekulativen Denkens*, Merve, Leipzig 2017

Meister Eckhart, *Vom Atmen der Seele: Aus den Traktaten und Predigten*, Reclam, Stuttgart 2014

Metzinger, Thomas, *Der Egotunnel: Eine neue Philosophie des Selbst: Von der Hirnforschung zur Bewusstseinsethik*, Piper, München 2014

Montaigne, Michel de, *Von der Kunst, das Leben zu lieben*, Eichborn, Berlin 2015

Muraro, Luisa, *Die symbolische Ordnung der Mutter*, Christel Göttert, Rüsselsheim 2006

Nietzsche, Friedrich, *Gesammelte Werke. Kritische Studienausgabe*, dtv, Berlin 1999

Pico della Mirandola, Giovanni, *Rede über die Würde des Menschen*, Reclam, Berlin 1997

Piketty, Thomas, *Das Kapital im 21. Jahrhundert*, C. H. Beck, München 2016

Platon, *Werke*, WBG, Darmstadt 2010

Popper, Karl R., *Die offene Gesellschaft und ihre Feinde I & II*, J. C. B. Mohr, Tübingen 1992

Polanyi, Karl, *The Great Transformation: Politische und ökonomische Ursprünge von Gesellschaften und Wirtschaftssystemen*, Suhrkamp, Frankfurt am Main 1973

Rand, Ayn, *Atlas Shrugged*, Signet, New York 1996

Riemann, Fritz, *Grundformen der Angst*, Ernst Reinhard, München 2017

Rosa, Hartmut, *Beschleunigung und Entfremdung: Entwurf einer kritischen Theorie spätmoderner Zeitlichkeit*, Suhrkamp, Berlin 2013
– *Resonanz. Eine Soziologie der Weltbeziehung*, Suhrkamp, Berlin 2016

Rumi, *Die Musik, die wir sind*, Arbor, Freiburg i. Br. 2009

Schelling, Friedrich, *Über das Wesen der menschlichen Freiheit*, Suhrkamp, Frankfurt am Main 1975

Schmitz, Hermann, *Kurze Einführung in die neue Phänomenologie*, Karl Alber, Freiburg i. Br. 2009

Scholz, Leander, *Zusammenleben. Über Kinder und Politik*, Hanser Berlin, Berlin 2018

Seeßlen, Georg und Metz, Marcus, *Blödmaschinen. Die Fabrikation der Stupidität*, Suhrkamp, Berlin 2011

Sennett, Richard, *Verfall und Ende des öffentlichen Lebens: Die Tyrannei der Intimität*, Berlin Verlag, Berlin 2008

Simmel, Georg, *Philosophie des Geldes*, Anaconda, Köln 2009

Smith, Adam, *Der Wohlstand der Nationen*, Anaconda, Köln 2013

Somé, Sobonfu, *The Spirit of Intimacy: Ancient Teachings in the Ways of Relationships*, HarperCollins, New York 1999

Sontag, Susan, *Kunst und Antikunst: 24 literarische Analysen*, S. Fischer, Frankfurt am Main 1982

Stahl, Stephen, *Stahl's Essential Psychopharmacology*, 4th Edition, Cambridge University Press, Cambridge 2013

Steinweg, Marcus, *Philosophie der Überstürzung*, Merve, Berlin 2013

Streeck, Wolfgang, *Gekaufte Zeit. Die vertagte Krise des Kapitalismus*, Suhrkamp, Berlin 2013

Vico, Giambattista, *Die neue Wissenschaft. Über eine gemeinschaftliche Natur der Völker*, Rowohlt, Berlin 1966

Virilio, Paul, *Rasender Stillstand*, S. Fischer, Frankfurt am Main 1997

Vogl, Joseph, *Das Gespenst des Kapitals*, Diaphanes, Zürich 2010

Vonnegut, Kurt, *A Man without a Country*, Bloomsbury, London 2007

Weber, Andreas, *Lebendigkeit*, Kösel, München 2014

– *Sein und Teilen: Eine Praxis schöpferischer Existenz*, transcript, Bielefeld 2017

Weber, Max, *Die protestantischen Sekten und der Geist des Kapitalismus*, C. H. Beck, München 2013

Weil, Simone, *Die Verwurzelung: Vorspiel zu einer Erklärung der Pflichten dem Menschen gegenüber*, Diaphanes, Berlin 2011

Welzer, Harald, *FuturZwei. Zukunftsalmanach 2017/18. Geschichten vom guten Umgang mit der Welt*, S. Fischer, Frankfurt am Main 2016

Wilhems, Richard, *I Ging. Das Buch der Wandlungen*, Anaconda, Köln 2013

Wittgenstein, Ludwig, *Philosophische Untersuchungen*, Suhrkamp, Frankfurt am Main 2003

Worms, Frédéric, *Über Leben*, Merve, Berlin 2013

Žižek, Slavoy, *Verweilen beim Negativen: Psychoanalyse und die Philosophie des deutschen Idealismus II*, Turia + Kant, Wien 1994

Zupančič, Alenka, *Das Reale einer Illusion: Kant und Lacan*, Suhrkamp, Frankfurt am Main 2001

www.tropen.de

Ariadne von Schirach
Glücksversuche
Von der Kunst, mit
seiner Seele zu sprechen

288 Seiten, gebunden
ISBN 978-3-608-50481-1
€ 20,- (D) / € 20,60 (A)

Eine Einladung, mit der Rettung der Welt
bei sich selbst zu beginnen.

Das neue Buch von Ariadne von Schirach ist ein
ebenso kluger wie humorvoller Kompass für antike
und aktuelle Glücksvorstellungen. In 80 Selbst-
versuchen zeigt sie Wege auf, die innere Stimme
hörbar zu machen. Erkenntnisse aus Evolutions-
biologie und Psychologie spielen dabei ebenso eine
Rolle wie die griechischen Philosophen.

www.tropen.de

Ariadne von Schirach
Du sollst nicht funktionieren
Für eine neue Lebenskunst

184 Seiten, broschiert
ISBN 978-3-608-50232-9
€ 10,- (D) / € 10,30 (A)

Eine leidenschaftliche Beschwörung des echten Lebens

Wir wollen attraktiv sein und für immer jung bleiben. Wir streben nach Glück, Gesundheit, Erfolg. Wir sehnen uns nach Anerkennung, Sicherheit und Liebe. Und wir glauben, wenn wir nur hart genug an uns arbeiten und immer alles richtig machen, werden wir all das auch bekommen. Doch stimmt das wirklich? Ariadne von Schirachs Essay ist eine furiose Anstiftung, das Leben zu wagen, anstatt es zu verwalten.

www.tropen.de

Ariadne von Schirach
Der Tanz um die Lust

336 Seiten, broschiert
ISBN 978-3-608-50483-5
€ 12,- (D) / € 12,40 (A)

Die Körper sind explodiert und die Anteilnahme ist erkaltet. Nur die Erregung ist geblieben.

Ariadne von Schirach beschreibt eine Welt, in der Jugend, Schönheit und Sexyness das Maß aller Dinge sind. Diese Diagnose ist heute noch so zutreffend wie zum Erscheinen ihres Bestsellers. Der Tanz um die Lust ist eine scharfsichtige Gesellschaftsanalyse der frühen 2000-er Jahre und zugleich ein ebenso unterhaltsamer wie schonungsloser Streifzugzug durch den erotischen Großstadtdschungel – ein sexistisches Buch gegen Sexismus.

Tropen

www.klett-cotta.de

Ariadne von Schirach
Ich und du und Müllers Kuh
Kleine Charakterkunde für alle, die sich selbst und andere besser verstehen wollen

184 Seiten, broschiert
ISBN 978-3-608-96124-9
€ 15,– (D) / € 15,50 (A)

Besser kommunizieren im privaten Umfeld und im Berufsleben

Sechs pointierte Charakterskizzen helfen dabei, andere und sich selbst besser einzuschätzen. Wie ist die emotionale Grundstruktur, wie der kommunikative Stil, wie das typische Verhalten in Beruf und Privatleben?

»›Ich und Du und Müllers Kuh‹ zeugt nicht nur von Fachwissen, sondern auch tiefer Menschenkenntnis und einer Liebe zum Wort.«
Svenja Flaßpöhler, Philosophie Magazin